古代歷史文化研究輯刊

十二編

王明蓀 主編

第18冊

崔述史學研究

劉文英 著

國家圖書館出版品預行編目資料

崔述史學研究／劉文英 著 -- 初版 -- 新北市：花木蘭文化出版
社，2014〔民103〕
序 4+ 目 2+228 面；19×26 公分
（古代歷史文化研究輯刊 十二編；第 18 冊）
ISBN 978-986-322-898-1（精裝）
1.（清）崔述　2.學術思想　3.史學
618   103013903

ISBN-978-986-322-898-1

9 789863 228981

古代歷史文化研究輯刊
十二編　第十八冊　　　　　　　ISBN：978-986-322-898-1

崔述史學研究

作　　者　劉文英
主　　編　王明蓀
總 編 輯　杜潔祥
副總編輯　楊嘉樂
編　　輯　許郁翎
出　　版　花木蘭文化出版社
社　　長　高小娟
聯絡地址　235 新北市中和區中安街七二號十三樓
　　　　　電話：02-2923-1455／傳眞：02-2923-1452
網　　址　http://www.huamulan.tw 信箱 hml 810518@gmail.com
印　　刷　普羅文化出版廣告事業
初　　版　2014 年 9 月
定　　價　十二編 20 冊（精裝）新台幣 38,000 元　　版權所有·請勿翻印

崔述史學研究

劉文英　著

作者簡介

劉文英，女，1981 年 6 月出生於河北省臨漳縣，2005 年 6 月獲河北師範大學歷史文化學院學士學位，2008 年 6 月獲河北師範大學歷史文化學院碩士學位，2011 年 12 月獲南開大學歷史學院歷史學博士學位。現為天津工業大學馬克思主義學院講師，主要從事史學理論及史學史、馬克思主義歷史觀研究，曾作為第二順序主持人參纂國家重點課題——國家清史編纂委員會項目《清史·布政使表》，先後在《史學史研究》、《清史研究》、《歷史檔案》、《歷史教學》等核心期刊上發表高質量學術論文 10 餘篇。

提　　要

　　本書對清代乾嘉時期疑古考據學家崔述的史學成就予以全面系統地研討和評論，從中國史學史的角度考察崔述之史學的時代背景與學術特色，崔述成學的文化環境，崔述先秦史著述的成果及特點，崔述先秦史考釋的成就及局限性，崔述史學的思辨方法，以及崔述史學成就的影響及意義，在前人研究成果的基礎上推進一步，提出許多創新性的學術見解。例如本書指出：崔述雖然與乾嘉學派一樣專於考據，但因為立足於疑古，頗受主流學派冷落，所處宏觀文化環境十分不利。但他有一個家庭和弟子構成的有利的微觀文化環境，故能成就學術、著作未泯。崔述在疑古考證中，運用了縝密的邏輯思辨方法，其中包括異同考析、事理推論、辯證論辯、歸納演繹等等，也使用了歷史分析方法即根究源流法，給近代日本和近代中國的疑古學派很大的啓發。所有這些論述，均發前人所未發。本書認為：崔述著述在日本的傳播，對日本疑古思潮的產生和發展起到了推動作用，促進了日本史學近代化的轉型。崔述史學在中國，對 20 世紀前期的「古史辨派」學者有所啓發、有所裨益，為一場史學近代化的革命性運動增加了活力。

序

　　正值陽春三月，得知劉文英君博士學位論文《崔述史學研究》將于本年中秋之季出版，這是令人欣慰的消息。應作者之邀，謹撰此序，綴於卷首，敢爲之鉤玄提要、爲之追憶往事、亦寄望於將來。

　　崔述（1740～1816）是中國古代最偉大的疑古考據學家，字武承，號東壁，直隸大名府魏縣人。他撰有《考信錄》36 卷，對先秦歷史事蹟與歷史載籍予以深入地考辯，揭發無數誤記、訛傳與誣妄之說，表現出強烈的理性疑古學風。崔述對《史記》等書記述的黃帝等上古帝王，一概存疑並予以剖析，對夏、商、周三代之事同樣詳加考究，認爲商湯原非夏朝之臣；周文王非商紂之臣。對於鄭玄至朱熹等歷代學者的解經述古之說，崔述多所指摘，是則是、非則非，論辯明晰，理據充分。還特別對孔子及其學生的歷史記載細緻清理，辨析《史記·孔子世家》的諸多舛誤，認爲《論語》亦有疑爲後人摻雜之處，指出孔子學生僅 70 餘人而已，所謂「弟子三千」乃是後人的誇大，訛傳於世。這些論斷，可謂驚世駭俗、振聾發聵。在彌漫信古風氣的中國古代，崔述的學術主張，無疑是對舊歷史觀念的巨大衝擊。

　　迄今研討崔述及其《考信錄》的著述和論文，已有多種面世。但劉君將崔述的史學置於整個清代史學發展過程中予以系統考察，指出「崔述治史最大的風格就是疑古，應著重予以闡發」，扣住主題，剖析深入，卓有特色。說到「疑古」，這裏不由得需要稍加辨析：學術界已有不少學者指出崔述史學思想的疑古特色，但論說中往往要批評所謂「疑古過頭」的問題，這是根本理念的錯誤。在中國上古歷史的考辨中，從來沒有「疑古過頭」，而只有質疑不夠（只在古書辨僞方面存在「過頭」現象），崔述就是既勇於疑古，而又疑而不足。劉君本書有相當的篇幅論述崔述古史考據的局限性，舉出很多例證，

例如崔述不懷疑儒學經典、論事以尊孔爲宗旨等等，而一言以蔽之，就是崔述的疑古精神尚不徹底。這是本書值得注意的內容和值得讚賞的觀點。

本書又一值得肯定之處，是指出崔述雖以考據見長，又生活於考據學興盛的清代乾嘉時期，但卻因爲疑古，極被冷落和排斥，文化環境的不利，遠超過專作理論性探討的章學誠。崔述能夠成學、著述能夠傳播於後世，得自他擁有一個很好的小文化環境，其師、其妻、其家人、其門生，提供了充分的理解和支持，特別是門生陳履和，以畢生精力和財力爲崔師刊刻著述，使之流播海內外，起到了關鍵的作用。這個「大文化環境」與「小文化環境」之間關係的理念，可以給整個學術界以深遠的啓示，具有獨到造詣的學者，仍然需要一定的文化環境，而其治學理路完全可能不被某種大的文化環境所青睞，而需要維系一個較好的小環境。我在另一弟子著述《清代西北邊疆史地學研究》的序言中，錄《七律‧遊蘇州拙政園》有曰：「不必爭鋒大世界，何妨營造小乾坤」，即爲此意。

劉君撰著博士論文伊始，就注意汲取學術界已有的研究成果，但決不盲從前人的說法。例如本書對於邵東方關於「崔述研治經史雖無明顯的宗派意識，但也沒有打通儒學內部的各種門戶，更未能達到超越經學家派的境界」的評論，就批評這種「說法含混而不無自相抵牾，言崔述沒有宗派意識而又說未能超越經學家派，殊不可解」。胡適認爲清人標榜「漢學」而實際接近于宋學，崔述與毛奇齡、戴震「同是一條路上的人」，本書則表達了不能認同的意見，提出「所謂的『漢學』、『宋學』從概念上就是偏頗的，以偏頗的概念分析清代的學術狀況，也會導致論點的混亂和偏頗」。諸如此類，都是十分鮮明的學術見解，值得注意。

本書第五章論述崔述在史學上的思辨方法和分析方法，總結概括爲：異同考析法、事理推論法、辯證論辯法、歸納與演繹互動的思維模式、根究源流法、比擬解喻法等，各舉出確切的事例予以解說。這是將我講授「歷史考據學通論」課程中的歷史考據方法論加以變通、活用，結合崔述史學的具體內容，發揮闡釋，體現了好學深思、富於求新的學術素質。如此研討崔述的學術方法，在學界尚屬首創，劉文英君原爲河北師範大學歷史學碩士研究生，2007 年在一次學術會議上，與我偶然結識，她表示願意報考南開大學史學史專業博士生。當年，我到河北師大從事學術活動，劉君的導師正式向我作出推薦，該校其他多名歷史學科的教師，都對她一致地讚揚。2008 年，劉君考

取南開博士研究生，列于我的名下。三年間兢兢業業，刻苦學習，更協助我完成國家《清史》編纂的項目，第一個暑假就為此不回家鄉，堅持在校加班工作，而且堅決不取任何報酬，言稱這仍然是個學習機會，體現了尊師崇學的精神境界。在當今的人情世態和偏頗輿論的導向下，這樣品格的研究生已經萬不及一，實屬難得，甚是令人感動。而劉君博士學位論文選擇的課題，更有尊師崇學的典型範例，即崔述本人就是尊師崇學的學者，他對恩師表達過深切的敬重與懷思，崔述門人陳履和，一生投入刊印崔述著述的工作，不惜竭其精力、罄其家產，其事蹟可歌可泣！這與劉君的情操，除卻時代和事體大小的不同而外，真是有些若合符契了。

劉文英君在河北師大攻讀碩士學位三年，獲得學校 7 個獎項，其中有優秀學術論文獎，也有優秀學生幹部獎。在南開大學攻讀博士學位期間，獲得 6 個獎項，其中重要的有「南開十傑」特等獎學金，這以發表多篇學術論文且居於榜首為條件；南開大學周恩來獎學金，這是既需發表論文出眾，也要做好學生幹部工作；教育部博士研究生「學術新人」獎，需要學術研究出色，也須有其他綜合性條件。無論人們對這些獎項和評選機制有何看法，連續多方面地獲獎，其品學兼優的事實已無可爭議。望劉君在新的工作崗位上繼續努力，百尺竿頭，更進一步，取得優異成就。至此，謹以《破陣子·題劉文英君著述》詞一闋，以志感念：

破陣子　題劉文英君著述

崔述決然疑古，
仍依古道尊師。
更獲門生千倍敬，
奮力刊書志不移，
聲名萬古垂！

三載課題協作，
幾多往事懷思。
再取一番新境界，
春種秋收正得時，
寸心自有知。

—— 喬治忠　2014 年 4 月 25 日於南開上思齋

目次

緒　論

　　清代乾嘉時期，考據學成為學術主流，歷史考據學家通過各種考證方法辨析史料的正誤和史實的真偽。崔述是這一時期的史學家，其史學研究以疑古、考據為學術特色，對先秦歷史事迹與歷史載籍予以深入地考辨。除儒學經典之外，對於說經、論史、撰述、作注者，無不一一指謫，將上古的史事記載給予一個全面的辨偽清理，表現出理性的疑古學風，在清代有特殊意義，也啓發了近代日本和中國的許多史學家。崔述的史學成就，在當時並未彰顯於世，但對後世的日本史學和中國史學則產生了巨大的影響，促發新時代疑古史學的興起，成為推動思想解放重要因素之一。學術界對此已經作出不少研討，但關於崔述與其所處時代的關係、崔述學術特色及其成學原因、崔述考論古史的思辯方法等等，尚有許多應當進一步探索的問題。為了推進這一研究，特別是要從總體上探討崔述的史學，有必要回顧前人對崔述史學進行研究的概況，以便繼往開來，深化認識，力求將此頗具特色的中國史學史的課題更清晰地考察、解析和評論。

一、研究意義

　　崔述（1740～1816），字武承，號東壁，舉人，清代直隸大名府魏縣人。撰書三十四種、八十八卷，刻成十九種、五十四卷。其中《考信錄》36 卷為用力最勤之作。

　　選擇清人崔述的史學作為研究對象，主要基於以下幾點考慮：

　　其一，崔述的著述涉及先秦許多歷史難點問題，研究的空間還很大。崔述所懷疑的先秦史研究，近幾十年發展迅速，現代考古學也加入到先秦史和

中國早期文明起源問題的探討。運用唯物史觀的思想方法，結合考古學、先秦史的研究成果，有的先秦史難點問題可以做出合理的解析，有的還須繼續探討。崔述的有些質疑，還可以對今天的歷史研究提供啓示。例如他認為商湯原非夏朝之臣、周文王非商紂之臣等等，都可推動我們對上古三代淵源的進一步考證。但因為時代的局限以及思想方法上的偏頗，崔述的質疑也有不少是錯誤的。依據當今的史學方法和考古成就，對崔述質疑的具體問題予以分析辨別，有益於對中國上古文明源流的研討。

其二，目前史學界對崔述的思辯方法尚缺少系統、深入的研究，雖然相關論文已有所涉及，但多為一般性的評介，流於史實的介紹，未能結合崔述所處的時代背景和社會環境進行深入考索探求。清理崔述史學的發展脈絡，研討崔述的思辯方法，是一個值得下功夫鑽研的課題。

其三，崔述作為一位疑古的先秦史考辨家，已被近代日本史學界和中國現代史學家顧頡剛等所關注與褒揚，影響巨大。深入研究崔述的著述和思辯方法，對國內外都有較大的學術影響，在一定程度上具有國際性的學術價值。

崔述的史學仍是一個有待深入研究的領域。筆者正是基於這種認識，擬從史學史的角度，在前人研究的基礎上，梳理原始材料，對崔述的史學做進一步的探討和深入研究，進而對清代史學的研究做點貢獻。本書的選題意義在於：

第一，理論意義。本書彌補了當前學術界對崔述史學研究的不足，並在內容上有所突破和創新。如對崔述生平及其成學文化環境的研究，可以避免以往相關論文的論述流於史實介紹的現象。又如對崔述的史學從整體上做全面的梳理，並從具體問題入手開展系統深入的研究，進而得出一些學術史研究的理論性啓示。再如對崔述先秦史考釋的研究，突破以往大都局限於《考信錄》的缺點，從而擴大了對其先秦史考釋成就研究的範圍。另外，研究崔述的史學，關乎中國、日本近代以來史學界學風的變化。崔述的疑古史學對日本學術界產生了重要影響。崔述的著作及其價值在他逝世後百餘年的時間內並未引起學術界的重視。近代關於崔述的研究起自日本。日本學者那珂通世首先發現其價值，並校點刊刻了《崔東壁遺書十九種》，遂在日本逐步受到重視。「五四」之後，對崔述的研究才得到中國學者的重視。因此，對崔述史學進行研究有利於全面審視其對日本的疑古學風和日本史家所產生的影響，並有利於理清中日史學的傳承和發展脈絡。可見，對崔述史學進行研究具有

理論意義。

　　第二，現實意義。崔述的史學在清代學術界佔有重要的地位，上承古代的疑古思想，下啓近代的「古史辨派」，起到了承前啓後的重要作用。崔述勇於發疑，精於考辨的治學精神，堪爲後學的楷模，成爲二十世紀二十年代古史辨運動的先導。在近代日本史學界和中國現代史學家的倡導下，崔述的著作廣泛流行於中國和日本，成了不朽之作。崔述的聲名在學術界開始受到重視，逐漸被學人所認識。而崔述所懷疑的先秦史記載，至今仍是史學界爭議最多的領域，在最近幾十年間波飛雲湧，是一道引人注目的學術風景線。誠如有的學者所言：「中日兩國史學的比較，清晰地表明中國近代以來缺乏一場更大規模的疑古思潮，以完成對上古史舊體系的清掃。中國古籍文獻汗牛充棟，關於上古史的記述包含著豐富的歷史信息，同時也充斥大量的僞誤訛聞，充分揭示舊上古史體系的訛誤內容及其實質，剖析其形成的原因，對舊資料做科學性的解析，才能建設好新的中國上古史構架。這不僅是歷史學的學術問題，也是破除帝王崇拜的落後迷信意識、建立先進社會的精神文明所亟需的工作。」〔註1〕因此，清理和研討崔述的先秦史研究，是一個從具體問題入手而探究大學術事業的課題，極具現實意義。

　　總之，本選題的寫作按照唯物史觀的要求，在分析崔述成學的社會背景、文化環境的前提下，梳理崔述的學術特色、學術成就、思辯方法等，並考察崔述史學見解的學術影響，力圖爲清理古代史學遺產做出基礎性的工作。在研究中，剖析崔述對先秦史的具體見解，力求在前人研究成果之上能有所創見，得出切實的評斷，使人們對崔述史學及整個清代的學術有更深層次的理解，這將是本課題工作難度很大、精力投入很多的任務。

二、研究現狀

　　在崔述逝世後百餘年的時間裏，其人其書都被埋沒於歷史的故紙堆中，其價值並未引起世人的重視。近代關於崔述的研究起自日本。日本學者那珂通世（Nakatonsh, 1851～1908）於明治三十六、三十七年間（1903～1904）發現其價值，將陳履和刻本進行排印，校點刊刻出版了崔述的遺書，名爲《崔東壁先生遺書十九種》。正如學者趙貞信所說：「崔氏之書，初不甚見稱道於

〔註1〕　喬治忠、時培磊：《中日兩國歷史學疑古思潮的比較》，《齊魯學刊》2011 年第
　　　　4 期，第 53 頁。

吾國人,自那珂氏爲翻印之,始漸知其可注意」〔註2〕。至「五四」之後,國內才開始重視對崔述的研究。劉師培、胡適、錢玄同、顧頡剛等人開始撰寫文章,介紹崔述生平及著作,對中國古史的研究提出疑古、考證的口號,重視崔述疑古、辨僞、考信的治學態度,崔述在古史辨僞方面的貢獻才逐漸傳播開來。顧頡剛自二十世紀二十年代至八十年代點校整理了《崔東壁遺書》,才使得崔述的著作再次刊行於世。1936 年,上海亞東圖書館印行了顧頡剛編定的《崔東壁遺書》。1983 年,上海古籍出版社又重印。從此,學界拉開了進一步研究崔述的帷幕。二十世紀八、九十年代以來,學術界開始逐步重視對崔述的研究,中國大陸、香港、臺灣及海外等學者紛紛發表論文,對崔述的學術展開多方面的探討,從而彰顯了其學術成就。另外,還有兩部論著得以出版。除了中國的一些論著之外,日本、美國等學者也出版了專著。下面就簡要回顧一下前人研究崔述的成果,分類略述如次:

(一)論文方面

1、關於崔述及其學術的綜合性評介。

其一,對崔述的簡介。吳素《傳記:崔東壁(一七四〇至一八一六)》〔註3〕一文對崔述的生平和治學經歷進行了簡要評介。鈞《崔述及其〈考信錄〉簡介》〔註4〕對崔述其人和《考信錄》的內容進行了簡要介紹,但是由於當時特殊的政治環境,作者分析問題帶有明顯的階級鬥爭立場,應批判地看。李劍雄《古史考辨學家崔東壁》〔註5〕一文從崔述父親的期望、六年的宦遊生涯、著書立說——一生中最重要的活動三方面對崔述的一生進行了介紹和總結,認爲崔述才高學富,一生致力於古史考辨,成績斐然,幾十年間成書近七十卷。然而一、二百年間卻默默無聞,直到近代才爲人所知。牛潤珍《清代考信學家崔述簡論》〔註6〕論述了清代史學家、經學家崔述的社會史觀和史學思想、學風和治學方法,評價了其學術地位和影響,認爲崔述用其獨特

〔註2〕 趙貞信:《考信錄解題》附記,見顧頡剛《崔東壁遺書》,上海古籍出版社,1983 年,(以下版本同),第 930 頁。

〔註3〕 吳素:《傳記:崔東壁(一七四〇至一八一六)》,《大眾知識(北平)》1937 年第 1 卷第 7 期。

〔註4〕 鈞:《崔述及其考信錄簡介》,《文匯報》1961 年 9 月 7 日。按:《文獻辨僞學論著目錄》將作者寫爲「曾貽芬」。

〔註5〕 李劍雄:《古史考辨學家崔東壁》,《文史知識》1984 年第 8 期。

〔註6〕 牛潤珍:《清代考信學家崔述簡論》,《史林》1988 年第 4 期。

的考信學術給後世以深刻的影響。趙文紅、王清泉的《試論清代學者崔述的學術命運》〔註7〕從崔述及其學術、十九世紀崔述的學術、二十世紀崔述的學術三部分進行論述，認爲兩個世紀來，崔述的學術命運表明了眞正的學術總是不朽的。傅卓犖《梁啓超如何評價崔述》〔註8〕一文認爲蔡尙思在《中國文化史要論》中對梁啓超的批評是不符合其本意的，認爲「經書之外隻字不信」與「豪傑之士」之間，決沒有如蔡尙思所總結的那樣直接的因果關係，梁啓超所讚賞崔述的，主要是他懷疑、求眞的治史態度和認眞、嚴密的考證方法。趙光賢《崔述在中國史學史上的地位》〔註9〕則從崔述的家世與生平簡介、崔述的時代精神、如何評價崔述等方面進行了論述，認爲在乾嘉時，北方有崔述，南方有章學誠，而崔述的成就尤大，他有獨到的見解，開一代的風氣，即令生前被埋沒但幸有著作流傳下來，爲世人所景仰，成爲一代宗師。

　　其二，對崔述學術的整體研究。孫海波《崔東壁學記》〔註10〕一文從整體上分析了崔述的學術，並簡要分析了崔述考據的方法，從而提倡後人繼崔述《考信錄》之志，努力建設新古史。陳其泰《論崔述的古史新說及其價值觀》〔註11〕論述了崔述古史新說及其近代價值，這是清代史學複雜行程中孕育著更新動向的例證。崔述所清理的古史體系分爲三段：「三代」是可信的階段；堯、舜或上溯到黃帝，是比較可信的傳說階段；再往上，則後人附會更甚，更加不可徵信。舊的古史體系的造成，越到戰國以後，離儒家經典越遠，附會越多，杜撰越厲害。崔述從治經入手，實際上做的是「考史」。他對諸子百家和經書傳注採取分析、考辨的態度，因而在清理古史體系上取得開拓性的成就。崔述在古史領域的貢獻，都是他用嚴密考證的方法取得的。路新生《崔述思想體系初探》〔註12〕從民本論、國家觀、義利觀、人才觀等方面探討了崔述的思想理論體系，認爲崔述以畢生精力著了一部《考信錄》，被視爲乾嘉時期考信辨僞學的泰斗。自梁啓超、劉師培，尤其是自胡適以來，

〔註7〕　趙文紅、王清泉：《試論清代學者崔述的學術命運》，《楚雄師專學報》2001年第2期。

〔註8〕　傅卓犖：《梁啓超如何評價崔述》，《讀書》1985年第11期。

〔註9〕　趙光賢：《崔述在中國史學史上的地位》，《北京師範大學學報（社會科學版）》1992年第5期。

〔註10〕　孫海波：《崔東壁學記》，《中和月刊》1940年第1卷第4期。

〔註11〕　陳其泰：《論崔述的古史新說及其價值觀》，《河北學刊》1987年第6期。

〔註12〕　路新生：《崔述思想體系初探》，《社會科學戰線》1991年第1期。

學術界也一直把崔述歸入純考據學者之列。他不僅是一位考信辨僞學家，還是一位思想家，其理論體系完整博大，自成一格。王記錄《崔述的歷史盛衰論》〔註13〕一文認爲崔述窮一生精力，考辨古史，成就很大，對後世史學有很大影響。崔述在考史中論史、論歷史盛衰，有很多精審見解。崔述很少用性理天道論歷史變化，注意對歷史過程考察；他對歷史「勢」的分析值得總結，注重從人事作用上對歷史盛衰變動原因進行考察，也體現出對民眾的同情。崔述的考史在求眞基礎上求理，有豐富的歷史盛衰論的內容。羅炳良《崔述的史考與史識》〔註14〕認爲崔述對先秦歷史疑古辨僞，求實考信，不但澄清許多古書記載的謬誤和古史傳說的疑團，而且表現出深刻的考史理念與考史見識。其「不以傳注雜於經，不以諸子百家雜於經傳」的考史理念，表現爲以經證史則去古未遠的考史原則；強調「不應後人所知，乃反詳於古人」的考史理念，表現爲對古史傳說循流溯源、袪疑解惑的考史方法；反對「凡說上古者，皆以後世例之」的考史理念，表現爲樸素歷史主義的考史學風。他的這一系列考史理念和考史見識，對中國古代歷史考證學理論與方法論的豐富和發展做出了重大貢獻。黃宣民、陳寒鳴《古史學家崔述的疑古儒學思想》〔註15〕認爲崔述與當時學界主流漢學相異趣，提出以疑古辨僞考信爲主要內容的學說思想。崔氏疑古儒學在上世紀二、三十年代的中國學術界發生過重大影響，對由經學而史學的學術轉換及新史學的形成和發展起了一定作用。劉文英《崔述治學的文化環境》〔註16〕一文則從崔述的學術特色、崔述成學的文化環境、崔述治學境遇對學術史研究的啓示等方面對崔述治學的大、小文化環境進行了綜合分析和研究。

其三，對崔述學術的個案研究。路新生《論崔述的超家派治學解經法》〔註17〕一文認爲崔述是清乾嘉年間的經學家和史學家，其傾畢生精力著成《考信錄》。崔述在學術上能取得成就，原因之一在於他的超家派治學解經法，此「超家」即他能夠超越儒學內部的家派，表現在他能夠打破傳統的經學研究的框架。崔述治學超越了儒學家派的藩籬，他非今（文）非古（文）、

〔註13〕王記錄：《崔述的歷史盛衰論》，《史學史研究》2001年第2期。
〔註14〕羅炳良：《崔述的史考與史識》，《史學史研究》2006年第3期。
〔註15〕黃宣民、陳寒鳴：《古史學家崔述的疑古儒學思想》，《燕山大學學報（哲學社會科學版）》2010年第1期。
〔註16〕劉文英：《崔述治學的文化環境》，《清史研究》2010年第1期。
〔註17〕路新生：《論崔述的超家派治學解經法》，《江淮論壇》1987年第4期。

非漢非宋、非朱非王，是博探眾家之長而自成一體的。崔述既重考據，也談義理，把考據和義理結合起來，形成自己的經說思想體系，也是對傳統經學的衝擊。楊恩翰《重釋「貪人敗類」——評崔述關於防治貪污賄賂犯罪的思想》〔註18〕分析了崔述針對貪污、賄賂犯罪所提出的四個方面帶有戰略與策略性的對策，認為崔述這些思想成果是其在整理、考證西周史料過程中，總結西周盛衰的歷史經驗教訓時所表達的。陳景良《崔述反「息訟」思想論略》〔註19〕認為崔述是清朝乾嘉之際儒家知識分子內部一個具有叛逆思想的人，同時也是中國古代士大夫中第一個公開著文反對「息訟」的人。並從四個方面論述了崔述「反息訟」思想的內容、意義及其限制，為人們認識乃至重新評價中國法律的傳統開闢了一個新的視野。

　　其四，對崔述辨偽成就的研究。趙光賢《崔述在古史辨偽上的貢獻和局限》〔註20〕從十個方面分析了崔述的辨偽方法與貢獻，並對崔述辨偽工作的局限性也進行了考察。認為崔述是把自上古至秦統一以前的古史作一番系統清理工作的第一人。他的辨偽工作直接為顧頡剛所繼承，發展成為在近代很有影響的古史辨派，足見崔述在近代史學史上的特殊地位。張利《崔述古史辨偽學說的現代審視》〔註21〕一文認為崔述是清乾嘉時期一位出色的辨偽學家，為廓清舊的古史體系，撥開自漢以來的古史迷霧做出了重要貢獻，其反傳統的批判精神直接為近代疑古思潮提供了養料。此外，崔述治史有自覺追求證據確鑿、邏輯嚴密的樸素理性主義精神，十分重視史學方法的總結。然而，崔述以經書作為考證古史的唯一準繩，使他在確立可信古史體系上難有作為。丁偉國《崔述與辨偽》〔註22〕一文簡述了崔述的生平及當時的學術背景，繼而闡述了他在中國古代辨偽學上的成就和不足。

　　其五，對崔述考史方法的探討。韋勇強《崔述古史考辨理論及方法淺談》〔註23〕一文認為，崔述是清代乾嘉時期著名的歷史辨偽學家，《考信錄》是他辨偽成就的集大成之作，總結出了不少獨具卓識的古史考辨理論與方法，成

〔註18〕楊恩翰：《重釋「貪人敗類」——評崔述關於防治貪污賄賂犯罪的思想》，《法學研究》1997 年第 3 期。

〔註19〕陳景良：《崔述反「息訟」思想論略》，《法史研究》2000 年第 5 期。

〔註20〕趙光賢：《崔述在古史辨偽上的貢獻和局限》，《史學史研究》1991 年第 2 期。

〔註21〕張利：《崔述古史辨偽學說的現代審視》，《許昌師專學報》2001 年第 3 期。

〔註22〕丁偉國：《崔述與辨偽》，《貴圖學刊》2008 年第 1 期。

〔註23〕韋勇強：《崔述古史考辨理論及方法淺談》，《廣西右江民族師專學報》2001 年第 4 期。

爲後人從事古史辨僞的準繩。論文對崔述的辨僞原則進行了分析，同時總結了崔述的辨僞方法及貢獻。羅炳良《崔述歷史考證方法論的局限性——以考證司馬遷〈史記〉「申侯與弑幽王」之說爲例》〔註24〕認爲崔述在考辨僞書荒史的過程中，確立了「是非必折衷於孔孟，而眞僞必取信於《詩》《書》」的用證原則和「不應後人所知，乃反詳於古人」的辨僞原則，形成了系統的歷史考證方法論。崔述的歷史考證方法澄清了許多古史傳說的疑團，具有重大的考史價值。但由於時代的限制，他的歷史考證方法論表現出過於迷信經傳和僅僅利用文獻資料的缺陷，也存在著疑古過頭的弊端，具有一定的歷史局限性，其歷史考證的某些具體結論難免出現偏頗。羅炳良《崔述「理可思得，事待學知」的理念與方法》〔註25〕分析了崔述在時代允許的範圍內闡明「理」可以通過抽象思維獲得，而「事」只能通過確切考證辨明的理念。並從三方面分析了崔述的歷史考證原則，包括：依據原始資料考證歷史的用證原則、循流溯源考證歷史的祛疑原則、樸素歷史主義的辨僞原則等。韋勇強《崔述的歷史考證方法平議》〔註26〕將崔述的歷史考證方法歸納爲以下五種：「考信於六藝」——以經證史的方法、從文體和文風入手考辨歷史文獻之眞僞、以史事的時代特點作爲考辨歷史文獻及史事眞僞的重要依據、利用邏輯推理對史事眞僞進行辨識、利用文字與音韻知識進行辨僞等。這些方法是崔述在古史及古書考證方面取得卓越成就的前提與基礎，也是他的學術遺產中最有價值的部分。

2、針對崔述具體著述的考析。

其一，關於崔述及其《遺書》的綜合研究。洪波《論崔述及其〈遺書〉》〔註27〕一文認爲崔述是清代乾嘉年間的大儒，畢生致力於上古史的研究，死後留下了大量的《遺書》，尤以《考信錄》聞名於世。作者從筆力耕耘、惟務平實，剖析疑似、以求其眞，考信六藝、以經證史等三方面對崔述及其《遺書》進行了論述。洪波的另一篇文章《從〈崔東壁遺書〉談史料學研究》〔註28〕認爲《崔東壁遺書》是目前有關崔述研究的搜羅最豐富、校點最精

〔註24〕 羅炳良：《崔述歷史考證方法論的局限性——以考證司馬遷〈史記〉「申侯與弑幽王」之說爲例》，《廊坊師範學院學報》2006 年第 2 期。

〔註25〕 羅炳良：《崔述「理可思得，事待學知」的理念與方法》，《光明日報》2006年 7 月 10 日第 011 版。

〔註26〕 韋勇強：《崔述的歷史考證方法平議》，《船山學刊》2009 年第 2 期。

〔註27〕 洪波：《論崔述及其〈遺書〉》，《杭州大學學報》1987 年第 1 期。

〔註28〕 洪波：《從〈崔東壁遺書〉談史料學研究》，《上海師範大學學報（哲學社會科

細的史料彙編，爲從事史料學研究作出了至爲寶貴的典範。同時作者提出了對史料學研究的見解。

　　其二，關於《考信錄》的介紹和研究。陶懋炳《崔述〈考信錄〉初探》〔註 29〕一文分析了崔述《考信錄》的編排原則及其主要主張，論述了崔述的治學方法，並對崔述的學風和治史方法體現的進步思想進行了探討，包括無神論思想、儒家民本思想、仁政思想。陳其泰《〈考信錄〉——探索科學古史體系的先導名著》〔註 30〕從百年沉浮的歷史際遇，廓清附會、倡立新說，提煉總結、自標界說等三方面對《考信錄》進行了分析，認爲此書是一部對近代史家探索科學古史體系起了先導作用的名著。魏文《〈考信錄〉的編纂體例、刊刻及版本》〔註 31〕從《考信錄》入手，論述了崔述的學術思想，認爲崔述在學術上形成了經、傳有別的明確觀念，其《考信錄》兼取編年、紀傳二體之長，迷信《六經》是崔述治學的一個基本傾向。同時，文章還分析了崔述阻止陳履和刻書的原因，並敘述了崔述《考信錄》逐步被重視的過程。韋勇強《崔述〈考信錄〉衛道、尊經原則解析》〔註 32〕一文認爲崔述在撰著《考信錄》時，嚴格遵循衛道、尊經的學術原則，堅決維護儒家道統的權威，以《六經》所載作爲評判古史古書眞僞的標準。這些原則，適應了當時社會對於學術研究的要求，有其合理性，但又在一定程度上導致崔述的學術研究存在證據不足、結論武斷的弊端。韋勇強《崔述〈考信錄〉堅守的「求眞」「致用」原則》〔註 33〕認爲崔述的名著《考信錄》和其他作品都是在「求眞」和「致用」原則指導下寫成的。「求眞」即堅持「無徵不信」的實事求是原則，「致用」即注重經世致用的原則，「求眞」與「致用」原則是辯證統一的。對這些原則的堅守，使崔述的學術研究避免了空疏與無用，不僅在乾嘉學術界卓然成家，而且對後世學者也有一定的啓示作用。

　　其三，關於《讀風偶識》的研究。顧頡剛《崔述碩人詩解（讀書雜記）》

　　　　學版）》1989 年第 2 期。

〔註 29〕陶懋炳：《崔述〈考信錄〉初探》，《史學史研究》1984 年第 1 期。

〔註 30〕陳其泰：《考信錄——探索科學古史體系的先導名著》，《文史知識》1989 年第 9 期。

〔註 31〕魏文：《〈考信錄〉的編纂體例、刊刻及版本》，《歷史教學問題》1991 年第 5 期。

〔註 32〕韋勇強：《崔述〈考信錄〉衛道、尊經原則解析》，《廣西師範大學學報（哲學社會科學版）》2008 年第 4 期。

〔註 33〕韋勇強：《崔述〈考信錄〉堅守的「求眞」「致用」原則》，《廣西師範大學學報（哲學社會科學版）》2009 年第 5 期。

〔註 34〕以較少的篇幅分析了崔述在《讀風偶識》中對《碩人》的解釋，指出崔述對於《詩序》攻擊，對於《左傳》寬恕，論述較爲周密。宗明華《從〈讀風偶識〉看崔述的「因疑而求是」》〔註 35〕主要論述了崔述《讀風偶識》一書「因疑而求是」的重要特徵。崔述之所以能在清代考據大家林立之中獨樹一幟，主要得力於他的讀書治學十分重視文本，因而才能夠做到：不拘一時之說，獨樹一己之見；以詩言詩，以文求義；以史考實，疑僞詳辨。更爲難能可貴的是，他能拋開功名利祿而純粹致力於學術，有一種嚴謹存誠、科學求實的態度。這便是他在清代詩經研究及考史中能有獨到之見，並頗具影響力的主要原因之一。李賀軍《論崔述〈讀風偶識〉的史學色彩》〔註 36〕認爲崔述的史學思維方式也貫穿到了其讀《詩》筆記──《讀風偶識》中，他從史學角度研究《詩經》，使《讀風偶識》染上了濃重的史學色彩。具體表現爲：一是崔述對「詩可以觀」的理論認識與其觀《詩》知政的說《詩》實踐是高度一致的。他認爲「詩可以觀」就是指通過《詩經》可以考察政事得失、歷史變化，強調觀《詩》知政的作用；在說《詩》實踐中，崔述透過《詩經·國風》文本看歷史興衰、政治得失、風俗好壞。二是以史證詩，據《春秋》、《左傳》、《國語》、《史記》、《漢書》、《後漢書》等史書考證《國風》某篇是否屬諸某人，是否反映某種歷史事件。王菊芹《崔述〈讀風偶識〉對〈詩經〉研究的貢獻》〔註 37〕認爲就《詩經》的研究史而言，崔述《讀風偶識》的問世，打破了傳統的漢學、宋學、古文、今文並行的格局，以嶄新的姿態出現在世人面前。他倡導的大膽質疑、大膽創新的學術精神以及關於《詩經》的學術見解，對其後的整個學術界都有指導意義。崔述對《詩經》研究從經學向文學的復歸做出了開拓性的貢獻。魏玉龍《論崔述〈讀風偶識〉的學術成就》〔註 38〕一文認爲崔述的《讀風偶識》在《詩經》研究史上有著重要的地位和學術成就。其一就是他對前人觀點的大膽質疑，這對復古爲主的《詩經》

〔註 34〕顧頡剛：《崔述碩人詩解（讀書雜記)》，《小說月報（上海 1910)》1923 年第14 卷第 12 期。

〔註 35〕宗明華：《從〈讀風偶識〉看崔述的「因疑而求是」》，《煙臺大學學報（哲學社會科學版)》1999 年第 2 期。

〔註 36〕李賀軍：《論崔述〈讀風偶識〉的史學色彩》，《三門峽職業技術學院學報》2008年第 4 期。

〔註 37〕王菊芹：《崔述〈讀風偶識〉對〈詩經〉研究的貢獻》，《河南機電高等專科學校學報》2009 年第 1 期。

〔註 38〕魏玉龍：《論崔述〈讀風偶識〉的學術成就》，《時代文學》（下半月）2009 年第 4 期。

清學產生了強烈的影響。其一是對《詩》的見解精闢獨到，提出了「風無正變」等富有新意的解釋。魏玉龍《崔述在清代〈詩經〉研究史上的地位及影響》〔註39〕分析了清代《詩經》研究概述、崔述所屬的獨立思考派在清代《詩經》研究史上的地位、崔述治《詩》對後世的影響等，認為崔述的《讀風偶識》一書在考辨詩旨、詩義上獨樹一幟，在清代《詩經》研究方面，有著十分重要的地位。《讀風偶識》在學術上取得的成就至今仍有巨大的生命力。

其四，關於崔述其他著述的研究。李培棟《〈洙泗考信錄〉的貢獻和價值》〔註40〕一文對《洙泗考信錄》的貢獻和價值進行了總結：首先，它給世人提供了一部「孔子詳傳」，這種研究本身就是對於歷史的一大貢獻。其次，它是在歷史上第一次全面地、系統地、認真地把孔丘這位神而聖之的人物的畢生事迹當作了一個考察研究的對象，探索聖人真相。再次，它是「六經皆史」說的一次歷史研究的具體實踐和試檢。當然，也分析了其時代局限性，即在關謬辨偽以求聖人之真的同時，又按照「理想聖人」的模式塑造起孔丘的形象來，陷入了新的矛盾。辛安亭《崔述及其〈無聞集〉》〔註41〕介紹了崔述的生平及後世對崔述學術的看法，並認為崔述在中國學術思想史上應占重要地位，但這不是因為他有一部規模宏大的《考信錄》，而是因為他的《無聞集》。通過介紹《無聞集》中部分文章，論述了其中包含的進步性與人民性，同時分析了《無聞集》思想的社會根源。翁連溪《海內孤本崔東壁遺稿──〈葰田賸筆〉殘帙》〔註42〕一文回顧了顧頡剛與洪業發現《葰田賸筆》的經過，後此書稿佚失。筆者有幸於書肆發現此書稿並購回，並詳細介紹了此書稿的詳細情況，包括紙張的規格、正文的內容等。此遺稿的發現可謂書林一大幸事。

3、對崔述與其他學術大家的對比研究。

邵東方《論崔述與朱熹學術之關係》〔註43〕一文認為，崔述是清代中期

〔註39〕魏玉龍：《崔述在清代〈詩經〉研究史上的地位及影響》，《文學教育》（上）2009 年第 2 期。

〔註40〕李培棟：《〈洙泗考信錄〉的貢獻和價值》，《上海師範學院學報》1981 年第 1 期。

〔註41〕辛安亭：《崔述及其〈無聞集〉》，《西北師大學報（社會科學版）》1983 年第 2 期。

〔註42〕翁連溪：《海內孤本崔東壁遺稿──〈葰田賸筆〉殘帙》，《收藏家》2003 年第 10 期。

〔註43〕邵東方：《論崔述與朱熹學術之關係》，《中國哲學史》1997 年第 3 期。

的一位經史學家，他生當乾隆、嘉慶之世，其時爲清廷揭倡的朱學派在思想界較之清代前期更爲根深蒂固。與此同時，漢學也因開設四庫館而在學術圈內稱盛一時。一般而言，清代的漢學家繼承朱熹的知識主義傳統，重視經典的考證，而宋學家發揮朱熹的義理之說，輕視對史料文獻的考證。儘管在乾嘉時期欽定的程朱理學已處於絕對的統治地位，但是漢學同時也發展到鼎盛階段。所以，清代的漢、宋二學實際上是處於一種既相容又對立的關係之中。作者對崔氏學術中與朱熹最有關係的部分進行了分析和探討。路新生《崔述與顧頡剛》〔註44〕介紹了崔述與顧頡剛之間的學術淵源關係，認爲顧頡剛的疑古無論從方法還是內容上，在許多方面都是繼承、發展崔述及其《考信錄》而來的。崔、顧二說前後繼承、發展的思想軌迹是清晰可辨的。同時，又從三方面總結了顧頡剛在古史考辨的許多方面對崔述考辨成果的承襲。張利《顧頡剛對崔述古史辨僞學說的繼承和超越》〔註45〕認爲二十世紀二十年代，顧頡剛提出了震動一時的「古史辨」學說，其中有關上古帝王世系和五德終始說等理論觀點繼承了崔述的古史辨僞學說。然而，在治史目的、方法以及構建古史體系上，顧頡剛則另闢史學蹊徑，大大超越了崔述之學；並在「五四」這一特定歷史時期進一步發揚崔述思想中蘊含的近代因素，在探索眞實的古史體系上作出重大貢獻。吳少瑉、張京華《論顧頡剛與崔述的學術關聯》〔註46〕則將崔述的學術思想作爲顧頡剛疑古思想的重要來源，其間也存在日本疑古思想的外來影響。但在 1923 年正式提出「層累說」以前，顧頡剛還沒有見到日本那珂通世本《考信錄》。其後，他以陳履和刻本爲底本，並參考了那珂通世的研究成果，整理編訂了《崔東壁遺書》。並從五個方面對顧頡剛、崔述與日本學術思潮的關聯進行了分析，包括：胡適「極少數人欣賞，多數人不承認」說和錢穆「傳矣而不廣，存矣而不著」說、王煦華「質的變化」說和邵東方「根本差別」說、廖名春「可能接受白鳥庫吉『堯舜禹抹殺論』」說、李慶「中日兩國研究互動」說和錢婉約「共同源頭」說等。曾傑麗《崔述與羅爾綱辨僞思想比較研究》〔註47〕一文把崔述、羅爾綱得以

〔註44〕 路新生：《崔述與顧頡剛》，《歷史研究》1993 年第 4 期。

〔註45〕 張利：《顧頡剛對崔述古史辨僞學說的繼承和超越》，《浙江學刊》2001 年第 2 期。

〔註46〕 吳少瑉、張京華：《論顧頡剛與崔述的學術關聯》，《洛陽大學學報》2002 年第 3 期。

〔註47〕 曾傑麗：《崔述與羅爾綱辨僞思想比較研究》，《南寧師範高等專科學校學報》

成名成家的重要基礎歸結爲辨僞，雖然他們在考辨僞史的範圍、標準、歸結
成僞原因側重點等方面各有不同，但都對歷史文獻辨僞做出了巨大貢獻。比
較研究他們的辨僞思想，對於豐富中國文獻學的理論以及促進史學的發展，
有重要的借鑒意義。

　　4、以西方史學理念詮釋崔述學術。

　　邵東方《崔述的疑古考信與史學研究——與王元化先生論學》〔註 48〕
一文認爲崔述的疑古思想明顯地受了宋代學者懷疑思想的影響，但兩者是有
區別的：宋代學術空氣較自由，故宋人敢疑經；而崔述只疑傳，又是作爲古
史來疑。與同時代的漢學家相比，崔述是靠大膽懷疑而不是考證精確取勝，
靠讀書精而非讀書博取勝。漢學家的研究對象是文字聲韻，而崔述則注重考
史事。崔述和大部分乾嘉學者的學術路數有相異之處。考史學者基本上採取
以現存古籍互校的方法來印證史料的正誤，從而得出結論。而崔述卻與絕大
多數乾嘉考史的學者不同，以經考上古史，進行疑古辨僞，較爲系統地考覈
了上古的史實。邵東方《論崔述的考據學與清代漢學之關係》〔註 49〕論述
了崔述絕非清代考據學之典型代表，他在清代學術界的定位也不可輕易歸於
漢學。這表現爲不僅在主觀上，崔述本人從未向漢學家表示過認同，而且在
客觀上，崔述與漢學家在考證上有許多不同之處。從儒學內部的學術流變的
線索來看，崔述的經史考證在方法論上仍停留在宋代學術「道問學」的系統
之中而無重大突破，故最終未能發展成爲清代漢學以文字訓話爲核心的知識
價值系統。邵東方《經義求眞與古史考信——崔述經史考辨之詮釋學分析》
〔註 50〕一文嘗試以德國哲學家加達默爾在《眞理與方法》一書中提出的詮
釋學理論爲參照，從崔述的意義觀念、崔述論意義的把握和表達、崔述的歷
史知識論三方面來分析崔述經史考證所涉及的文本解釋問題。從而，一方面
是爲了引起學術界對崔述詮釋學說的重視，另一方面也是試圖提供一個從詮
釋學的角度瞭解中國儒家經解史注的途徑。

　　這幾個方面的研究，反映出這一階段對崔述史學的研究取得了重要進展。

　　　　　　2004 年第 3 期。
〔註48〕 邵東方：《崔述的疑古考信與史學研究——與王元化先生論學》，《學術月刊》
　　　　　　1992 年第 10 期。
〔註49〕 邵東方：《論崔述的考據學與清代漢學之關係》，《清史研究》1998 年第 1 期。
〔註50〕 邵東方：《經義求眞與古史考信一一崔述經史考辨之詮釋學分析》，《史學理論
　　　　　　研究》1998 年第 1 期。

（二）論著方面

（1）美國斯坦福大學邵東方《崔述與中國學術史研究》〔註51〕一書於1998年出版，是論文集性質的著述，收集了作者研究崔述及其學術史問題的七篇論文，包括：關於崔述學術的幾個問題、崔述的疑古考信和史學研究、崔述的古史考證與周公攝政稱王問題、崔述在清代儒學定位之重新考察、經義求真與古史考信、論胡適、顧頡剛的崔述研究、《今本竹書紀年》諸問題考論等。此書在2009年再版，更改書名為《崔述學術考論》〔註52〕，與初版相比，再版增加了王元化給邵東方的兩封書信和附識一篇、英譯的崔述《考信錄提要》，刪去了《〈今本竹書紀年〉諸問題考論》及附錄。

（2）吳量愷《崔述評傳》〔註53〕一書是人物傳記性質的論著，分上、下兩編，即生平述略和思想約旨。全書共分十章，包括蟄居蓄勢、立志、展露才華、候選與出仕、歸里與撰著、辨偽考信的遞變、求真求是的學術思想、治法・治人・廣開言路、對歷史與自然的理性思考、影響與評說等，將崔述的治學過程進行了梳理。

另外，在一些史學史論著及辭典中，也有涉及到崔述史學的內容，但僅是一些簡單的介紹性論述，如陳其泰《史學與中國文化傳統》〔註54〕中的「崔述古史新說及其價值觀」、路新生《中國近三百年疑古思潮研究》〔註55〕中的第三章「中國古典疑古思潮之集大成者——崔述」、馮天瑜主編《中華文化辭典》〔註56〕中「崔述」詞條等。

（三）學位論文方面

大陸地區和臺灣的高校出現了一些關於崔述的碩士論文。現查大陸地區高校的碩士論文有：李振奇《崔學淺論》〔註57〕，從崔學與清初各家學術的比較、崔述古史考辨的原則及方法、崔學評價三方面進行論述，認為崔述是清代乾嘉時期的學者、辨偽學家、史學家，平生致力於上古史研究，在考據辨偽方面成績斐然。他在清代學術史中有一定的地位，在學術上取得了一定

〔註51〕邵東方：《崔述與中國學術史研究》，人民出版社，1998年。

〔註52〕邵東方：《崔述學術考論》，廣西師範大學出版社，2009年。

〔註53〕吳量愷：《崔述評傳》，南京大學出版社，2001年。

〔註54〕陳其泰：《史學與中國文化傳統》，學苑出版社，1999年。

〔註55〕路新生：《中國近三百年疑古思潮研究》，上海人民出版社，2001年。

〔註56〕馮天瑜主編：《中華文化辭典》，武漢大學出版社，2001年。

〔註57〕李振奇：《崔學淺論》，河北大學中國哲學專業碩士論文，2006年。

的成績，做出了貢獻。同時也認爲崔述其學術上的局限與不足。陳景聚的碩士論文《姚際恒、崔述與方玉潤的〈詩經〉學「簡論」》〔註58〕的第二章即「崔述的《詩經》研究及評價」，介紹了崔述的生平與著述，並探討了崔述《詩經》研究的學術理念。

臺灣高校的碩士論文有：高瑞穗的《崔東壁與疑古史學》〔註59〕、鄭弘光的《崔東壁之考據學》〔註60〕、李景瑜的《崔述讀史偶識之研究》〔註61〕、陳金信的《崔述群經辨僞研究》〔註62〕。但由於條件所限，還未能查找到。

除此之外，關於崔述的研究也受到我國港臺史學工作者與海外學者的關注。我國港臺史學工作者的研究成果有：（香港）左松超《崔述詩經研究簡論》〔註63〕；（臺灣）邱麗娟《崔述〈考信錄〉評析》〔註64〕、《崔述與顧頡剛疑古歷程的比較研究》〔註65〕；（臺灣）黃忠慎《論宋儒與清儒對詩旨的解放——從朱子到姚際恒、崔述、方玉潤》〔註66〕、《論「涵泳、玩味」的讀〈詩〉法——以姚際恒、崔述與方玉潤的相關論爲評析對象》〔註67〕、《傳統與變異——論姚際恒、崔述、方玉潤的解〈詩〉基調》〔註68〕等。海外學者的研究成果包括：（日本）那珂通世《考信錄解題》〔註69〕；（日

〔註58〕陳景聚：《姚際恒、崔述與方玉潤的〈詩經〉學「簡論」》，西北大學專門史專業碩士論文，2004年。

〔註59〕高瑞穗：《崔東壁與疑古史學》，國立臺灣師範大學歷史研究所碩士論文，1974年。

〔註60〕鄭弘光：《崔東壁之考據學》，國立高雄師範大學國文研究所碩士論文，1981年。

〔註61〕李景瑜：《崔述讀史偶識之研究》，國立臺灣師範大學國文研究所碩士論文，1985年。

〔註62〕陳金信：《崔述群經辨僞研究》，（臺北）彰化師範大學國文教育研究所碩士論文，2001年。

〔註63〕左松超：《崔述詩經研究簡論》，《第一屆國際清代學術研討會論文集》1993年。

〔註64〕邱麗娟：《崔述〈考信錄〉評析》，《臺南師院學報》1997年第30卷。

〔註65〕邱麗娟：《崔述與顧頡剛疑古歷程的比較研究》，《臺南師院學報》1999年第32卷。

〔註66〕黃忠慎：《論宋儒與清儒對詩旨的解放——從朱子到姚際恒、崔述、方玉潤》，《興大中文學報》2007年第22卷。

〔註67〕黃忠慎：《論「涵泳、玩味」的讀〈詩〉法——以姚際恒、崔述與方玉潤的相關論爲評析對象》，《文與哲》2008年第12卷。

〔註68〕黃忠慎：《傳統與變異——論姚際恒、崔述、方玉潤的解〈詩〉基調》，《東海中文學報》2009年第21卷。

〔註69〕那珂通世：《考信錄解題》，《史學雜誌》1902年第13編第7號。那珂通世著、

本）村山吉廣《崔述的詩經學——〈讀風偶識〉的立場》〔註70〕、《崔述〈讀風偶識〉的一斷面——戴君恩的〈讀風臆評〉》〔註71〕、《崔述〈讀風偶識〉的側面——和戴君恩〈讀風臆評〉的關係》〔註72〕；（日本）藤井良雄《崔述〈讀風偶識〉的著述意圖》〔註73〕等。在港臺刊物發文的大陸學者有彭忠德《崔述及其〈考信錄〉評議》〔註74〕等。這些相關論文對崔述的學術及其相關著述發表了各自的見解，由於篇幅所限，在此不再贅述。

總起來說，以往對崔述史學的研究取得了長足的進步，呈現出逐步深入的趨勢。這中間也產生了質量較高、見解精闢的論著，對今天的研究仍然具有啓髮指導意義，值得進一步深入探討，並加以總結和借鑒。但是，筆者通過認眞研讀原始材料，對比以往研究成果，體會到雖然研究已有不少，但以往的研究也還存在著一些不足，依然有許多問題有待於進一步研究。

三、研究思路

本書主要從崔述成學的時代背景與生平、崔述成學的學術特色及其文化環境、崔述先秦史著述的成果及特點、崔述先秦史考釋的成就及局限性、崔述史學的思辯方法、崔述史學的傳播和影響等幾方面進行論述。具體論述內容如下：

第一章崔述成學的時代背景與生平。

本章首先介紹崔述成學的時代背景。崔述生活於清代乾嘉時期，此時期封建社會逐步走向沒落，當時學術界存在漢學與宋學之爭，歷史考據之學逐步興盛。當時學術界的主流趨勢是信古，而崔述的學術研究則以「疑古」考據爲主要特色，使得他與當時的學術背景格格不入，這也是其學術在當時並沒有彰顯於世的主要原因。另外，對崔述的生平經歷進行一個全面的梳理，

於式玉譯之《考信錄解題》現收錄在《遺書》中，第 926～931 頁。

〔註70〕村山吉廣：《崔述的詩經學——〈讀風偶識〉的立場》，《詩經研究》1978 年第 4 號。

〔註71〕村山吉廣：《崔述〈讀風偶識〉的一斷面——戴君恩的〈讀風臆評〉》，《中國哲學》1992 年第 21 號。

〔註72〕村山吉廣：《崔述〈讀風偶識〉的側面——和戴君恩〈讀風臆評〉的關係》，《中國文哲研究通訊》1995 年第 5 卷第 2 期。

〔註73〕藤井良雄撰、盧秀滿譯：《崔述〈讀風偶識〉的著述意圖》，（臺北）《中國文哲研究通訊》2000 年第 10 卷第 2 期。

〔註74〕彭忠德：《崔述及其〈考信錄〉評議》，《孔孟月刊》2000 年第 38 卷第 8 期。

從而瞭解崔述一生的生活、學術的發展狀況和脈絡。

第二章崔述成學的學術特色及其文化環境。

本章分為兩部分，一為崔述成學的學術特色，一為崔述成學的文化環境。研究一個學者的學術特色，要以發展變化地眼光，考察這一學者的學術淵源及治史風格，從而全面瞭解其學術前後發展的全過程。崔述的學術特色也要從其學術淵源與治史風格來考察其整體的學術特色，釐清其學術取向前後的變化和發展。通過分析其學術淵源可以明瞭崔述一生學術旨趣的變化。崔述治史最大的風格就是疑古，應著重予以闡發。本章的第二個部分是本書的一個亮點，即崔述成學的微觀文化環境，包括親屬的支持與鼓勵、恩師的教育與賞識、官吏和友人的提攜與幫助、弟子的追隨與奉獻等內容。崔述史學成就的取得，與所處的文化環境密切相關。正是在這種良好的微觀文化環境下，崔述才得以成就自己的學術事業。

第三章崔述先秦史著述的成果及特點。

崔述一生著述豐富，其中《考信錄》用力最勤。本章對崔述著述的篇目及刊刻情況、不同版本都進行了分析，對《考信錄》的內容與特點進行了總結。崔述認為傳說是迷信荒誕的，故不能採信；他主張考辨以經書為依據，推崇聖人之教；同時他認為應以客觀求實的態度考辨古史；崔述主張考辨古史要「細為推求」、「舉一反三」。

第四章崔述先秦史考釋的成就及局限性。

崔述從對上古帝王傳說的懷疑、對夏商與商周君臣關係的考辨、對五德終始說的考辨、對孔子行事的考辨、對《古文尚書》的考辨、對《竹書紀年》的考辨等方面對先秦史進行了考釋。本章分析了崔述先秦史研究的局限性，包括考辨古史依據、對具體史事的考辨、對史籍的考辨等方面的局限性。本章對崔述先秦史研究的考證成就和學術價值、崔述先秦史研究的局限性及其原因也進行了分析。

第五章崔述史學的思辯方法。

崔述在進行史學考證的過程中，運用了邏輯思辯、歷史分析等多種方法，都是值得總結和闡發的。這些方法具體包括：異同考析法、事理推論法、辯證論辯法、歸納與演繹互動的思維模式、根究源流法、比擬解喻法等，對史學研究的開展十分有益，值得後世人學習及傚仿，也有待於開展進一步研究。

第六章崔述史學的傳播和影響。

　　崔述的史學在日本和國內的傳播都歷經了一個過程，對口本和國內的學術界產生了影響。本章分別分析崔述史學在日本、中國國內的傳播和影響，並梳理中日學者對崔述史學的評價。

　　總之，本書擬從崔述成學的時代背景與生平、成學的學術特色及其文化環境、先秦史著述的成果及特點、先秦史考釋的成就及局限性、史學的思辯方法、史學的傳播和影響等方面，對崔述的史學進行全面分析，並逐步推向深入。

第一章　崔述成學的時代背景與生平

　　崔述生於乾隆五年（1740）七月二十九日，卒於嘉慶二十一年（1816）二月初六日，享年七十七歲。時當清代中期，清帝國雖國勢逐步由強變弱，國力漸衰，但總體上還是較為興盛的。這一時期文化思潮與清代前期迥異，考據學逐步興盛，並產生了廣泛影響。崔述的史學與時代密切相關，而他的生平經歷亦對其治史產生了深遠影響。考察崔述的時代背景與生平有助於我們理解他的治史動機，進而可以更好地對其史學成就與貢獻進行評價。

第一節　崔述成學的時代背景

　　任何學術成就的取得都離不開學者所處的時代背景。崔述生活的清代乾嘉時期，總體上處於由鼎盛轉向衰敗的變革時期。由於清代初期在政治、經濟、文化等方面的改制和積累，清代中期出現了「康乾盛世」﹝註1﹞的局面，到乾隆朝前期已達到「康乾盛世」的頂峰，這就為學術的發展奠定了穩固的基礎。然而，繁榮中卻隱藏著危機，清朝從乾隆後期開始逐漸走向衰落。

　　清代經過順治、康熙、雍正三朝的積累和發展，到乾隆初期國勢極盛，政治清明，疆域擴展，為學術的發展提供了良好的政治環境。然而到乾隆統治後期，國勢開始由強盛轉向衰弱，封建制度逐漸腐朽並阻礙了社會生產力的發展，土地兼併日趨嚴重。再加上統治者肆意揮霍，政治腐敗，致使階級矛盾不斷激化。雖然朝廷曾先後採取各種改革措施，諸如改革吏治、嚴懲貪

﹝註1﹞　學術界一般將自康熙二十年（1681）平定三藩之亂，至嘉慶元年（1796）川
　　　　陝楚白蓮教起義爆發的一百多年的時間稱為「康乾盛世」。

官、裁減冗員等，但多無明顯效果。各種尖銳的矛盾達到不可調和的程度，最終引發了乾隆六十年（1795）的湘黔苗民起義。這對清朝的封建統治是沉重的打擊，清朝開始逐漸步入衰敗時期。到嘉慶時期，清朝面臨更大的危機，吏治腐敗、兵制紊亂、軍備廢弛，國家形勢不斷惡化，清廷處於內憂外患的局面。各種矛盾的激化又引發了嘉慶元年（1796）的川、楚、陝白蓮教大起義，致使國家元氣遭受重創。

開展學術研究離不開一定的經濟和物質基礎。清代乾嘉時期經濟不斷繁榮，生產力逐步提高，農業、手工業和商業都得到不同程度的發展。乾隆後期開始種植高產的農作物，並採取精耕細作的耕種方法，提高了糧食的產量和質量。隨著糧食產量的提高，不僅滿足了自給自足的需要，而且還進入了商品流通，促進了商業的發展。手工業也有了很大發展，尤其是棉紡織品的發展，產量逐步增加，質量不斷提高，並且出現了社會分工。手工業產品不僅在國內銷售，還出口到海外。乾嘉時期，在農業、手工業發展的過程中，已經出現了資本主義萌芽，資本主義經濟開始緩慢發展，但是中國還是以自足自給的自然經濟爲基礎。這一時期社會相對安定，經濟較爲發達，農業、手工業和商業的發展，爲文化的發展和學術的昌盛提供了堅實的基礎，也爲學術界整理經籍活動提供了良好的物質環境。

清朝文化繁榮，官方主持纂修了《四庫全書》，對文化的發展起了重要作用。但在編修的過程中，也製造出多起文字獄，影響惡劣。乾隆時期，開展禁書活動，推行文字獄，這時的文字獄從規模、範圍上都超過了康熙、雍正兩朝，給文化發展造成了消極影響。儒學內部出現了宋學與漢學之爭，下文有具體論述。另外，還有各個學派和思潮競相發展、相互鬥爭與融合，成爲清代文化發達的主要表現。

乾嘉時期，隨著政治的穩定、經濟的繁榮、文化的發展，考據學逐步產生和興盛，形成了考據學派。考據學的產生和興盛並不是一個偶然的現象，其一，隨著清代學術內在理路的發展，清代初期的經世致用思潮到清代中期逐步轉向對傳統學術的考證和整理，這就促進了考據學的產生。其二，中國古代文獻典籍在幾千年的積累中，雖然數量豐富、內容完備，但同時存在殘缺、訛誤、疏漏和僞造的情況，這就需要學者進行考證和辨僞，一股疑古思潮開始興起，這些是學術發展的必然。其三，統治者積極倡導經學，推動官方的文化建設，至乾隆年間達於高峰。乾隆帝在主導官方文化活動的過程中，

認識到考據學在裝點官方文化活動的學術色彩上，可以起到不可替代的重要作用，開始積極支持考據學的發展。《四庫全書》的編纂，實際上也十分需要文獻考據家的參與，於是對一些從事考據之學的學者進行獎勵、提拔，這對考據學的興盛也起到了很大的推動作用，助成乾嘉時期佔據主流地位的考據學風。在這種學風的影響之下，出現了許多成就卓著的考據學家，例如戴震、王鳴盛、錢大昕、洪亮吉、江永、段玉裁、孫星衍、邵晉涵、王念孫等等。

學術風氣的發展有一定的軌跡，清初以來，顧炎武、黃宗羲等學術巨擘懲明末學術空疏之弊，大力倡導「實學」。顧炎武《日知錄》作出精細考訂、立說審慎的表率，標舉「經學即理學」的旗幟，主張通過考釋經典的原意來領會義理；黃宗羲將「義理之學」引伸到紮實的學術史清理中，撰成《明儒學案》，積極從事和支持文獻辨偽之學。至康熙年間，吳任臣、顧祖禹、馬驌等規範搜討文獻史料，著成博雅精深之作，〔註2〕學問以淹博名世；胡渭、閻若璩等廣徵博考，在古文獻辨偽上成就斐然，〔註3〕均開乾嘉考據學興起之先河。清初「義理之學」的探討，經歷了明清易代之「天崩地坼」的變局，在顧炎武、王夫之、黃宗羲等學者的著述中達到一個新的高峰，隨後即進入衰退趨向，因爲理論的突破性探索，依賴於社會大變動或新哲理體系的推動，否則就不能持續不斷的推進。學術從義理思辯轉爲具體考索，是清代社會發展狀況與學術發展理路所決定的必經趨勢，至乾嘉時期蔚成考據學風，是個很自然的結果。

然而學術思想從來不會形成全社會純一色的一統天下，在考據學風最熾熱的時期，依然出現批評瑣屑考證、主張義理思辯的強音，章學誠、莊存與的議論即爲典型，前者倡言「程朱之學，乃爲人之命脈也」〔註4〕，後者主張闡揚《春秋》的微言大義，大力提倡今文經學，這種現象被學界稱爲「漢學」與「宋學」之爭。而乾隆朝官方則始終是漢、宋之學的調和者，實際主持《四庫全書總目》的纂修官紀昀，在追述自漢代以來的學術演變時說：「自漢京以後，垂二千年，儒者沿波，學凡六變……要其歸宿，則不過漢學、宋學兩家互爲勝負。夫漢學具有根柢，講學者以淺陋輕之，不足服漢儒也；宋學具有

〔註2〕 吳任臣著有《十國春秋》、顧祖禹著有《讀史方輿紀要》、馬驌著有《繹史》，皆以搜採資料廣博、考訂精覈著稱。

〔註3〕 胡渭《易圖明辨》、閻若璩《尚書古文疏證》皆爲清初文獻辨偽名著。

〔註4〕 章學誠：《章氏遺書》外編卷三，《丙辰札記》，文物出版社，1985年，第393頁。

精微，讀書者以空疏薄之，亦不足服宋儒也。消融門戶之見，而各取所長，則私心祛而公理出，公理出而經義明矣。蓋經者非他，即天下之公理而已。」〔註5〕紀昀本人學風雖偏向於考據學，但在官方書史中不能不按照官方的意旨抒發議論。平心而論，「消融門戶之見，而各取所長」確為治學所應採取的允當態度，宋學的思辯方法，其實對於歷史考據也是必要的方法之一，有助於史料殘缺時仍可作出較為正確的判斷。崔述的治學，固然具備搜討史料、言必有據的風格，但先秦史料的匱乏，勢不得不以思辯的方式辨偽存真。崔述史學成就的顯著特徵是展現出很強的思辯能力。這一點，被學者視為汲取了宋學的因素，需要進一步考覈論證，但他並不僅僅以直接史料依據為憑證，突破了乾嘉時期流行的漢學考據方法，則為不爭的事實。

乾嘉時期的特定社會背景與文化潮流，對崔述的史學研究產生了一定的影響。這是一個政治相對穩定、經濟比較發達、文化事業向上的時代。皇權專制主義達於頂峰，滿洲貴族高踞於等級統治體制的上層，廣大士人難於有建立功業的機遇，追求學術上「立言」成為最時興的志向，趙翼有云：「書有一卷傳，亦抵公卿貴」〔註6〕，即反映了學者較為普遍的心態。乾嘉考據學風雖不免有其弊端，其中信古觀念更對崔述的學術有排斥作用，但是乾嘉考據學也具備突出的重大優點，正如喬治忠所指出的：「乾嘉歷史考據學以其執著的實事求是精神，擯除了史學直接從政治需要出發的宗旨，淡化了經世致用觀念，很大程度上增強了學術的相對獨立性，有效地擺脫了史學作為政治婢女的角色，這在中國古代史學史上是一個了不起的開新潮流。」〔註7〕崔述生活在這一重視學術、史學考據的發展不大看統治者眼色的時代，有助於他在治史上獨立思考、獨樹一幟。雖然崔述的考辨古史往往表現出維護儒學史學體系的傾向，但如此顛覆遠古聖王的記載、打破流行甚久的經世解說體系，是否會得到統治者的認可？這是不在崔述的考慮範圍之內的。因此，崔述的史學考辨與其他學者的歷史考據一樣，都基本上隔離於朝廷的政治需要之外。

崔述自行選擇了中國歷史上史料稀少而且記載龐雜的先秦史研究，視學術追求為人生第一宗旨，「考信於六藝」，以獨立思考的精神走上了疑古、辨偽之途。他的史學研究不局限於對古籍的考訂補注，而是從研究儒家經典入

〔註5〕 紀昀：《四庫全書總目》卷一，《經部總敘》，四庫全書文淵閣本。
〔註6〕 趙翼：《甌北集》卷二三，《偶書》，上海古籍出版社，1997年，第476頁。
〔註7〕 喬治忠：《中國史學史》，中國人民大學出版社，2011年，第291頁。

手，致力於對史籍的考證和對古史的研究，對許多重大問題提出懷疑，取得了獨具特色的史學成就。雖然他的某些考證結果還存在局限性，但卻絲毫不能埋沒其在思想史和學術史上的重要價值。

綜上所述，清朝乾嘉時期，政治穩定，經濟繁榮，學術文化發達，各種學術思潮和流派相互競爭，經學、史學、金石學、天文曆算、小說、詩詞、戲劇、繪畫、史學等都得到不同程度的發展，其中較爲突出的是乾嘉考據學的興起和發展。崔述的學術思想和史學成就雖然獨具一格，但也不能說毫無時代的痕迹、不能說不受這個學術文化濃厚時代的正面影響。

第二節　崔述的家世及生平

崔述，字武承，號東壁，乾隆二十七年（1762）舉人，直隸大名府魏縣（今河北魏縣）人，乾隆二十三年（1758），由於漳水決口，屢次淹沒魏城，政府廢魏縣，併入大名縣，故又稱爲大名縣人。崔述祖上爲魏縣的望族，「自先布政遷魏以來，甲第相接，僕馬喧闐里間」〔註8〕。其世系傳承，崔述自稱：

> 先世本大寧小興州人；當明之初，以軍功起家，世襲指揮使，奉詔徙保定之新安。至諱向華，入國朝，以子貴，誥贈通議大夫，江蘇按察使。於順治中始遷於大名之魏縣。先高祖諱維彥——通議公之季子也，——高祖母孫，皆早卒。先曾祖諱緝麟，字振侯，康熙戊午副榜，庚午舉人，順天府大城縣學教諭，有集十餘卷。所居宅世傳爲段干木蹦垣之所，因自號段垣云。曾祖母趙生子三人：長諱瀚，字春海；仲諱濂，字周溪；季諱沂，字魯南。周溪公前配尚，無子；繼配徐，生二子，先君其長也。〔註9〕

崔述的弟子陳履和也記述道：

> 先世居大寧衛小興州。明初，有諱義者，以軍功起家，世襲指揮使，奉詔遷保定之新安。國朝順治中，諱向化者，始遷魏。再傳至先生曾祖，諱緝麟，號段垣，以舉人官大城教諭，學行冠一時，詳載縣志。祖諱濂，字周溪，武學生。考諱元森，字燦若，號闇齋，

〔註8〕　崔述：《考信附錄》卷一，《先段垣公行狀》，見《崔東壁遺書》，第466～467頁。
〔註9〕　崔述：《無聞集》卷四，《先府君行述》，見《崔東壁遺書》，第716頁。

歲貢生，周溪公次子也。〔註10〕

　　崔述所稱的「先布政」指的是其過繼伯高祖崔維雅。崔維雅，字大醇，號默齋，崔向化的長子，本爲保定新安縣人，順治三年（1646）舉人，授濬縣儒學教諭，安家於魏縣。治水患主張疏導引河，屢次卓有成效。任期屆滿之後，遷河南儀封知縣。儀封縣河多決口，崔維雅疏通河道、堵塞決口，河岸得以安寧。因此，在督撫的不斷疏薦下，崔維雅擢江南淮安府同知，旋改開封府南河同知。康熙元年（1662）因建議治河，遷浙江寧波府知府。適逢東南用兵，清兵雲集城外，崔維雅調劑得宜，使民眾的生活沒有被擾亂。後副都御史王光裕總督河道，推薦崔維雅，擢河南通省管河道按察司副使。因爲治水有功，累遷江蘇按察使、湖南布政使、補廣西布政使，後被朝廷內召爲大理寺卿候補通政使。著有《河防芻議》、《明刑輯要》等書。崔維雅「有經濟才，所至皆有政績；三任河官，於治水功尤著」〔註11〕。生子名徵麟。

　　上文之「段垣公」，即指崔述的曾祖父崔緝麟。崔緝麟，字子敬，號振侯，是崔維雅的從子（過繼侄子）〔註12〕。出生於保定府新安，後隨伯父崔維雅遷到魏縣。崔緝麟天資聰敏，十五六歲時遍讀經書，二十一歲補弟子員，受到伯父器重，曾隨他遊宦兩河、江、浙、湖、粵間，遇水患的防治和民眾的疾苦，崔維雅都與之謀議，取得了一定的成效。家務事事無鉅細，都委託給崔緝麟辦理，崔維雅每次都感歎他的識量過人。康熙十七年（1678）中式順天副榜，崔維雅建議他引用成例進用，這樣可以迅速顯達，而崔緝麟卻不屑。康熙二十九年（1690）中舉人，後數試禮部皆不第，作《銀鬃馬賦》以抒發自己的志向，並築室一間，讀書其中，名之曰「備廬」，又著有《備廬說》，故又號爲備廬。康熙五十二年（1713）任大城縣儒學教諭，「獨以文學行誼風流儒雅照映一時。前後令長皆敬禮公；後學多出公門。縣人士共遺公門額，曰『善人君子』。舊志稱公德行文藝咸推第一，蓋當時已有定論云。」〔註13〕任職僅二年，「乞休歸，諸生攀轅泣留者趾相屬」〔註14〕。崔緝麟歸鄉後，在城南造園，建亭於水上，名之爲「逸老」，以文史書弈自娛，里巷

〔註10〕　陳履和：《崔東壁先生行略》，見《崔東壁遺書》，第 940 頁。

〔註11〕　崔述：《無聞集》卷四，《上本縣先布政公行狀》，見《崔東壁遺書》，第 715 頁。

〔註12〕　崔維雅之弟崔維彥與其妻孫氏過繼崔緝麟爲承嗣子，是爲崔述的曾祖父。

〔註13〕　崔述：《考信附錄》卷一，《先段垣公行狀》，見《崔東壁遺書》，第 466～467 頁。

〔註14〕　崔述：《考信附錄》卷一，《先段垣公行狀》，見《崔東壁遺書》，第 466 頁。

相傳，以公園爲段干木故居，故自號曰段垣。從此絕少外出，以文史書弈自娛。他的書法得鍾繇、王羲之書法之眞髓，故前來求字的人特別多。雖然年事已高，但卻無倦意。著有《段垣詩集》、《段垣文集》、《書法輯說》等十餘卷。後漳水泛濫，崔家的家資及所藏書冊畫卷等所剩多無，「而此數冊之詩，失而再得，亡而猶存，流離患難之際，一似有鬼神憐之而不忍盡沒之，獨留此不食之碩果以貽我後人者，其亦不可謂非幸也！」〔註15〕崔述經多方搜集，編訂成《段垣詩存》三卷。但之後此稿又遭洪水破壞，崔述不得已重錄之，輯爲《段垣詩訂》二卷，又別錄爲《段垣詩粹》一卷。

　　崔緝麟在學術上頗有論見，但卻由於家鄉的水患，很少流傳於世，崔述就曾回憶道：「嗚呼，公之學術識議多見於文，述幼時猶及見其一二，而不能記憶。詩，特一時之所寄而已，公固不以詩重。乃文盡沒於水而所存者惟詩，詩又僅存其半，且多缺誤，噫，其可傷也已！」崔述對曾祖父留存於世的詩進行了編訂，自感欣慰，並對後世人提出了期許：「嗚呼，述不克親侍段垣公，而訂此詩也如見段垣公焉。吾先君不及訂之刻之，而述之訂之也如吾先君之自訂之焉。吾先君之心慰，而弟邁之事亦終矣。惜乎吾先君之不及親見之也！後之人倘亦猶是心也，則此詩也者，猶闕里之檜，已枯而復生者，其何忍不寶之惜之而愛護之也！其然與否，是在後之人矣。」〔註16〕崔緝麟辭官返鄉居住十餘年，卒年八十二歲。

　　崔述對崔家學術的傳承進行了總結：「余幼而愚魯，長而鈍拙，於人事一無所長。所幸先君邃於學而勤於教，雖寢食出入時，耳提面命，曾不少懈，以此得少有所窺。不然，爲農爲圃且不若人，況知經史爲何物哉！先君既未及有所著述，而述安敢不溯其所由來乎！然先君之學，又皆自段垣公來也。」〔註17〕可見，在學術上，崔述受益於崔元森，而崔元森又得之於崔緝麟，呈現了一種傳承關係。

　　崔緝麟之妻趙氏，生有三子：長子爲崔瀚，字春海，是崔述的過繼祖父；次子爲崔濂，字周溪，武學生，是崔述的親祖父，乾隆十三年（1748）卒，事迹無多；三子爲崔忻，字魯南。崔濂的原配尙氏無子，後娶姜徐氏，生有二子：長子爲崔元森，即崔述之父；次子崔元鼎。崔瀚和崔忻都無子。乾隆

〔註15〕崔述：《考信附錄》卷一，《附〈段垣詩訂後序〉》，見《崔東壁遺書》，第468頁。
〔註16〕崔述：《考信附錄》卷一，《附〈段垣詩訂後序〉》，見《崔東壁遺書》，第468頁。
〔註17〕崔述：《考信附錄》卷一，《家學淵源》，見《崔東壁遺書》，第465頁。

九年（1744）崔瀚卒，崔元森過繼爲其後代。乾隆十五年（1750）崔忻病勢危急，囑咐崔元森將從弟子崔秉純過繼爲後代。這一代沒有可記載之事，故《考信錄》記載不多。

　　崔述的父親崔元森（1709～1771），字燦若，號閭齋，是崔濂的長子，「少好學，於書博覽強記」〔註18〕，曾侍奉祖父崔絹麟讀書，得以略知聖賢學問的大義。十七歲時，曾跟隨時任分巡副使的趙國麟受作文法。此年冬，補邑弟子員（即補縣學生），開始進入縣學讀書，博覽理學及經世致用之書，「每夜閉門後，必移燈榻側，擁衣坐被中看書，至倦極乃眠，以爲常。值家貧無燈，則讀書月下，或焚殘香，逐字映而讀之。遇佳書，即無錢，必典衣以買。人見其書非世所恒習而不切於用也，皆笑之；亦不顧。」〔註19〕從雍正四年（1726）到乾隆元年（1736），五次到順天府應試，都不中，於是閉門教授，不再參加鄉試，至老不倦。之後食廩期滿，應入太學讀書，由於絕意於仕途已久，遂不赴。乾隆十年（1745），崔元森奉父崔濂命，出嗣爲崔瀚繼嗣子。之後，漳水數次決口，城中好多房屋被毀壞，崔家家境日益貧困。

　　乾隆二十二年（1757），漳水決口入魏縣縣城，房屋全部坍塌，可用的物資都沈到水中。崔元森不得已徙家魏縣城外，之後數月都沒有安寧的生活，每日僅以扁豆充饑，霜降之後仍穿單衣禦寒，冬天不能生爐火取暖。乾隆二十三年（1758）春天，水退去。二月，又搬入城內，簡單修葺茅屋來擋風遮雨。三月，知縣事王沛公延請崔元森到書院訓教生員，於是始有稀飯充饑。十月，魏縣廢，併入大名縣。崔元森被大名縣令所器重，得以將自己的學識傳於生徒，「卓行稱於里黨，庶幾乎孔子言『行己有恥，孝悌信果之謂士』與！其他懿美，有不必書者，亦有君之意所不欲言者，故所載止此。」〔註20〕乾隆二十六年（1761）四月，崔元森之妻徐氏卒。七月，漳水再沒魏縣縣城，到村中住了月餘後返回，當時水還沒有完全退去，水尚深數尺，崔元森都是自己操舟出入。十一月，蹙淩水〔註21〕復至，又重新住到村中，到乾隆二十七年（1762）秋七月，水盡退去，始返回城中。這一年崔述兄弟二人同中式舉人，之後「始稍稍假廬舍，茸屋宇」〔註22〕。乾隆三十年（1765）

〔註18〕汪師韓：《考信附錄》卷一，《閭齋先生墓誌銘》，見《崔東壁遺書》，第 468 頁。
〔註19〕崔述：《無聞集》卷四，《先府君行述》，見《崔東壁遺書》，第 716 頁。
〔註20〕汪師韓：《考信附錄》卷一，《閭齋先生墓誌銘》，見《崔東壁遺書》，第 469 頁。
〔註21〕即黃河水信之一。指農曆十一月、十二月之間黃河斷冰復結之水流。
〔註22〕崔述：《考信錄自序》，見《崔東壁遺書》，第 920 頁。

至三十一年（1766），漳水又三入魏縣縣城，這時水患的屢次侵襲使得崔家
數遷其家，家庭更加貧困，已無隔宿糧可食。大名知縣秦學溥早就聽聞崔元
森爲人正直、行事端正，特別看重他，數次體恤他的困難。於是在乾隆三十
年漳水泛濫之時，爲崔家買室於禮賢臺上，崔家遷徙於此，室雖簡陋，但相
傳爲魏文侯處段干木之地，水落臺高，殊宜遠眺，崔元森十分喜歡。

　　崔元森「承段垣公之學，精研儒書，博綜時務」〔註23〕，其爲學「嚴
儒、釋之辨。北方自蘇門孫徵君（按：孫奇逢，清初講學於蘇門）宗姚江王
氏（按：王陽明）之學，遠近信從；君獨恪遵紫陽（按：朱熹），而尤愛玩
當湖陸清獻公（按：陸隴其）之書，躬行以求心得。薄世之無知妄作者，未
嘗著書」〔註24〕。可見，他對孫奇逢之學不感興趣，並駁斥王陽明所論良
知之失。他恪守、遵奉朱熹之學，尤其愛讀陸隴其之書，被稱爲「河朔眞儒」
〔註25〕。

　　崔元森「性甘淡泊，絕嬉戲。與人交，必忠告；然務隱人過，獨樂道人
善以爲常」〔註26〕，生平含忍退讓，別人有負於他，則不與計較，鄉人稱讚
他盛德。然而，遇到大事則力爭是非，不因人情而退縮，時常使自己陷於危
困之中。他在日常生活中十分節儉，吃粗糙的飯食，穿衣也從不用帛。但有
人遇到急事，他並不吝嗇，傾囊相助。崔元森卒於乾隆三十六年（1771）二
月十五日，「貧無以爲葬，越三年，始能營新兆於城東南隅，終葬事」〔註27〕，
葬於魏城南禮賢臺西，享年六十三歲。總結崔元森的一生，可謂「茹苦含辛
者二三十年，中歲苦家貧，奔走流離以長養其二子，晚多疾病，起居不適，
歷溯生平，未嘗有一日之逸豫，筋力疲於養子，心血盡於教子」〔註28〕。雖
然沒有著作傳世，「然而他的兒子就是他一生絕大的作品。」〔註29〕崔述在
父卒後，曾去保定蓮池書院求汪師韓爲其父寫墓誌銘，汪師韓在墓誌銘中寫

〔註23〕陳履和：《崔東壁先生行略》，見《崔東壁遺書》，第940頁。
〔註24〕汪師韓：《考信附錄》卷一，《闇齋先生墓誌銘》，見《崔東壁遺書》，第468
　　　　～469頁。
〔註25〕汪師韓在《闇齋先生墓誌銘》中記有：「河朔之地有眞儒焉，曰闇齋崔君，諱
　　　　元森，字燦若。」
〔註26〕劉汝霖：《崔東壁年譜》，北平文化學社，1928年，第8頁。
〔註27〕陳履和：《崔東壁先生行略》，見《崔東壁遺書》，第941頁。
〔註28〕崔述：《無聞集》卷四，《先府君行述》，見《崔東壁遺書》，第717頁。
〔註29〕胡適：《科學的古史家崔述》二，《崔述的年譜上》，見《崔東壁遺書》，第959
　　　　頁。

道：「己卯庚辰間，假館滏上，耳君之名。而在廣平未久，癸未復北之保州。歷十年，有孝廉素衣冠而過蓮西，則君子之述也，手《行略》乞銘，而君之沒且踰期矣。序而銘之，表余膺之夙服也。」〔註30〕

　　崔元森之妻李氏（1706～1780），是魏縣國學生李九經之季女。李氏十九歲時嫁於崔元森，這時祖父崔緝麟年事已高，家中也沒有其他妯娌，因而家裏對長輩的奉養、賓客的接待等都是李氏一人承擔。李氏育有三子四女〔註31〕，將二子四女養育成人尤為不易。崔家家境時常貧苦，崔元森以授館為生，待子女漸漸長大之後，更是入不敷出。而李氏則精打細算於米鹽等瑣碎事之間，從而不至於飢寒交迫。除了養育子女，李氏對多疾的崔元森也給予了無微不至的照顧。崔元森在年輕時多疾，李氏就侍奉他吃藥、為他按摩等，常常整夜不能入睡；到中年後身體始康健；晚年近六十歲時又開始生病，這時李氏也六十歲了，仍然寸步不離地侍奉他。自乾隆二十二年（1757）漳水決口入魏縣後，李氏跟隨崔元森遷居六七次，衣、食、住都受到極大挑戰。五六年間都因為洪水的漲落而到處遷住處，最困難時為第二天已無可食用的糧食，備嘗艱辛。直至遷居到禮賢臺上，才獲得安定。李氏生平勤儉謹慎、喜好整潔，雖然年事已高，但仍然料理家務，害怕別人不如自己盡心盡力，故每天拄著拐杖行視十多次。遇家中來客人，李氏就竭盡所能的籌辦，使得客人很是驚訝，不敢說崔家貧困。李氏卒於乾隆四十五年（1780）十月，卒年七十五歲。

　　崔述生活於這樣的時代，生長於這樣的家庭，造就了其特殊的生活經歷。關於崔述的生平經歷，以往學術界已有所梳理。〔註32〕故以下對崔述的生平經歷作一簡要梳理。

　　崔述自幼就樹立了大志向，生平「孝友廉介，讀書涉世，欲卓然有所樹立，為名儒以顯父母」〔註33〕。崔述生而未足月時，其父崔元森就將他抱在懷中說：「願兒他日為理學。」〔註34〕崔述三歲時，其父就教他識字；四歲始

〔註30〕汪師韓：《考信附錄》卷一，《闇齋先生墓誌銘》，見《崔東壁遺書》，第 468頁。

〔註31〕三子為：長子崔燁庭十一歲殤、次子即崔述、三子為崔邁。據汪師韓《闇齋先生墓誌銘》記載，四女分別嫁給：成安陳居卩、磁州張琥、成安遴系臣、魏縣劉孟集（後改名文樸）。

〔註32〕如劉汝霖《崔東壁年譜》、顧頡剛《崔東壁遺書》、姚紹華《崔東壁年譜》等。

〔註33〕陳履和：《崔東壁先生行略》，見《崔東壁遺書》，第 940 頁。

〔註34〕崔述：《無聞集》卷四，《上本縣先布政公行狀》，見《崔東壁遺書》，第 716 頁。

讀《三字訓》和《神童詩》；五歲讀《論語》；六歲讀《孟子》。及少長，其父對崔述說：「爾知爾所以名述之故乎？吾少有志於明道經世之學，欲爾成我志耳。」十一歲時應縣裏的童子試，爲縣令賞識。十三歲時初讀《尚書》。十四歲時，與弟崔邁到大名府應童子試，受到大名知府（太守）朱煐的賞識，崔述與弟邁同補弟子員。十五歲時，被朱煐招至署中讀書，在晚香堂讀書數年，「詩賦詞章，應制舉業，風發泉湧，見者莫不歎爲奇才。」〔註35〕

崔家到崔述這一代已經衰落，又由於漳水決口等原因，家境就更加貧困。陳履和曾對恩師的貧困狀況有過這樣的描述：「家故貧，自丁丑戊寅歲漳決城壞，十月之中，四遷其宅。二親嚴冬猶著單衣；無麥食，豆羹而已。辛巳七月，城再沒，一月三徙家。」尤有甚者，有時在親人去世之後，卻不能按時安葬逝者。除了上文所述崔元森去世三年後才終葬事外，還有「庚子三月，以長姊適陳氏者十年未葬，往成安自葬之」。〔註36〕足見當時崔家貧困之程度。

乾隆二十五年（1760），二十一歲的崔述與弟邁應順天府鄉試，同中副榜。乾隆二十七年（1762）崔述與弟給恩師朱煐送行之後，入京參加鄉試，兄弟二人同榜中式舉人。崔述於乾隆三十年（1765）在京師遇到董公常，在相處中崔述暢談自己的學術創獲，遂成爲朋友。董公常在京師時，曾刻有「四可堂主人」印章，意爲：「余有親可養，有子可教，有田可耕，有書可讀，余何爲僕僕於京師者！」然而，崔述的情況卻正好相反：「述本無祖遺田產；又值洪波毀室，先人所遺書蕩然無存，至無容膝所，依人廡下。辛卯之春，先君見背；今惟家母在堂，差爲康健，而祿養色養又都不能。一二年來，增患目疾，翻閱盡廢。年垂四十矣，而一介子女杳然不聞消息；家貧不能畜妾。四者無一可焉。夜中就枕，怛然無生人之樂，不覺其淚之濡衾也。」〔註37〕崔述生活困苦的狀況可見一斑。

自乾隆三十六年（1771）二月崔元森去世之後，崔家又迭遭變故，令崔述倍受打擊：本年六月，兒子天祐殤；十月，母親李氏卒；乾隆三十七年（1772）六月，弟崔邁卒。這些變故使崔述積哀勞，幾次生病都幾乎喪命。這些親人的去世給了崔述極大地刺激，他逐步意識到要實現先父的遺願只能靠自己一人，於是更加發憤自勵，開始致力於撰寫《考信錄》。就這樣，崔述在「疾

〔註35〕陳履和：《崔東壁先生行略》，見《崔東壁遺書》，第940頁。
〔註36〕陳履和：《崔東壁先生行略》，見《崔東壁遺書》，第940〜941頁。
〔註37〕崔述：《無聞集》卷三，《與董公常書》，見《崔東壁遺書》，第705頁。

病憂患中，奔走衣食又十年，而考古著書弗輟也」〔註38〕。

　　崔述讀書時就悉心地探究世務，有志於功名，如《救荒策》、《漳水考》、《漳河利弊策》、《直隸水道記》等，都成書於在村裏教授生徒之時，是有感於當時世事所發之論。他曾積極應付科舉，但最終未中進士。而又由於崔述家貧無以爲養，因此更加急切地步入仕途。於是，他多次參加朝廷選官。乾隆五十七年（1792）秋，崔述在北京等待選官，遇到了在京參加會試的陳履和。至於他們二人的奇遇及師生之誼，待下一章之具體論述。乾隆六十年（1795），崔述又到北京候選，並於嘉慶元年（1796）正月選得福建羅源縣知縣，七月十三日到任，這一年崔述已五十七歲。崔述爲官清正廉明，往往有善政：

> 治官如治家，不美食，不華服，不優伶宴會，卯起亥休，事皆親理，日與士民接見，書役稟事皆許直入二堂，兼聽並觀，往往談詢移晷，而無敢干以私者，是以包苴自絕，而地方百姓情形無壅蔽，從人胥役俱無所容其奸。聽訟不預設成見，俾兩造證佐各儘其辭而後徐折之。數年，案無枉者。〔註39〕

　　崔述於嘉慶四年（1799）四月調署上杭縣。上杭縣地域寬闊，訴訟很多，治理的難度是羅源縣的幾倍。崔述堅持「一切政事如羅源，而勤勞過之」〔註40〕，於是訴訟就漸漸減少了。嘉慶五年（1800）五月離職，十月回任羅源縣知縣。回到羅源之後，崔述始終辛勤、謹慎的爲政，堅持不懈，取得了明顯成效：「其清理社穀以甦民困，建風雲雷雨壇及城西石橋，皆前在任時所欲爲而未及者。」〔註41〕除了在政務上取得成績之外，崔述還注重對士民進行文化上的教化和宣揚。陳履和回憶說：「先生力行勸誠，自爲示文，眞意流溢，讀者感悟；而人或以此笑先生之迂。羅源文廟將圮，先生至，即倡修之，集多士訓課講學。嘗爲諸生講《孟子好辨章》，因及經學之廢興，聖道之明晦，古書之眞僞，舊說之是非；日下昃，娓娓不倦。其教上杭士亦然。兩縣之士有見先生書者，然後知先生政事皆經術也。」〔註42〕

　　崔述到福建任知縣之後，爲官六年，治政廉明，雖因善政而深得百姓之

〔註38〕陳履和：《崔東壁先生行略》，見《崔東壁遺書》，第941頁。
〔註39〕陳履和：《崔東壁先生行略》，見《崔東壁遺書》，第941頁。
〔註40〕陳履和：《崔東壁先生行略》，見《崔東壁遺書》，第942頁。
〔註41〕陳履和：《崔東壁先生行略》，見《崔東壁遺書》，第942頁。
〔註42〕陳履和：《崔東壁先生行略》，見《崔東壁遺書》，第942頁。

心，但做官耗費六年時間卻令他十分後悔，原因之一是繁瑣的雜務影響了他的學術研究。幾次辭職，都被時任巡撫汪志伊駁回，因為難以找到這樣廉潔、干練的好官。汪志伊曾經保護崔述不被上司打擊，二人是很有情誼的。嘉慶六年（1801）十月，趁汪志伊病假，崔述用錢向朝廷捐了個主事職務，找機會離任，當然，他不去北京報到任職，乃是還鄉治學。臨行辭別汪氏，汪志伊在病床上對崔述說：「好官難得！吾不能薦汝，吾愧汝！汝去自佳，吾知汝不能逢時也。」〔註43〕崔述卸任時寫一對聯：「向山野藏其迂拙，把功名付與英豪。」遂告別官場，此後專注於學術事業。劉大紳在為陳履和《崔東壁先生行略》所寫的跋中說：「幸而先生不媚悅上官，竟全大節，脫險阻，以十餘年家居暇日，肆力於其書，成而授海樓以傳，終儒林不終循吏也。」〔註44〕可見，崔述辭官是來之不易的，同時這也成為其學術得成的重要契機。

崔述對自己的學術見識是極其自信的，其詩曰：「惆悵明珠幾暗投，世無知己便應休。龍泉寶劍埋塵土，自有寒光射斗牛！」〔註45〕反映出崔述不計得失，把治學視為最高人生價值的胸懷，而且相信學術成就最終也不會被埋沒。這與前述趙翼「書有一卷傳，亦抵公卿貴」的名言，在思想上大同小異。

崔述辭官歸鄉之後，先居於大名縣，再移居安陽西山，後又遷往彰德府城。遂開始專心於學術，「生平未成之書可以從容脫稿也」〔註46〕，其研究致力於先秦史範圍，上起遠古傳說時代，下訖春秋、戰國時期，將上古的史事記載給予了一個全面的辨偽梳理，除儒學經典之外，凡說經、論史、撰書、作注均挑出錯誤，加以批評。陳履和說：「至其辨偽書，正謬說，以明古帝王聖賢之道者，雖有時與前人舊解若方鑿圓枘之不可入，而證以《詩》、《書》之文，孔、孟之論，則泯然為一而無復離合之迹，真不朽之業，天壤間不可少之書也！」〔註47〕崔述一生辛勤著述，治學不隨風氣，獨闢蹊徑，「著書三十餘種，而《考信錄》一書，尤生平心力所專注。」〔註48〕這些著述現均被收錄到顧頡剛先生編訂的《崔東壁遺書》中。

〔註43〕陳履和：《崔東壁先生行略》，見《崔東壁遺書》，第 943 頁。

〔註44〕劉大紳：《崔東壁先生行略跋》，見《崔東壁遺書》，第 946 頁。

〔註45〕崔述：《知非集·七言絕句》，見《崔東壁遺書》，第 775 頁。

〔註46〕陳履和：《崔東壁先生行略》，見《崔東壁遺書》，第 943 頁。

〔註47〕陳履和：《崔東壁先生行略》，見《崔東壁遺書》，第 944 頁。

〔註48〕趙爾巽等：《清史稿》卷四八二，《儒林三·崔述傳》，中華書局，1977 年，第 13270～13271 頁。

　　崔述自幼數次遭遇水患，遷徙各地，流離失所，對自己家族的親人都盡力給予照顧和幫助。兩個姐姐的相繼去世對崔述的打擊很大，哀痛至疾。弟弟崔邁去世，其子女的婚嫁都是崔述操辦的。崔述的妻子成靜蘭生有一子、一女，但都早殤，於是將崔邁之二子夢熊過繼過來，但夢熊在十五歲時又殤。崔述先後娶了兩妾，都無子。而崔邁三子伯龍〔註49〕的兒子也早殤。於是，崔述命伯龍一個人承兩房宗祀，等他生了兒子再過繼為夢熊之後。

　　總之，崔述生活在清代由強盛轉向衰敗的時代背景下，其史學研究具有深厚的時代氣息。崔述本人的生活經歷也為其治學奠定了很好的基礎，他雖曾做官，但主要精力還是放於學術研究之上。他的史學成就雖在當時不顯於世，但時代的發展掩蓋不了他的價值，終於在百餘年之後得以彰顯其學術價值。

〔註49〕崔邁的三子名曰龍官，後改名為應龍，又改名為騰蛟，又改名為伯龍。參見《崔東壁遺書》，第 970 頁。

第二章　崔述成學的學術特色及
　　　　其文化環境

　　崔述的史學研究具有獨特的學術特色，正是這些學術特色使得其與當時的宏觀學術環境格格不入。學者所面對的宏觀治學環境與微觀治學環境，乃是其人學術研討成敗、著作能否流傳的重要條件。崔述學術成就的取得與其所處的文化環境密不可分，包含整個學術界的大環境，以及個人進行學術研究的小環境。崔述成學所處的宏觀學術環境不利，但微觀文化環境卻很好，得到了親屬的支持與鼓勵、恩師朱煐的教育與賞識、官吏和友人的提攜與幫助、弟子陳履和的追隨與無私奉獻等。

第一節　崔述成學的學術特色

　　研究一個學者的學術特色，要以發展變化地眼光，考察這一學者的學術淵源及治史風格，唯有如此，才能全面瞭解其學術前後發展的全過程。崔述的學術特色要從其學術淵源與治史風格來考察，釐清其學術取向前後的變化和發展，從而把握其整體的學術特色。

一、崔述的學術淵源

　　考察崔述之學術，除了明瞭他自幼受其父崔元森篤信的理學思想影響之外，還要從當時的學術背景予以分析，從而探究崔述的治學風格處於何等地位、具備什麼特點，其值得我們研究的史學價值何在。

迄今學術界普遍認為，自宋代以後，學術方向、學術風格和學術方法存在著「漢學」與「宋學」的分歧和對立，二者彼此消長，互為勝負，在社會的主導地位方面交替轉換。清乾嘉時期考據學興盛，被視為是「漢學」占上風的時期。這只是一個近似的描述，其緣起乃是乾隆初期以著名學者惠棟為代表的推崇漢代經學的古文學派注重名物考釋、訓詁解經的治學風格，並且身體力行，以同樣的方法作出經史考據的突出成績。於是「漢學」聲氣逐漸上昇，宋代理學家治學的思辯方式，特別是其中陸、王「心學」主張的「六經注我」，提倡靜心苦想的體認方式，被考據學家所貶斥，指認這些輕視實證的義理思辯學風為「宋學」，於是民間學界展開了「漢學」對「宋學」的批評和抵制，學術的「漢、宋之爭」，於茲顯現。考據學風雖承襲清初顧炎武「經學即理學」的理念而來，但標榜「漢學」而排斥理學的傾向，則與清初著名學者的宗旨大相逕庭。然而在官方，情景不盡相同，清初朝廷承續自元代以來官方推尊程朱理學的宗旨，使理學始終居於官方統治思想的主導地位。乾嘉時期考據學興盛，但官方本不認為考據學與理學之間有水火不相容的衝突關係，在堅持程朱理學為基本官方之學的同時，也支持和利用考據學的特長，從事編纂書史事業，博取稽古右文名聲和裝點官方的學術色彩。

實際上，將考據學與「漢學」連結起來是片面的，漢代不僅有注重訓詁考釋的古文經學，而且更有發揮微言大義的今文經學，在整個西漢，以及東漢的多數時期，乃是今文經學占統治地位。劉師培指出：「古無漢學之名，漢學之名，始於近代。或以篤信好古該漢學之範圍，然治漢學者，未必盡用漢儒之說，即用漢儒之說，亦未必用以治漢儒所治之書。是則所謂漢學者，不過用漢儒之訓故以說經，及用漢儒注書之條例以治群書耳，故所學即以漢學標名。」〔註1〕宋代學術的構成更加複雜，將義理思辯一項治學風格專稱為「宋學」，十分偏頗。宋代的辨偽學、訓詁學、考據學等等學術，成就決不亞於漢代的古文學派。以漢學、宋學作為學術分野來論述清代的學術，概念與史實之間、名稱與實質之間，均會攪得紛亂，各式說法都貌似有理，其實皆無當於學術問題的解決。

美國學者艾爾曼認為：「18世紀，學者習慣於把考證視為漢學的頂峰，漢學固然是清代最盛行的學派，同時又是最富有對抗性的學派，但是，考據方

〔註1〕 劉師培：《左盦外集》卷九，《近代漢學變遷論》，見《劉申叔先生遺書》第49冊，江蘇古籍出版社，1936年，第1541頁。

法並非漢學專利。儘管如此,清代學者還是將考證與漢學合為一體,視為他們給學術所下定義的一部分。」又說:「在清代江南學術界,漢學明確轉向考據方法,宋學也在向考據學轉變。」﹝註2﹞清代確有部分學人「將考證與漢學合為一體」,但如筆者上文所述,這本是片面的命意。而所謂「漢學明確轉向考據方法」究竟何謂?「漢學」的名稱本就是專指具有考據風格的學問,那還何須談論「轉向考據方法」?這豈不造成概念的自我淆亂?「宋學」已經定義為不加考據地發揮義理,那麼「宋學也在向考據學轉變」的說法就匪夷所思了,這裡的「宋學」簡直成了一個人物的姓名,說他「也在」改變自己的學術風格。

對崔述十分推重的胡適曾經說過:

> 「漢學」與「宋學」,表面上似乎很不同,其實清代的漢學大師,除了惠棟、江藩一班迷信漢儒的人之外,和漢儒的精神相去最遠,和宋儒朱熹一派倒是最接近的。他們無論怎樣菲薄宋儒,無論怎樣擡高漢儒,但學術史上演進的線索是終究瞞不住的。於今事過境遷了,我們冷眼觀察清代三百年的學術,不能不認那推崇朱子的崔述和那攻擊朱子最屬害的毛奇齡、戴震同是一條路上的人。……「漢學」是清儒對宋儒作戰的一種武器。他們反對宋、明,然而他們攻擊朱子,便是直接明儒的一個證據。至於他們講究音韻、訓詁、考據等等,更是朱熹以後的宋學嫡派!試問古韻的研究,古書的考訂,古訓詁的整理,哪一樣不是宋儒發起的?不過學術界的趨勢,總是後來居上,清儒的成績超過宋儒,那是很自然的事。但我們決不可因此就忽略了學術演進的歷史。﹝註3﹞

整段論述,都將「漢學」與「漢儒」混淆、將「宋學」與「宋儒」混淆,起到偷換概念的作用。事情本來很清楚,董仲舒這樣的漢儒,其學問本不包含在清人所云「漢學」的範圍,撰《新唐書糾謬》的吳縝和撰《資治通鑑考異》的司馬光,也不在乾嘉學人攻擊的「宋學」之內,宋儒的訓詁、考據之學,統統不屬於清代所指的「宋學」範圍,這是需要明確的基本事實。至於將崔述說成與戴震為「同是一條路上的人」,更是粗疏謬誤。戴震自道其治

﹝註2﹞〔美〕艾爾曼:《從理學到樸學》,江蘇人民出版社,1995年,第41、43頁。
﹝註3﹞胡適:《科學的古史家崔述》二,《崔述的年譜上》,見《崔東壁遺書》,第968頁。

學路徑說：「經之至者道也，所以明道者詞也，所以成詞者字也。由字以通其詞，由詞以通其道，必有漸。」〔註4〕此為典型的由識字、解詞起步治學的「漢學」方式，與崔述立足於思辨考析方法毫無共同之處。戴震後來撰《孟子字義疏證》，全力批駁程朱理學思想，具體方法仍然從解釋《孟子》中的字義入手，崔述始終考辨古史，從未將考訂延伸到攻駁理學的義理。

由此可知，所謂的「漢學」、「宋學」從概念上就是偏頗的，以偏頗的概念分析清代的學術狀況，也會導致論點的混亂和偏頗。而崔述不大談論清代特定意義的「漢學」與「宋學」，但他生活於乾嘉時期，不能不面對時人的漢、宋之爭，故謹以較為切實的「漢儒」、「宋儒」的概念提出了自己的見解：「今世之士，醇謹者多恪遵宋儒，高明者多推漢儒以與宋儒角，此不過因幼時讀宋儒注日久，故厭常喜新耳。其實宋儒之說多不始於宋儒；宋儒果非，漢儒安得盡是。理但論是非耳，不必胸中存漢、宋之見也。」〔註5〕可見，崔述認為進行學術研究之前不應先存成見。崔述還進一步指出學界的通病：「蓋凡學人，性情多好博覽強記，不肯專取一事，平心殫力以求其首尾，故及其久也，遂忘其說之出於何人，衍於何書，而但習熟耳目，以為固然。是以每沿前人之誤而不之覺；至有斥其人，鄙其學，而恒襲其說而不自知者。宋儒亦然，今人亦然，未可以此而笑彼也。」〔註6〕

崔述與清代多數學人一樣，自幼接受理學的思想教育，其父對理學的推重也對他有一定的影響。但崔述在其成年之後，學術研究的旨趣已經轉向史學的考辨，而以儒學的經典為最可靠的依據，既不盲從漢儒、也不盲從宋儒。他認為：「後世學者不知聖人之道體用同原，窮達一致，由是經史始分。其敘唐、虞、三代事者，務廣為記載，博採旁搜，而不折衷於聖人之經。其窮經者，則竭才於章句之末務，殫精於心性之空談，而不復考古帝、王之事。」〔註7〕這批評了古文經學以訓詁方法解說經典，也批評了侈談心性、義理的做法。他多次尖銳批評漢儒因襲戰國時期的謬說、不辨古史記載的真偽，同時也抨擊空談性理的宋人風氣，指出：「至於世儒所談心性之學，其言皆若甚高，而求之於用殊無所當。……逮宋以後，諸儒始多求之心性，詳於談理

〔註4〕 戴震：《與是仲明論學書》，見《戴震集》卷九，上海古籍出版社，1980年，第183頁。
〔註5〕 崔述：《豐鎬考信別錄》卷三，《〈洪範〉補說》，見《崔東壁遺書》，第362頁。
〔註6〕 崔述：《豐鎬考信別錄》卷三，《〈洪範〉補說》，見《崔東壁遺書》，第362頁。
〔註7〕 崔述：《考信錄提要》卷下，見《崔東壁遺書》，第20頁。

而略於論事，雖係探本窮源之意，然亦開後世棄實徵虛之門。」〔註8〕

崔述不認同於程朱理學將《四書》列於《五經》之上，指出：「朱子之學最爲精純，乃亦以《大學》、《中庸》躋於《論》、《孟》，號爲《四書》。其後學者亦遂以此二篇加於《詩》、《書》、《春秋》諸經之上。然則君子之於著述，其亦不可不愼也夫！」〔註9〕崔述因其受教育的背景和家學傳承，對朱熹懷有崇敬，但也明確指出：「朱子之誤沿於漢人者正不少也……即朱子所自爲說，亦間有一二誤者。」〔註10〕除此之外，崔述還批判了陸、王心學等別樹一幟的性理之說，認爲：「自宋以來，儒者輩出，往往能辨古書之眞偽，剖理之是非，道少明於世。然儒者多，而敢爲異說以亂眞，偽淆是非者其人亦益眾。若宋張九成、陸九淵、明陳獻章、王守仁，皆以高才絕學，甘爲異教，別立宗門，簧鼓世人；而士大夫造誕幻，記怪異，推行邪說，日甚一日。」〔註11〕因此，他不看好義理探討上的標新立異，轉而專治史學上的史事考辨，提出了自己的治學宗旨：「余竊謂聖人之道大而難窺，聖賢之事則顯而易見，與其求所難窺，不若考其易見。……述賦性愚鈍，不敢言上達之事，惟期盡下學之功，故於古帝王聖賢之事，嘗殫精力以分別期是非眞偽，而從無一言及於心性者」〔註12〕。由此可見，崔述乃是自覺地避開義理上辯駁、追求，將畢生精力投向古史考辨，是持信經而疑古態度的歷史考據學家。

那麼崔述的學術淵源應當如何定位呢？史學界有人將之描述爲兼取漢學與宋學方法的學者，這是值得推敲和商榷的。調和漢、宋之學的學術主張，在私家學者之中，於嘉慶季年漸形漸著，崔述治學則早無門戶之見。他在《考信錄》中明顯指責漢代之書將古史搞的十分混亂，多有荒誕之處，對漢代之後史籍所記載的古史也多加考辨，無不以糾謬爲主。這種專門研究先秦史，而除了經典之外一概存疑的學術風格，能夠斷定屬於「漢學」與「宋學」的調和嗎？如果眞有「漢學」和「宋學」的話，崔述實際是既不取「漢學」、也不取「宋學」的學者，這乃是對兩種偏頗治學方式的摒棄，而不是各有汲取。總觀崔述的治史理路，是堅定地以儒學經典爲依據，吸取歷代疑古、辨僞的學術因素，例如對朱熹、歐陽修的疑古之說皆有採納，特別重視歐陽修的有

〔註8〕　崔述：《考信錄提要》卷下，見《崔東壁遺書》，第16頁。
〔註9〕　崔述：《考信錄提要》卷上，見《崔東壁遺書》，第13頁。
〔註10〕　崔述：《考信錄提要》卷上，見《崔東壁遺書》，第13頁。
〔註11〕　崔述：《書歐陽文忠公〈廖氏文集序〉後》，見《崔東壁遺書》，第849頁。
〔註12〕　崔述：《考信錄提要》卷下，見《崔東壁遺書》，第16頁。

關議論。他依靠獨立的研究和思考，力圖對關於先秦史記述中的荒誕、不合情理、自相矛盾及訛舛之處，做全面、細緻的總清掃。獨立思考，是崔述之所以成學的首要原因。

崔述在對以往學術發展脈絡梳理的基礎上，揭示漢儒在古史記載上多有疏誤，批評時人對漢人學術的過份推重，指出：「周道既衰，異端並起，楊、墨、名、法、縱橫、陰陽諸家莫不造言設事以誣聖賢。漢儒習聞其說而不加察，遂以為其事固然，而載之傳記。若《尚書大傳》、《韓詩外傳》、《史記》、《載記》、《說苑》、《新序》之屬，率皆旁採巵言，眞偽相淆。繼是復有讖緯之術，其說益陋，而劉歆、鄭康成咸用之以說經。流傳既久，學者習熟見聞，不復考其所本，而但以為漢儒近古，其言必有所傳，非妄撰者。」〔註13〕他認爲漢代學者「但據後人之訓詁，遂不復考前人之記載」〔註14〕，而此後學者更以調和與彌縫的辦法掩蓋矛盾，「至於先儒之說與經傳相齟齬者，咸莫敢議其失；往往反取經傳之文曲爲之解，以斡旋而兩全之。是以其說愈巧，其眞愈失，遂致三王體國經野之政淆而不明，學者疑焉而莫能通也。」〔註15〕他認爲漢人的說法並不都是可信的：「彼漢人之說經，有確據者幾何，亦但自以其意度之耳，然則其類此者蓋亦不少矣，特古書散佚，無可證其誤耳，烏在其可盡信也哉！」〔註16〕

正是由於崔述對宋儒與漢儒都有所批評，所以他的學術也被宋儒和漢儒所攻擊和詆毀，不被清代學術主流所認可。一方面，崔述受到了漢儒的排擠。如：張澍批判崔述「陋儒無識」〔註17〕、《皇清經解》與《皇清經解續編》都沒有收錄崔述的《考信錄》等。另一方面，宋儒對崔述的學術也多有批評。如：謝庭蘭對崔述的一些學術觀點提出了批判：「述爲此言，豈非蔑聖經乎！……述爲此言，豈非廢人倫乎！」他認爲崔述「務別創異解，則不可爲訓也。」〔註18〕劉鴻翽也抨擊《考信錄》說：「甚矣《考信錄》之誕且妄也！」並分析道：「孔子之行事固非崔東壁之所能窺見也，則其以爲非孔氏之遺書也

〔註13〕崔述：《考信錄提要》卷上，見《崔東壁遺書》，第3頁。

〔註14〕崔述：《考古續說》卷一，見《崔東壁遺書》，第446頁。

〔註15〕崔述：《王政三大典考》卷三，《三代經界通考》，見《崔東壁遺書》，第513頁。

〔註16〕崔述：《考信錄提要》卷上，見《崔東壁遺書》，第10頁。

〔註17〕張澍：《關崔氏說》，見《崔東壁遺書》，第1073頁。此處張澍誤將崔應榴當作崔述。

〔註18〕謝庭蘭：《書崔東壁〈考信錄〉後》，見《崔東壁遺書》，第1075頁。

固宜！」〔註19〕唐鑒甚至發出指責：「先生學主見聞，勇於自信。雖有考證，而縱橫軒輊任意而爲者亦復不少。況其間得者又強半爲昔賢所已言乎！」
〔註20〕

　　顧頡剛對這種種批評和非難做出了詳細的揭示：

　　　　　幸藉謝庭蘭、劉鴻翱、張澍數君之文，得以窺其涯略。是數君
　　　者，東壁同時人也：謝與劉爲理學家，張爲樸學家，與東壁皆不相
　　　識，而讀其文字，義憤塡膺乃如此，盛氣呼斥，若主之責奴，然則
　　　東壁所受於周遭之怨毒固可推見之矣。原理學家所以作劇烈之反對
　　　者，蓋東壁著書目的雖在維護道統，而考據結果實足以毀壞道統，
　　　道統毀則理學失所憑依，故衛道者不得不起而示威。謝、劉之文，
　　　與唐鑒所作《學案》可以比觀，皆欲以恫嚇空言壓倒實據，其怒也
　　　正其怯也。至於樸學家，標榜求是，注重實證，對於東壁之說宜可
　　　承受，而張氏猶如此，是不可解。謂此爲張氏一人之意，不當代表
　　　樸學家乎，試觀阮元、王先謙兩刊清代經解，所收不爲不多，零星
　　　筆記尚且入錄，而東壁之著述曾未收入一種，則其受樸學家之排斥
　　　非極顯明事耶！冷酷之遇，不但飽享於生前，且施及於身後，道之
　　　窮也一至此乎！〔註21〕

　　除此之外，清代也有學者對崔述的學術表示了贊同。如清汪廷珍在讀了崔述的《考信錄》後說：「見其考據詳明如漢儒，而未嘗墨守舊文而不求夫心之安也；辨析精微如宋儒，而未嘗空執虛理而不核夫事之實也。舉凡僕平日所疑不能明者，無不推極至隱，得其會通。然後知先生志大而學正，識高而心細，洞然有以見古聖賢之心於千載之上而不忍使邪說詖論得而淆之；其書爲古今不可無之書，其功爲世儒不可及之功也！」〔註22〕但汪廷珍並不是對崔述的學術主張完全信服，日本學者那珂通世就曾指出：「文端所最佩服者不過湯、武放伐論而已；東壁之學涉經史，識通古今，考據辨析高出漢、宋諸儒之上，即文端亦未能知之也。」〔註23〕可見，那珂通世認爲崔述的

〔註19〕　劉鴻翱：《〈洙泗考信錄〉辨》，見《崔東壁遺書》，第1066頁。

〔註20〕　唐鑒：《國朝學案小識》卷十四，《經學案》，山東友誼書社，1990年。

〔註21〕　顧頡剛：《關於本書的評論‧按》，見《崔東壁遺書》，第1041頁。

〔註22〕　汪廷珍：《〈考信錄〉序》，見《崔東壁遺書》，第923頁。

〔註23〕　〔日〕那珂通世著、於式玉譯：《〈考信錄〉解題》，見《崔東壁遺書》，第929頁。

見識在漢學家和宋學家之上，並不是汪廷珍能完全領會的。日本學者內藤湖南〔註24〕則記述了汪廷珍對崔述史學的肯定：「為陳履和所出版崔述書作序的人叫汪廷珍，此人為高官，因為見到陳履和編的書而感服崔述，故而為之作序。汪廷珍在序中寫道：本來自己就認為殷湯、周武討伐君主桀、紂，發動革命是不合理的，因為封建之世與郡縣之世不同，湯、武畢竟不是桀、紂的臣下。現在見到《考信錄》中也有同樣的觀點，非常欣喜，由衷地佩服。他這不是從史學上，而是出自大義上欽佩。無論如何，在中國雖然讀其書、信其書的人都很少，但是一旦相信就信得非常強烈。」〔註25〕

　　此後，學術界開始關注於崔述學術的學派問題，如清道光年間楊道生認為崔述的學術「學無漢、宋惟其是」〔註26〕。現在的學術界對崔述與宋學、漢學之間的關係出現了不同看法。如邵東方先生指出：「崔述研治經史雖無明顯的宗派意識，但也沒有打通儒學內部的各種門戶，更未能達到超越經學家派的境界。」〔註27〕而路新生先生認為：「崔述治學超越了儒學家派的藩籬，他非今（文）非古（文）、非漢非宋、非朱非王，是博採眾家之長而自成一體的。」〔註28〕兩相比較，路新生的說法近是，唯所謂「博採眾家之長」空洞少據。邵氏說法含混而不無自相牴牾，言崔述沒有宗派意識而又說未能超越經學家派，殊不可解。

　　崔述在給汪師韓的信中對自己一生的治學經歷進行了歸納和總結：「述幼癡鈍，長益迂拙，人事悉所不解，獨好參伍古今事迹，辨其是非真偽。日積月聚，似少有所見。嘗欲著之於文，顧自以為年少識淺，又方勞心於科舉衣食，未暇為也。自戰國以來，邪說並作，皆託聖人之言以取信於世，亦有聖人之徒傳而失其真者。漢、晉諸儒罔能辨識。至唐、宋時，尊信日久，益莫敢以為非。《六經》之文有與傳記異者，必穿鑿遷就其說以附會之；又好徵引他書以釋經義，支離紆曲，強使相通。雖有一二有識之士論其舛謬，顧

〔註24〕〔日〕內藤湖南（ないとう　こなん，1866～1934），原名虎次郎，字炳卿，號湖南。今日本秋田縣人，日本近代中國學的重要學者，日本中國學京都學派創始人之一。著有《清朝衰亡論》、《支那古代史》、《支那史學史》等。

〔註25〕內藤湖南著、馬彪譯：《中國史學史》，上海古籍出版社，2008年，（以下版本同）第307～308頁。

〔註26〕楊道生：《〈崔東壁先生遺書〉題詞》，見《崔東壁遺書》，第924頁。

〔註27〕邵東方：《關於崔述學術的幾個問題》，《崔述與中國學術史研究》，人民出版社，1998年，第34頁。

〔註28〕路新生：《論崔述的超家派治學解經法》，《江漢論壇》1987年第4期，第95頁。

其考證抉摘猶多未盡，而世亦不盡然其說。二帝、三王之事，周公、孔子之意，其晦於後世者豈可勝道哉！述之所見雖未知其是否，然存之以待有識者之去取，或亦君子之所不罪也。自先君見背後，功名之念頓灰，家貧多病，益疏懶，自度難以進取，欲遂一抒所見。愧不能文，乃於去歲取昌黎、柳州、廬陵三家文熟玩其理。然執筆之時故態輒見，百不一似。豈天之降才果殊耶？將必久於其中然後可少得耶？抑自有所由入而述未之知耶？述爲文，非欲貌爲古人色澤，誠欲自抒所見，如孔子所謂「辭達」者可矣。然言固有能達，有不能達，有雖少而達，有必多而後達，有雖多而愈不達者。蘇子瞻云：『能使是物了然於心者，蓋千萬人而不一遇也，而況能使了然于口手者乎！』若之何其能使文不煩而意畢達也？述所居壞僻，雖嘗出遊，亦罕所交接，未嘗見有言及古文詞者，倀倀然靡所就正，故敢略陳愚昧。」〔註29〕從中分析可知，崔述疑古史學是在獨立思考的前提下進行的自主研討，而並非眾採他家之說。

二、崔述的治史風格及其宏觀文化環境

　　清代乾嘉時期，考據學逐漸興盛，並成爲學術主流。考據學者以嚴謹的治學態度，通過各種考證方法來印證史料的正誤和史實的眞僞。這一時期的考據學家有王鳴盛（1722～1797）、戴震（1724～1777）、錢大昕（1728～1804）、段玉裁（1735～1815）、邵晉涵（1743～1796）、王念孫（1744～1832）、梁玉繩（1745～1819）、洪亮吉（1746～1809）、阮元（1764～1849）等等。

　　崔述生活於此時，其學術研究的旨趣逐步致力於進行疑古辨僞，較爲系統地考覈了先秦史的史實。崔述自幼承續其父崔元森的朱子之學。崔元森曾說：「爾知吾名汝之故乎？吾素有志於明道經世，欲爾述吾志耳。」〔註30〕崔述深受這種思想的影響，他回憶道：「自讀書以來，奉先人之教，不以傳注雜於經，不以諸子百家雜於經傳；久之而始覺傳注所言有不盡合於經者，百家所記往往有與經相悖者，然後知聖人之心如天地日月，而後人晦之者多也！」〔註31〕這是崔元森教給崔述研習經傳的方法。在這種學習方法的指引下，崔述發現古書中存在一些謬誤之處，對經與傳的不合之處產生了懷疑。於是在

〔註29〕　崔述：《考信錄附錄》卷一，《附錄・上汪韓門先生書》，見《崔東壁遺書》，第 476 頁。
〔註30〕　劉師培：《崔述傳》，見《崔東壁遺書》，第 946 頁。
〔註31〕　崔述：《〈考信錄〉自序》，見《崔東壁遺書》，第 921 頁。

中年之後就將興趣轉於此，「先是述覽群書，篤信宋學；繼覺百家言多可疑，乃反而求之《六經》，以考古帝王聖賢行事之實。」〔註32〕遂立志於此。他自己回憶說：「余少年讀書，見古帝王聖賢之事往往有可疑者，初未嘗分別觀之也。壯歲以後，抄錄其事，記其所本，則向所疑者皆出於傳記，而經文皆可信，然後知《六經》之精粹也。」〔註33〕他的弟子陳履和也曾作過類似的記載：「先生覺百家言多可疑，誨從前泛覽之誤，曰：『此非吾父所謂明道經世之學也！』乃反而求之《六經》，以考古帝王聖賢行事之實；先儒箋注，必求其語所本而細核之；欲自著一書以正偽書之附會，闢眾說之謬誤；舉子業置不復爲。」〔註34〕崔述認爲只有通過辨偽、考信才能解決古書中的謬誤之處，從而還古史和文獻以本來面目。如崔述曾自述對《論語》與《尚書》的懷疑：

> 余五六歲時，始授《論語》，知誦之耳，不求其義也。近二十，始究心書理，於《公山》、《佛肸》兩章頗疑其事不經，然未敢自信也。踰四十後，考孔子事迹先後，始知其年世不符，必後人所偽撰，然猶未識其所以入《論語》之由也。六十餘歲，因酌定《洙泗餘錄》，始取《論語》源流而細考之，乃知在秦、漢時傳《齊》、《魯》論者不無有所增入，而爲張禹採而合之，始決然有以自信而無疑。〔註35〕

> 余年十三，初讀《尚書》，亦但沿舊說，不覺其有異也。讀之數年，始覺《禹謨》、《湯誥》等篇文義平淺，殊與三十三篇不類；然猶未敢遽疑之也。又數年，漸覺其義理亦多刺謬，又數年，復漸覺其事實亦多與他經傳不符，於是始大駭怪：均爲帝王遺書，何獨懸殊若此？乃取《史》、《漢》諸書覆考而細核之，然後恍然大悟，知舊說之非是。〔註36〕

崔述的歷史考據秉持「考而後信」的宗旨，以疑古爲治學風格，「凡其說出於戰國以後者，必詳爲之考其所本，而不敢以見於漢人之書者遂眞以爲三代之事也。」〔註37〕對古史記載，多從不可信的角度進行考察，認爲「古

〔註32〕劉師培：《崔述傳》，見《崔東壁遺書》，第946頁。

〔註33〕崔述：《考信錄提要》卷下，見《崔東壁遺書》，第16頁。

〔註34〕陳履和：《崔東壁先生行略》，見《崔東壁遺書》，第940頁。

〔註35〕崔述：《洙泗考信餘錄》卷三，《論語源流附考》，見《崔東壁遺書》，第407頁。

〔註36〕崔述：《古文尚書辨偽》卷一，《〈古文尚書〉眞偽源流通考》，見《崔東壁遺書》，第582頁。

〔註37〕崔述：《考信錄提要》卷上，見《崔東壁遺書》，第5頁。

史」離後世愈遠，其附會、杜撰的成分就愈多。他指出：「戰國之時，邪說並作，寓言實多，漢儒誤信而誤載之」〔註38〕，自稱「今爲《考信錄》，不敢以載於戰國、秦、漢之書者悉信以爲實事，不敢以東漢、魏、晉諸儒之所注釋者悉信以爲實言，務皆究其本末，辨其同異，分別其事之虛實而去取之。」〔註39〕這表現出深切的實事求是理念。其《考信錄》對先秦歷史事迹與戰國、秦漢間記載的上古、夏、商、周及孔子、孟子的相關事迹進行了全面考辨，「以經爲主，傳注之與經合者則著之，不合者則辨之，而異端小說不經之言咸闢其謬而刪削之」〔註40〕，得出許多深刻見解，表現出強烈的疑古學風。此外，崔述對孔子及其學生的歷史記載、對《古文尙書》的眞僞源流、對《史記》等史書記述的黃帝等上古帝王、對鄭玄至朱熹等歷代學者的解經述古之說等，都進行了縝密的考辨，這表現出崔述的求實學風。但由於受到時代的局限，崔述將儒學經典作爲疑古考信的依據。

作爲清代乾嘉時期傑出的歷史考據學家，崔述之學不顯於當世，平生不僅官場失意，在考據學風正盛的狀況下與眾多學界名流也極少交往。如崔述在年少參加會試時，曾認識了孔廣森〔註41〕，但是之後兩人卻沒有任何學術交往，以至於兩人對《孔子家語》的研究得出了相同的結論，但仍然各不相知，崔述說：「余昔會試時，曾與檢討相識，年甚少也。數十年不相見，不意其學刻苦如是。《考信錄》既成後，始見此書，因其論《家語》與余所見同，附錄其文於此。」〔註42〕可見，崔述與當時學者的學術交往是極爲缺少的。

崔述在乾嘉歷史考據學家中獨樹一幟，但其以「疑古」考據爲主要特色的學術研究卻不入考據學風的主流，在考據學風興盛的當時並沒有彰顯於世，不被考據學者重視，甚至遭到學術界的排斥。他自己敘述了這種變化：「初，余幼，學爲時文，應童子試，時縣人爭譽之。其後與弟同入學，歲試常在前列，同郡人亦爭譽之。既而與弟同舉於鄉，數百里之內，人莫不交口

〔註38〕崔述：《考信錄提要》卷上，見《崔東壁遺書》，第7頁。
〔註39〕崔述：《考信錄提要》卷上，見《崔東壁遺書》，第8頁。
〔註40〕崔述：《考信錄自序》，見《崔東壁遺書》，第921頁。
〔註41〕孔廣森（1753～1787），字眾仲，一字撝約，號顨軒，堂名儀鄭，山東曲阜人，清朝學者。乾隆三十六年（1771）進士，改翰林院庶吉士，授檢討，曾師從戴震、姚鼐。著有《顨軒孔氏所著書》，《大戴禮記補注》、《詩聲類》、《經學巵言》、《儀鄭堂文集》、《儀鄭堂遺稿》、《勾股難題》等。
〔註42〕崔述：《洙泗考信餘錄》附錄，見《崔東壁遺書》，第408頁。

豔稱之。近三十歲,漸學爲古詩文,三十以後,益留心於經史,而會試數不第,自是稱之者減少,惟學問之士始推重焉。四十以後,爲《考信錄》及《王政考》,自二三君子外,非惟不復稱之,抑且莫肯觀之。」〔註43〕這說明,隨著崔述學術研究的深入,越是疑古,越是遭到冷遇。於是他自己提問道:「是何學愈淺則稱之者愈多,學益進則願觀之者益少哉!」同時感歎道:「然則余之爲此,不亦徒勞矣乎?雖然,君子當儘其在己,天地生我,父母教我,使天地間有我,而我又幸有此牖隙之明,如之何其可以自安於怠惰而不一言,以負天地而負父母乎!傳與不傳,聽之時命,非我所能預計者矣!」〔註44〕這體現出崔述的懷疑精神與當時的考據學派格格不入,不受學術界的歡迎。也表明崔述所際遇的宏觀學術環境實爲逆境,這是值得注意的。正如顧頡剛所說:「崔氏書在舊日學界中,殆是外道,故甚不爲人所稱。」〔註45〕

清代考據以信古爲主要傾向,主張不輕易否定古人之說。錢大昕說:「世之考古者,……文致小疵,目爲大創,馳騁筆墨,誇曜凡庸,予所不能效也。更有空疏措大,輒以褒貶自任,強作聰明,妄生疹疴,不卟年代,不揆時勢,強人以所難行,責人以所難受,陳義甚高,居心過刻,予尤不敢效也。桑榆景迫,學殖無成,惟有實事求是,護惜古人之苦心,可與海內共白。」〔註46〕當時大多數考據學家也持「護惜古人」的主張,尤其信奉漢代古文學派的治學成果,故清代考據學派往往被稱作「漢學」。「實在那時信古的空氣已壓倒了疑古了,只有不與外方通生氣的崔述,才能夠超出於這時代之外,以畢生的經歷寫了一部《考信錄》。」〔註47〕可見崔述的疑古之學正好與之相悖,大力抨擊漢儒,於是更加遭到當時學術大環境的冷遇和排斥。「清代的復古運動從沒有自覺地倡導懷疑主義。但是,考據學不斷強化的自我認同感爲懷疑批判傳統儒學思想提供了生存空間。考據學者運用這種方式強調學術的客觀性,這進一步喚起了對儒學的懷疑。這種懷疑意識最初只無聲地隱伏於他們對古代名物的細密研究之中。例如,《考信錄》堪稱曠世巨著,其書名表明,崔述(1740~1816)決心獻身於古代思想信仰的發掘。這種學術取向引導他

〔註43〕崔述:《考信附錄》卷二,《書考信錄後》,見《崔東壁遺書》,第487頁。
〔註44〕崔述:《考信附錄》卷二,《書考信錄後》,見《崔東壁遺書》,第 487～488頁。
〔註45〕顧頡剛:《關於本書的評論·按》,見《崔東壁遺書》,第1041頁。
〔註46〕錢大昕:《廿二史考異·序》,上海古籍出版社,2004年,第1頁。
〔註47〕顧頡剛:《崔東壁遺書序》,見《崔東壁遺書》,第58頁。

對理學違背儒家經典原意的解釋提出批評。」〔註 48〕崔述的學生陳履和曾分析其師在當時不被重視的原因：「老未登第，官又不達，且其持論實不利於場屋科舉，以故人鮮信之；甚有摘其考證最確，辯論最明之事，而反用爲詆諆者。」〔註 49〕可見，崔述之學在當時很少有人相信，其考證成果有些甚至被詆謗污蔑，足以反映出崔述之學在當時不受重視，而後長期未能彰顯於世。因此，崔述成學所處的宏觀文化環境是不利的。

第二節　崔述成學的微觀文化環境

崔述在不利於自身學術發展的宏觀學術環境下，終能取得獨樹一幟的學術業績，著述大部分流傳到今日，究其情由，不能不從他所處的微觀文化環境上予以分析。崔述學術成果的取得和傳世，源自於一個優良的微觀文化環境。文化環境對於史家成學的重大影響，以及宏觀文化環境與微觀文化環境之間的辯證關係，在崔述治學歷程這一個案上典型地顯現出來。

一、親屬的支持與鼓勵

崔述之父崔元森，治朱子之學。乾隆五年（1740），三十二歲的崔元森生下崔述，故而從小崔述就被寄予很高的期望。崔述上有一兄，名叫燨庭，十一歲時夭折，令崔元森十分痛心，故對崔述寵愛有加。在十餘歲時，其父就曾對崔述說：「吾少有志於世務，故好覽此。五試於鄉而不中，吾知己矣。故命爾名爲述，故爾之成我志爾。獨不見夫崇聖祠諸先儒從祀者耶！是皆以其子故。爾若能然，則吾子也！」〔註 50〕父親重視對崔述的教育，關注他的飲食起居，若偶遇身體不適則爲其按摩。崔元森注重在學習方法上對崔述進行指導，認爲讀經書「不使先觀傳注，必使取經文熟讀潛玩，以求聖人之意；俟稍稍能解，然後讀傳注以證之。」〔註51〕並指出要將經文與注文分開來讀：「讀注當連經文，固也，讀經則不可以連注。讀經文而連注讀之，則經文之義爲注所間隔而章法不明，脈絡次第多忽而不之覺，故必令別讀也。」〔註52〕

〔註48〕〔美〕艾爾曼：《從理學到樸學》，江蘇人民出版社，1995 年，第 23 頁。
〔註49〕陳履和：《崔東壁先生行略》，見《崔東壁遺書》，第 944～945 頁。
〔註50〕崔述：《無聞集》卷四，《上本縣先布政公行狀》，見《崔東壁遺書》，第 715 頁。
〔註51〕崔述：《考信錄自序》，見《崔東壁遺書》，第 920 頁。
〔註52〕崔述：《考信附錄》卷一，《先君教述讀書法》，見《崔東壁遺書》，第 469～470

並要求崔述讀書達到「極熟」的程度，「十餘歲時，每夕侍寢，必令背誦舊所讀書若文。且醒後亦如是」〔註53〕。

崔元森從未懈怠過對崔述的教育，「幼時兩餐皆爲之限，非食時，雖饑不敢擅食；市中所鬻餅餌從不爲買食之。衣取足以禦寒，不令華美。有過，輒督責之不少貸」〔註54〕，「或自戚友家歸，必問所見何人，語何事；有不正，必訓飭之。家不畜鳥雀，無絲竹之器，而鬥牌擲色事尤所不喜；後輩耽之者咸相戒不敢令先君知。每正月之初，比戶皆競賭，小兒尤甚，聲常徹庭中，獨先君之庭寂如也」〔註55〕。崔元森教育崔述雖然嚴格，但並不禁止他出去遊覽，經常帶崔述上禮賢臺、迓旭臺遠眺，「蓋恐其心滯而不靈故也」〔註56〕。

崔述回憶了崔元森對他的教育方法，並將之總結爲十二點：

一，自述解語後，即教之識字。遇門聯扁額之屬，必指示之。或攜至藥肆，即令識藥題。務使分別四聲。字義淺顯者，即略爲詮釋。識字稍多，則令讀《三字訓》若《神童詩》，隨讀隨爲講說。以故述授書時，已識之字多，未識之字少；亦頗略解其義，不以誦讀爲苦。即先君有事，或不暇授書，述亦能擇取其淺顯者自讀之。

一，述五歲始授《論語》，每一字旁，必朱書平上去入字，不使誤於方音。每授若干，必限令讀百遍，以百錢置書左而遞傳之右。無論若干遍能成誦，非足百遍不得止也。既足，則令少憩，然後再授如前。《論語》既畢，繼以《孟子》、《小學》。每日不過一生書，一溫書，不令多讀，恐心不專故也。惟《大學》、《中庸》乃先孺人於黃昏時口授述而成誦者，大約亦在五六歲時也。

一，《論》、《孟》既畢，即令述讀朱子《小學》，以《小學》乃日用躬行之要，而文義亦易解，宜於初學。以故述自居家以至作吏，皆不敢有蹉跌，以有先人之言爲主故也。

一，南方人初讀《論》、《孟》，即合朱子《集注》讀之；《大學》、《中庸章句》亦然。北方人則俟《四書》本書皆成誦後，再讀經一

頁。

〔註53〕 崔述：《考信附錄》卷一，《先君教述讀書法》，見《崔東壁遺書》，第470頁。
〔註54〕 崔述：《考信附錄》卷一，《先君教述讀書法》，見《崔東壁遺書》，第470頁。
〔註55〕 崔述：《無聞集》卷四，《先府君行述》，見《崔東壁遺書》，第716～717頁。
〔註56〕 崔述：《考信附錄》卷一，《先君教述讀書法》，見《崔東壁遺書》，第470頁。

二種，然後讀《四書注》；而讀注時亦連本書合而讀之。先君教述讀注皆不然。經文雖已久熟，仍令先讀五十遍，然後經注合讀亦五十遍。於溫注時亦然。謂讀注當連經文，固也，讀經則不可以連注。讀經文而連注讀之，則經文之義爲注所間隔而章法不明，脈絡次第多忽而不之覺，故必令別讀也。

一，世俗讀《朱注》者多所刪削，有兩說者必刪其一，甚至「某氏曰」、「愚謂」等字亦刪之，文氣往往不貫。先君教述讀注，惟圈外注有與經旨未洽者不讀，其餘皆讀，不肯失其本來之面目也。

一，《易》自朱子始復古本之舊。至明復用今本刻朱子《本義》，坊間遂無復鬻古本者。先君乃遵古本，手自抄錄，俾述讀之。

一，先君課述兄弟讀書，務令極熟，每舉前人「讀書千遍，其義自見」之語以勖之。十餘歲時，每夕侍寢，必令背誦舊所讀書若文。旦醒後亦如是。從行道中亦然。非止欲玩其理，亦兼以閒其心。述兄弟舉於鄉，暇中猶時命之背誦；有不記憶，則呵叱之令補讀焉。

一，今人讀書惟重舉業，自《四書》講章時文外，他書悉所不問。先君教述，自解語後即教以日數官名之屬，授書後即教以歷代傳國之次，郡縣山川之名，凡事之有益於學問者無不耳提而面命之。開講後，則教以儒、禪之所以分，朱、陸之所以異，凡諸衛道之書必詳爲之講說，神異巫覡不經之事皆爲指析其謬。以故述自成童以來，閱諸經史百家之書不至「河漢而無極」者，先有以導其源故也。

一，先君教述兄弟，從不令閱時下講章，惟即本書《朱注》細爲剖析。有疑義，則取諸名家論辨之書，別其是非得失而折衷之。若陸稼書先生之《大全困勉錄》、《松陽講義》，尤所愛玩，不時爲述講授者。

一，先君教述爲舉業，必令先自化、治名家入手，以泰安趙相國所著《制義綱目》及所選《文統類編》爲金針，使之文從字順，章法井然，合於聖人語氣，然後使讀嘉、隆以後之文。每曰：「作文只是發揮聖賢道理，此外別無巧法。」於天、崇諸家內，有議論精卓，切於世事者，尤所深賞，使述熟讀而效法之；不令其揣摩風氣，敷衍墨調也。

　　一，先君教述兄弟雖嚴，然不禁其遊覽。幼時不過旬月，即攜之登城（城在宅後故爾）。觀城外水渺茫無際不覺心爲之曠。外城上禮賢、迎旭兩臺，亦往往攜之登眺。蓋恐其心滯而不靈故也。其後述每遇佳山水，輒覺神識開朗，詩文加進，知幼時得力於景物者多也。

　　一，述自能行後，先君多以自隨，不使與群兒戲。先孺人亦然。姻族兄弟有好戲弄斗訾者，必嚴禁述等不使與之接；雖至，必疏遠之。先君嘗館於鄉，以事他出，先孺人召述等讀書於內室，不使與館中諸童狎。由是述等不在父側，則在母側，市井之言罕接於耳，遊蕩之行不經於目。故今年雖已老，而自讀書外，聲色戲玩之事猶茫然無所解也。〔註57〕

崔元森不僅教給崔述學習的方法，而且指導他辨別學術流派，傳授他治學的路徑：

　　先君雖授以舉業，必爲辨別人品之高下，學術之邪正，儒、禪、朱、陸之所以異，尤闢陽明所論良知之失，謂爲學必由致知力行博文約禮而入，薛、胡、王、陳必不可以並稱。於《經》，則搆自明以來諸家詮解盈架上，毫釐之疑必爲諸生參考詳辨之，務求聖人之意，不拘守時俗所訓釋。於制義，則以化、治、正、嘉爲宗，而間雜以天、崇，發越其才思，不令趨風氣，走捷徑。〔註58〕

在讀書的閒暇之時，崔元森爲崔述和門人解說各種衛護儒家道統之書，指析神異巫覡荒誕之事的謬誤，尤其對陸隴其的《三魚堂文集》一書愛不釋手。而對一些嘲風弄月的文章，則一律不令崔述閱讀。而崔述也深知父親的爲人處世之道。如崔述爲諸生時，在郡裏考試，有人稱受其父崔元森之命，想與他交換試卷，而崔述說：「吾父必無是命」〔註59〕，沒有答應這個要求。父親的嚴格教育和悉心指導對崔述的學術研究產生了很大影響。

　　崔述之母李氏對子女特別慈愛，也很注重對崔述的教育。在崔述六歲時，其母口授《大學》、《中庸》，使其成誦。幼年在家讀書時，常令他服手足之勞，「或讀於外塾，歸家後亦必令之少事奔走，恐其坐多而血氣滯，身

〔註57〕 崔述：《考信附錄》卷一，《先君教述讀書法》，見《崔東壁遺書》，第469～470頁。

〔註58〕 崔述：《無聞集》卷四，《先府君行述》，見《崔東壁遺書》，第716～717頁。

〔註59〕 陳履和：《崔東壁先生行略》，見《崔東壁遺書》，第945頁。

弱易病也。」〔註60〕姻族中兄弟有吵架相鬥者，就嚴禁兒子同他們接近。崔元森如果有事外出，李氏就令崔述在內室讀書，不令他與館中其他兒童接近。「由是述等不在父側，則在母側，市井之言罕接於耳，遊蕩之行不經於目。」〔註61〕崔述七十四歲時回憶道：「述幼而羸弱，見者皆以余爲不壽。使非吾父吾母調護周備，斷不能至三十以後。猶記十四五歲時嘗得腹疾，先孺人百方爲之營救，竟以漸愈。而述自念生平毫無報答之處，竭力服勞以養口體，遂足盡人子之責乎！」〔註62〕特別感激母親的養育之恩。李氏對崔述的教育還表現爲其對崔述的寬容和理解，崔述在對母親的行述裏講到：「不孝等舉於鄉，親族多期其仕者。母獨不願，曰：『官不易爲，吾望汝等讀書作正人而勤儉以治生，不望汝等以祿養也。』」〔註63〕因此，崔述在少年時沒有受到不良環境的影響，這對他一生的行爲起到有利影響。

　　崔述之妻成靜蘭（1740～1814），字紉秋，出生於官宦門第的書香世家，其父爲邠州通判成懷祖〔註64〕。成靜蘭自幼受到良好教育，具有較高的文化素養，「以賢能事先生者五十年」，在羅源、上杭任職期間，成靜蘭對崔述的幫助和照顧，「殆不讓朱孺人之佐清獻（按：陸隴其）也」。〔註65〕著有詩集《繡餘吟》和《爨餘吟》，合稱《二餘集》。其中，《爨餘吟》爲嫁後所作。這些詩大部分是傷別離、致慰藉之辭，體現出成靜蘭對崔述學術研究的支持和鼓勵，使得崔述的學術研究有一個良好的家庭環境。《贈君子》一詩即爲其中一篇：

　　　　崔郎卓犖志不群，胸藏經濟人莫聞。有時慷慨論時務，沛如黃
　　河向東注。近來學古益成癖，獨坐搔首常寂寂，喚之不應如木石。
　　忽然絕叫起狂喜，數千餘言齊落紙。「五行」「三正」細剖分，創論
　　驚天思入雲。直欲掃除千載惑，豈效小兒弄筆墨。半生辛苦文幾篇，
　　才高可惜無人識。長安雖去每空還，十年憔悴長途間；且同煮酒開

<hr>

〔註60〕崔述：《考信附錄》卷一，《先君教述讀書法》，見《崔東壁遺書》，第471頁。
〔註61〕崔述：《考信附錄》卷一，《先君教述讀書法》，見《崔東壁遺書》，第470頁。
〔註62〕崔述：《考信附錄》卷一，《先君教述讀書法》，見《崔東壁遺書》，第471頁。
〔註63〕崔述：《無聞集》卷四，《先孺人行述》，見《崔東壁遺書》，第719頁。
〔註64〕成懷祖（1707～1771）：字蘭田，號尚義，後又更號北樵，大名人，乾隆六年拔貢，曾任邠州直隸州州判，兼判乾州，歷攝三水、長武、永壽、三原等縣，爲政清明。他又是有名的詩人。撰有《邠志續筆》、《塞上草》一卷、《關西彙草》四卷。卒年六十五歲。其事迹見《大名縣志》和汪師韓爲其做的墓誌銘。
〔註65〕陳履和：《崔東壁先生行略》，見《崔東壁遺書》，第945頁。

心顏。一朝飛騰遂厥志，平盡人間不平事。〔註66〕

此詩生動形象地描述了崔述治學時的專注之態，並反映出成靜蘭對崔述的鼓勵與信任。陳履和曾回憶道：「又見先生學日富，而新娶成氏婦才且賢，炊爨餘間，佐讀不輟，時復呈詩於翁姑以博歡笑，益怡然忘所苦。」〔註67〕成靜蘭在生活和學術上對他的關心和幫助，對崔述來說是一種激勵和安慰。此時崔述還未放棄對功名的追求，但已經癡迷於學術的探討。顧頡剛說：「東壁處境雖至坎坷，猶得矻矻一編，終成其學，是必閨房敬愛之情，足以調和其生活，而消釋其牢愁，乃有以致此。」〔註68〕崔述能夠得到其妻的理解，可謂十分幸運。

崔述之妾周麗娥（1770～1800），館陶南鄙（今河北館陶縣）人，父親的職業是馬醫，後遷到朝城的扶翼集，買田數十畝，耕地以自給。乾隆五十年（1785），周麗娥年十六歲，適逢歲荒，由於貧困不能自存，其父將麗娥帶到魏縣，欲賣掉麗娥以給食。這時崔述正有事外出，其妻成靜蘭為他定媒。待崔述回到家，便將麗娥納為妾。崔述時年四十六歲。周麗娥嫁於崔述做妾後，最初蠢蠢無知識，後在成靜蘭的訓諫下，逐漸開始明白道理，給了崔述無微不至的照顧。崔述曾回憶道：

> 余善病，娥侍藥餌頗勤。余素有不寐之症，常中夜怔忡，身如焚，輒呼娥起，間語良久，心漸安，遂復倦睡。娥見余睡，則默坐假寐，或屏氣潛退，恐驚余之眠也。凡十餘年，皆如是。是以余雖病弱，終不至困劇，以有娥也。余妻待下寬而體恤周至，娥亦殊愛戀女君，不能頃刻離也。〔註69〕

可見崔述對妾周麗娥十分依賴。嘉慶五年（1800）九月十四日周麗娥卒於福建將樂，終年三十一歲。周麗娥死後，崔述和成靜蘭都十分痛惜。

崔述之弟崔邁（1743～1781），字德皋，自號薛岩，小崔述四歲，「聰敏異常。少常與兄述讀木華《海賦》，述未及半而邁已成誦」〔註70〕。崔邁十二歲時與兄述同補諸生，入朱煐署內學習，「公固多藏書，因得肆其博覽；潛心經籍，四寒暑如一日，所學益進」〔註71〕，為學術研究的精進提供了有利條

〔註66〕成靜蘭：《二餘集‧曩餘吟》，見《崔東壁遺書》，第784頁。

〔註67〕陳履和：《崔東壁先生行略》，見《崔東壁遺書》，第940頁。

〔註68〕顧頡剛：《二餘集‧案語》，見《崔東壁遺書》，第781頁。

〔註69〕崔述：《無聞集》卷四，《侍妾麗娥傳》，見《崔東壁遺書》，第723頁。

〔註70〕乾隆《大名縣志》卷三六，《鄉賢傳》，乾隆五四年刊本。

〔註71〕楊蔭溥：《寸心知詩集附錄‧崔德皋先生傳》，見《崔東壁遺書》，第907頁。

件。二十歲又與兄同榜中舉人。崔邁在學術上能夠獨立思考,「天性孝友,經術湛深,長於考據,與兄東壁齊名,人稱『二鳳』」〔註72〕,著作有《訥菴筆談》、《古文尚書考》、《尚友堂文集》、《寸心知詩集》、《梓鄉文獻》等。崔邁與其兄在學術上有相近之處,兄弟二人在《尚書》方面都有獨到的見解,各自撰有《尚書辨偽》〔註73〕,前清大名舉人范廉泉說:「這兩部書的內容,大致是相同的;惟德皋之書,在量數上卻倍於東壁的那一部。」〔註74〕可見,崔邁的學術研究,同樣有疑古傾向,並且頗有見識。惜其英年早逝,年僅三十九歲,使人扼腕歎息。正如胡適所說:「崔述不但受了他父親的大影響,並且得了這一天才很高的弟弟不少幫助。」〔註75〕他又指出:「崔邁是崔述的學問伴侶,他的夭折,使崔述十分痛心。」〔註76〕此外,崔邁之妻劉氏「亦頗能詩,然較諸人稍劣,故未傳」〔註77〕。

　　崔述一門都能作詩,其妹崔幼蘭,字綠芬,喜歡吟詩,並著有詩集,倣仿其嫂成靜蘭之《繡餘吟》,取名《針餘吟》。故清人劉老恭感歎道:「一家之中,男女風雅,即以南方論之,恐亦不多覯也。誰謂北方無風雅哉!」〔註78〕總之,崔述的妻子成靜蘭、弟弟崔邁、妹妹崔幼蘭都是有學之士,並皆有詩文集傳世。親屬的支持與鼓勵對崔述進行學術研究提供了良好的學術、文化小環境。

二、恩師的教育與賞識

　　崔述的恩師是朱煐(1699～1774)。朱煐,字臨川,號龍坡,雲南石屏人。雍正二年(1724)中進士,歷任直隸赤城縣知縣、懷安知縣、任邱知縣、趙州直隸州知州、廣平府同知、大名府知府、永州府知府。朱煐居官多年,「所至有惠政,簡靜廉平,畿輔稱最。尤培植士類,振拔寒畯」〔註79〕。崔述記

〔註72〕楊蔭溎:《寸心知詩集附錄·崔德皋先生傳》,見《崔東壁遺書》,第908頁。
〔註73〕崔述《尚書辨偽》被收錄在《崔東壁遺書》中,名為《古文尚書辨偽》。崔邁《尚書辨偽》現已亡佚。
〔註74〕姚晉燊:《崔東壁先生故里訪問記·致顧頡剛先生書》,見《崔東壁遺書》,第1038頁。
〔註75〕胡適:《胡適序》,見《崔東壁遺書》,第1042頁。
〔註76〕胡適:《科學的古史家崔述》二,《崔述的年譜上》,見《崔東壁遺書》,第979頁。
〔註77〕劉老恭:《崔氏詩人》,見《崔東壁遺書》,第1074頁。
〔註78〕劉老恭:《崔氏詩人》,見《崔東壁遺書》,第1074頁。
〔註79〕袁嘉穀:《石屏縣志》卷十,《人物志·官迹》,1938年排印本。

述說：「公所至以成就人材爲己任。才俊者招之入署，自教之；貧者恤其家，使不至徙業。」乾隆十九年（1754），崔述與崔邁同到大名府應童子試，朱煐賞識兩人的學業，「公見而奇之，命坐於大堂暖閣之側。文既成，召入內署晚香堂後池上侍坐。良久，復命入內室見呂恭人，各賜以荷包銀錠一；且命設食，使子士琬具賓主之禮。食畢已夜，以府堂燭籠送歸寓。」考畢發榜後，崔述得秀才第一名，崔邁亦名列前茅。第二年就被召到府衙署內晚香堂，與朱煐之子朱士琬（字松田）一同讀書。朱煐先後延請安慶的張前贊、歸德的李桓爲師，李桓去後，朱煐開始自任教爲師。崔述在此讀書八年（1755～1762），得益甚多，「他的幼年，家中可說赤貧，如無朱煐招他到署內晚香堂讀書的機會，勢非改作他事不可」〔註80〕乾隆二十五年（1760），二十一歲的崔述與弟邁應順天府鄉試，同中副榜。後繼續在大名署內晚香堂讀書，朱煐延請松江的丁夏陛教授生員。至乾隆二十七年（1762），朱煐「以與巡撫議事不合，竟以原官罷歸」〔註81〕，調往永州府知府。

崔述、崔邁兄弟二人將恩師朱煐送到臨清，當時情景可以想見是十分淒涼的。崔述還希望此後能夠科舉成名，做官後看望和報答師恩，但是「十有三載，屢躓文場，私心未遂，公已云亡！沒不知日，葬不知處，萬里南天，攀號無路。緘辭六詔，以寫哀思，公靈在天，尚其鑒之！」〔註82〕可見，崔述的尊師之情深切眞摯。

朱煐對崔述的教育與賞識，是促使其成才的有利因素，是其日後學術有所成就的小環境之一。崔述一生感恩戴德，銘記難忘。乾隆三十九年（1774），朱煐病死於雲南。乾隆四十年（1775），崔述收到訃告，作《祭石屏朱公文》，追念恩師朱煐事迹和祭文，附在《考信錄》之後。文中稱：

> 方述成童，公爲太守，一試奇之，弁名於首。不階尺書，羅之署內，扶持吹噓，飲食教誨。八年終始，雨夕風晨，經傳馬帳，雪立程門。〔註83〕

〔註80〕趙貞信：《崔東壁先生故里訪問記·圖後附說》，見《崔東壁遺書》，第 1035 頁。

〔註81〕崔述：《考信錄附錄》卷一，《少年遇合記略·朱煐》，見《崔東壁遺書》，第 473 頁。

〔註82〕崔述：《考信錄附錄》卷一，《少年遇合記略·朱煐·附〈祭朱公文〉》，見《崔東壁遺書》，第 474 頁。

〔註83〕崔述：《考信錄附錄》卷一，《少年遇合記略·朱煐·附〈祭朱公文〉》，見《崔東壁遺書》，第 474 頁。

　　短短幾句話，體現了崔述對恩師朱煐的感戴。崔述曾回憶說：「余家故貧，薄產無幾。自漳水入城後，資用悉沈於水，益貧困不可度。公囑魏縣知縣王公沛生，延先君入義學訓士，饘粥始給。而余自入署後，非但從公學舉業，且得縱觀海內之書，交遊天下之士，以擴其耳目而開其知識。向使余不遇公，即不窮餓以死，亦不過爲鄉人以終其身，何由能著此書！然則《考信錄》之作由於公之玉成者不少也。」〔註84〕從這些材料上可見，崔述自幼家貧，後漳水又兩次決口，家產蕩然，恩師朱煐先是囑咐魏縣知縣王沛生聘請崔述的父親任教於本縣義學，後又令崔述在官署內受業，在生活和學問上照顧和提攜崔述，對他的學術研究起到了奠基的作用。

　　除了朱煐之外，崔述在撰寫著作之前，爲提高自己的表達能力和撰述水平，曾「殷勤問業於古文家汪師韓」，並得到了他的賞識。汪師韓（1707～1774），字抒懷，號韓門，又號上湖，浙江錢塘（今杭州）人，年少時就工詩善文，名聞四方。通籍後，習國書，作《龍書賦》五十韻，李紱極爲歎異，攜入《八旗志》書館存檔。雍正十一年（1733）成進士，改翰林院庶吉士。散館，授編修，奏直起居注。聞母病假歸。尚書張照爲武英殿總裁，上疏薦舉師韓校勘經史。後又受大學士傅恒推薦，入直上書房，復授編修官。未幾，落職。乾隆二十三年（1758），汪師韓北遊到京師及保定，時任直隸總督的方觀承延請他主持廣平縣的清暉書院。乾隆三十年（1765），客遊畿輔，方觀承又延請其主保定蓮池書院，之後在蓮池任職共十年（1765～1774）。適逢奉乾隆帝旨查核天下書院山長（院長），觀承因以入奏。乾隆帝猶記憶，以「好學問」稱之。汪師韓聞而感涕，作詩四章紀其事。中年以後，一意窮經，諸經皆有著述，於易尤邃。其自著書凡《觀象居易傳箋》、《詩四家故訓》、《春秋三傳注解補正》、《孝經約義》、《語孟疏注辨異》、《文選理學權輿》、《孫樵文志疑》、《平於南雅》、《清暉小志》、《韓門綴學》、《詩學纂聞》、《坦橋脞說》、《談書錄》，皆自爲序。〔註85〕

　　乾隆三十六（1771）、三十七（1772）年，汪師韓分別爲崔述的岳父和父親撰寫墓誌。他爲其父寫的墓誌銘中記有：「有孝廉素衣冠而過蓮西，則君之子述也。」顧頡剛推斷說：「似汪師韓與崔述爲初次相見。」〔註86〕汪師韓對

〔註84〕崔述：《考信錄附錄》卷一，《少年遇合記略·朱煐》，見《崔東壁遺書》，第473頁。
〔註85〕參見《武林藏書錄》（四）（丁申），《汪韓門先生》。
〔註86〕胡適：《科學的古史家崔述》二，《崔述的年譜上》，見《崔東壁遺書》，第971

崔述有知遇之恩，崔述曾在《上汪韓門先生書》中說：「述所居壤僻，雖嘗出遊，亦罕所交接，未嘗見有言及古文詞者，悵悵然靡所就正，故敢略陳愚昧。惟先生鑒其誠而教之，幸甚！」〔註87〕又在《贈陳履和序》中說：「余自三十以後，頗有所窺測，先達中賞鑒余者惟汪上湖先生。」〔註88〕可見，崔述曾就學於汪師韓，並在中年之後的學術創作中還得到了他的賞識和鼓勵。

三、官吏和友人的提攜與幫助

崔述在治學的過程中受到一些官吏的提攜和友人的幫助，包括官吏為其提供治學和生活上的幫助、友人與他的學術交流，這些都為他治學提供了有利條件，起到了促進作用。

（一）在崔述求學的過程中，得到了一些官吏的提攜和幫助，如秦學溥、史貽謨等。他們無論從求學上、還是從生活上都給予崔述極大的幫助，值得注意。

秦學溥，號耐圃，山西鳳臺人，以舉人為大名知縣，吏治清明。秦學溥的父親秦矯在清乾隆時官至戶部員外郎，他聽聞崔述的才學，便派其子學溥前往探見，並囑咐學溥救濟厚待崔家，這時崔述還未成年。秦學溥對崔述有知遇之恩，崔述回憶說：「公待余厚甚，時延之署內。」〔註89〕而秦學溥對崔家的照顧始自崔述之父，崔述指出：「先君既屢被水患，數遷徙，家益落，至無隔宿糧。而不孝述方以文受知於知大名縣事秦公學溥，破格優待之。是秋，不孝述，不孝邁復同舉於鄉。然人間以訟事浼先君居間，許以金，必正色斥之。人見先君厄而介如故，後遂無復言者。秦公以是尤重先君，數恤其急。」〔註90〕秦學溥在生活上很關心崔述，乾隆三十年（1765），漳水決口入魏縣縣城，他就給崔家買室於禮賢臺上。崔述回憶道：「余屢被水患，數年無寧居；公買室於禮賢臺畔，俾余居之」，「後公擢易州知州，真定府知府，補順德府知府，余皆嘗至署內」。崔述對他的知遇之恩十分感激，當秦學溥遷官至保定

頁。

〔註87〕崔述：《考信錄附錄》卷一，《附錄‧上汪韓門先生書》，見《崔東壁遺書》，第476頁。

〔註88〕崔述：《考信錄附錄》卷一，《附錄‧贈陳履和序》，見《崔東壁遺書》，第477頁。

〔註89〕崔述：《考信錄附錄》卷一，《少年遇合記略‧秦學溥》，見《崔東壁遺書》，第475頁。

〔註90〕崔述：《無聞集》卷四，《先府君行述》，見《崔東壁遺書》，第717頁。

同知時，崔述作詩為他送行，其一云：「我時弱冠喜文翰，閉戶恥作陽橋魚。伯樂一顧傾冀北，羅之門下真吾徒。」又有詩云：「文侯昔館段干木，遺址今在東南隅。誅茅作室俾我宅，伯夷所築聊可娛。」〔註91〕後來，秦學溥又陞遷為易州知州、真定府知府、補順德府知府，崔述也曾去過他的官衙。秦學溥之後又官遷蘇、松糧道，終因事免職。

　　史貽謨，江南溧陽人，大學士史貽直（1682～1763）之弟，以進士入翰林，歷遷至司經局洗馬，人稱「史十太爺」，性格耿直，不喜好附和流俗，因而做不到大官。史貽謨對崔述得中舉人起到了重要作用。乾隆二十七年（1762），崔述及弟同赴京參加鄉試，史貽謨分校闈中，分到「易一房」，而崔述的考卷恰巧入此房，「公見余文清真，甚愛好之」〔註92〕，遂細細進行圈點，讀到論述的部分，史貽謨更加賞識崔述。崔述以庚辰副榜入闈，因而被分到「北皿」號中。史貽謨本來想將之定為頭名，但翻看卷面得知此卷為「北皿」〔註93〕。而頭名要出於「貝號」〔註94〕，故恐崔述非直隸人，不能定之為頭名。在發榜的第二天，崔述到午門謝恩，得知試卷出於史貽謨之房，隨即拜見他。史貽謨得知此試卷出於崔述，連說：「可惜！可惜！此本擬元卷也！」崔述對史貽謨很是感激，意識到若沒有史貽謨，是否能中舉人還是未知數：「其後余五入會闈，未嘗得邀一薦，無他，房考中無公在也。向使壬午一科公不得與房考之數，或余卷分入他房，中式與否固未可知也。」崔述對史貽謨的幫助看得更遠：「余年四十以後始為《考信錄》，而家計艱難，碌碌苦無暇日。幸有脫稿者，亦無人為抄錄之。自挨選得作吏闈中，歸里後尚可謀數年之食，始得陸續成稿，傭人抄錄，今且謀梓行矣。然則余書之所由成，公之功固不可沒也！」〔註95〕史貽謨的提攜不僅幫助崔述成功中了舉人，還

〔註91〕崔述：《考信錄附錄》卷一，《少年遇合記略·秦學溥》，見《崔東壁遺書》，第475頁。

〔註92〕崔述：《考信錄附錄》卷一，《少年遇合記略·史貽謨》，見《崔東壁遺書》，第475頁。

〔註93〕北皿：清代各省貢監生參加順天鄉試，分南、北、中三卷。奉天、直隸、山東、河南、山西、陝西的貢監生，謂之北皿；江南、江西、浙江、福建、湖廣、廣東的貢監生，謂之南皿；四川、廣西、雲南、貴州的貢監生，謂之中皿。皿即監字的省寫。

〔註94〕北貝：清時科舉，北闈鄉試朱卷，以滿、蒙編「滿」字號，漢軍編「合」字號，貢監生編「皿」字號，直隸編「貝」字號；又以南、北省人編為南、北、中三類。所以直隸省之生員，謂之「北貝」。貝，即「員」之省。參閱《清會典事例·禮部·貢舉錄送鄉試一》。

〔註95〕崔述：《考信錄附錄》卷一，《少年遇合記略·史貽謨》，見《崔東壁遺書》，

間接地保證了崔述以後生活的維持，使他有足夠的時間和精力撰寫《考信錄》，而不至於為家計四處奔走。因而史貽謨在崔述《考信錄》成書過程中起到了有利的推動作用。

（二）崔述自幼相交的好友與後來結識的朋友，都對崔述的成學起到了一定的作用。可能對崔述的具體學術觀點沒有直接的影響，但是在崔述學術的成型、發展等方面都起到了重要的影響。這些好友包括：朱士琬、栗太初、董公常、秦樸、紀聞歌等。

朱士琬，字松田，是朱煐之子，天資聰慧。崔述早年在朱煐署中晚香堂讀書，與朱士琬共筆硯。崔述與朱士琬的關係很好，甚相知愛，常常在一起切磋學問，崔述回憶說：「松田天資聰慧，與余甚相知愛。余歸省，或旬月未返，松田輒憶余不置；而余亦以不見松田常悒悒也。松田之隨侍至永也，以道中題詠寫寄余；余亦以入關道中所作報之。乙酉，余客京師，復作《憶舊遊》詩寄之。其後余久不會試，遂與松田音信間闊。」〔註 96〕這首《憶舊遊詩寄朱松田》詩云：

> 憶我與君惜年少，把酒晚香（堂名，在郡署東偏）乘夜涼。池中洗手弄明月，珍珠瀉落盈蓮塘。曉來卻看草亭雨，玉圍迸碎聲玎璫。自謂與君有仙骨，世人未許同翱翔。秋深老菊尤奇絕，三峰（堂東北隅有假山，上有三峰）俱戴黃金妝。「十八學士」爭索句，（是時有菊一本而十八花，花皆美盛；觀察公題之以「十八學士」云）筆墨浸漬東籬香。年年此時共歡樂，豈止一旦成參商。惆悵清原分手去，湘水茫茫蒼梧暮。湖南已恨信音稀，何況燕飛不到處。我亦漂泊風塵間，數年未得開心顏。回首舊遊如天上，惟有夢中時往還。青槐依舊當窗倚，攜手同行百花裏。共憐久別乍相逢，命僕開樽顏色喜。秋風吹寒夢易覺，覺後始知人萬里。古寺惟聞落葉聲，青燈終夜涼如水。問君南歸何日來？流光冉冉春花開；應須共醉三百杯。胸中無限磈礌語，留待松田來時吐。〔註 97〕

到了嘉慶元年（1796），崔述已經五十七歲，這才以舉人身份補選得了

第 475～476 頁。

〔註 96〕崔述：《考信錄附錄》卷一，《少年遇合記略·朱煐·朱士琬》，見《崔東壁遺書》，第 474 頁。

〔註 97〕崔述：《知非集·七言詩》，《憶舊遊詩寄朱松田》，見《崔東壁遺書》，第 760 頁。

一官，即福建省羅源縣知縣，要遠遠離開家鄉到邊遠地區上任。嘉慶三年
（1798），先師之子朱士琬（松田）來到羅源，留官署中幾個月，朱松田極
力辭歸，挽留不住，還盡力預備了盤費相贈。朱松田是他的恩師之子，又是
他幼時同學，事隔幾十年，仍然情誼相投，熱誠接待，也算對師恩有所回報
了。朱松田在崔述官署內，親眼看到了崔述為官的清廉與生活的清苦，臨別
贈崔述詩二首：

> 紫芝眉宇隔雲天，夢裏相尋數十年。萍聚海濱添我老；榻懸官
> 閣倚君憐。鴻詞重叩邊韶笥；驥足聊舒祖逖鞭。回首壯懷同一笑，
> 羈情宦況冷如泉！

> 別經三十七年餘，忽漫相逢歎老夫。竹徑快談當日事；荷亭恰
> 繪晚香圖。桑榆景暮身同健；風雨情深夢亦娛。最恨離絲終未斷，
> 翻嗟此會不如無！〔註98〕

清朝中後期的官場已經相當腐敗，做官若不貪污受賄，日子過得就相當
艱辛。這就是朱松田回憶他與崔述當年的壯志雄心，只剩相對苦笑，沒有做
官的他與做官的崔述，境遇同樣都是很淒冷的，真不如不來此處，好似夢中
那樣想像崔述一定春風得意，從而為之高興。崔述時常閱讀朱松田的臨別之
詩，他寫道：「手跡如新，履聲已遠，不知今生復能相見與否。每一臨詠，益
增愴感。」〔註99〕從這些文字中，我們可以體會出崔述對老師、對同學的感
人情義。

栗太初，河北廣平人，與崔述一同習業於朱煥署內晚香堂，「日以文章
相砥礪」，崔述比較了兩人的不同：「既而栗君成進士，多交遊，攖世務；而
余善病，且羈旅逐衣食，往往廢業。」〔註100〕乾隆三十年（1765）秋天，
崔述在京師與董公常相遇，「暢論書史者數月，歲終握別」。十二年之後，崔
述回憶道：「每讀書有會心處，輒屈指私計可與語此者惟廣平栗太初及我公
常先生二人。而太初往矣，先生又無由接坐一談。與言及此，真令人讀書之
興索然欲盡也！」又說：「安得與先生重聚數月而一證其十餘年來之所得

〔註98〕崔述：《考信錄附錄》卷一，《少年遇合記略·朱煥·朱士琬》，見《崔東壁遺
　　　　書》，第474頁。
〔註99〕崔述：《考信錄附錄》卷一，《少年遇合記略·朱煥·朱士琬》，見《崔東壁遺
　　　　書》，第474頁。
〔註100〕崔述：《無聞集》卷三，《送栗太初赴納溪任序》，見《崔東壁遺書》，第706
　　　　頁。

哉？」〔註 101〕可見，崔述特別渴望與栗太初、董公常相見，暢談所學。崔述有《送董公常南歸》七言詩一首就反映了此種情懷：

> 董公不樂居長安，飄然乘風歸故山。一杯兩杯清夜醉；千里萬
> 里明月寒。雪埋馬兮北風起，滹沱冰堅兮不聞流水。盜不知冰堅雪
> 重行路難，爲念老親思稚子。與君同鄉更同客，欲共君歸歸未得。
> 爲君今夜發清歌，明日君歸奈我何？〔註 102〕

秦樸，字苞文，秦學溥之子，山西澤州府鳳臺縣舉人，初以舉人分發直隸，署滿城縣事，後改補山東平原知縣，爲官清正廉明。未幾，以事忤逆巡撫之意，被劾罷官。後捐復〔註 103〕，「原任山東平原縣知縣，革職，援例開復原官，並歸入應補班內補用」〔註 104〕，爲湖北漢川知縣，又以事革職，被發配到伊犁。乾隆五十七年（1792）冬，崔述在北京遇到秦樸的從弟，得知秦樸謫限將滿，有希望赦還，於是作書寄給他，詢問情況。崔述與秦樸關係甚好，「樸與余締布衣交（俗謂之換帖）」，「換帖」即結拜之意。「與余交，數恤余急，且規余過，古人忠告通財之義蓋兼有之，余深感焉」，可見他對崔述的幫助和鼓勵。後秦樸卒於伊犁，崔述感慨道：「每憶良朋，不勝傷感也！」〔註 105〕足見他們感情之深厚。

紀聞歌，字東川，內黃人，乾隆三十一年（1766）二月，崔述兄弟在北京與紀聞歌相遇。乾隆三十三年（1768），紀聞歌與崔述同館於武安，兩人相得甚歡，有時杯酒相往來。他向崔述索取古文，得見《封建論》二篇、《治漳策》一篇，這三篇文章現已佚失。紀聞歌看後，對崔述的才情和詩句大加讚賞：

> 纏纏數千言，如海如潮，具徵實濟，深服其爲古文聖手。最後
> 出詩稿一冊，五七言，長短句，古體居多。余讀之，如望衡山之雲，
> 如觀滄海之水，緲冥變幻，不可名狀。
>
> 故其爲詩也：渾浩流轉，疏落磅礴，沉鬱痛快，蘊藉風流，無

〔註 101〕崔述：《無聞集》卷三，《與董公常書》，見《崔東壁遺書》，第 705 頁。
〔註 102〕崔述：《知非集・七言詩》，見《崔東壁遺書》，第 760 頁。
〔註 103〕即捐銀恢復受處分降革的原官。清代的一種弊政。
〔註 104〕秦國經主編：《清代官員履歷檔案全編》二一，華東師範大學出版社，1997年，第 552 頁。
〔註 105〕崔述：《考信錄附錄》卷一，《少年遇合記略・秦學溥・秦樸》，見《崔東壁遺書》，第 475 頁。

> 體不備，無美不具；雖不曰「得屈、宋作衙官」，已駸駸乎登李、杜、
> 韓、蘇之堂而咀其胾矣。〔註106〕

這些生動形象的描述，反映了紀聞歌對崔述的追捧和欣賞。崔述館於武安時，曾自編古唐體詩《弱弄集》。此年八月初六日，紀聞歌為此《弱弄集》作序，現收錄在《崔東壁遺書》中。乾隆三十三年崔述作《九日與紀東川登儒山，兼以誌別》一詩，九月間離開武安回家。

　　戚學標（1742～1825），字翰芳，號鶴泉，太平縣澤國（今溫嶺市澤國鎮）人，乾隆五十九年（1794）任河南涉縣知縣，與崔述所在地直隸大名府魏縣相距較近。他曾與崔述往來書信，對三代經界問題進行了探討。他對崔述的分析給予了肯定和讚賞，認為：「唯先生更詳之！」〔註107〕戚學標的信後由鄧實〔註108〕從其墨迹中錄出兩篇，分別為《復崔東壁論三正及經界書》、《再與崔東壁論經界書》，刊登在《國粹學報》第八十二期上，後又被收錄在顧頡剛《崔東壁遺書》中。

四、弟子的追隨與奉獻

　　崔述的弟子，屈指可數，今可知者四人：陳履和、黃文治、邊印金、張自新，他們都深知師術。後三人事迹無多，但從少許書信、詩歌來看，尊師、崇學，也同樣溢於言表。對崔述學術事業貢獻最大的是陳履和。作為崔述的弟子，他為恩師的學術著述傾注了一生的心血。

　　陳履和（1761～1825），字介存，一字海樓，雲南石屏人，舉人，與崔述之師朱煐是同鄉。陳履和稟性固執，「負性硜硜，不與人妄通一刺」〔註109〕。他少年時就在家鄉聽到朱瑛講過賞識崔述才華的話，又看到崔述給朱煐寫的墓誌，於是對崔述非常仰慕。乾隆五十七年（1792）秋，五十三歲的崔述在北京待選時，遇到在北京參加會試的陳履和。陳履和「嗜學好古，所為文往往能抉前人舛誤」〔註110〕，通過向崔述索書，「得讀《洙泗》、《補上古》兩

〔註106〕崔述：《知非集·〈弱弄集〉舊序》，見《崔東壁遺書》，第 750 頁。

〔註107〕戚學標：《復崔東壁論三正及經界書》，見《崔東壁遺書》，第 1053 頁。

〔註108〕鄧實（1877～1951），字秋枚，別署枚子、野殘、雞鳴、風雨樓主，廣東順德人，清季廩生，近代社會活動家、藏書家。與章太炎等刊行《國粹學報》，曾搜集焚毀書目刊於《國粹叢書》。致力於傳播進步思想，撰有《風雨樓書目》、《風雨樓題跋》，均刊於《國粹學報》。

〔註109〕陳履和：《崔東壁先生行略》，見《崔東壁遺書》，第 941 頁。

〔註110〕崔述：《考信錄附錄》卷一，《附錄·贈陳履和序》，見《崔東壁遺書》，第 477

錄，和《三正》、《禘祀》兩通考」〔註111〕，讀後極爲崇拜其學識，並寫信說：「旬月以來，捧讀大著，辨古書之眞僞，折群言之是非，期於尊經明道，無所淆亂而後已，比於武事，可謂敵愾禦侮之師。雖以和之下愚，亦使之昭然發蒙，略辨黑白，生平謁見所及，一人而已。」〔註112〕於是，託他的朋友朱弈簪（字笏山）介紹，決定拜崔述爲師。崔述「乃辭之者屢。而介存意堅不可移」〔註113〕，遂結爲師徒，在京師僅相聚兩個多月，二人相視如父子。此年十二月，崔述回魏縣，在分別之際，陳履和獻詩四首，其中之一云：「滇雲歸未得，留此竟天心。要使風塵客，得聞金玉音。黃鍾開大夢；白日散窮陰。不奉先生教，安知迷誤深！」〔註114〕可見，崔述對陳履和教育及指點的影響之大。自這次別離，陳履和沒有再見過恩師崔述。崔述是十分期待再次見到陳履和的，他曾說：「余將於介存乎是望，而如余者復何足爲芥蔕哉！倘異日天假之緣，使余得與介存聚處數載，以余之所窺及其所未窺，相與講明而切究之，以償其平生之願，以求萬一之有幾於道，則余雖貧且病以老，其亦可以無憾也夫！」〔註115〕陳履和在總結自己一生之時說：「鄉舉以來，奔走垂三十年，所得惟一師耳。」〔註116〕從此，陳履和改變了自己的人生追求，將傳播恩師的學說作爲一生最大的願望，他在各處刻印《考信錄》的各個部分，不遺餘力，其學力、財力、精力大都投入到刻印崔述《考信錄》之中。

乾隆六十年（1795），陳履和的父親陳萬里中進士，嘉慶二年（1797）被任命爲江西豐縣知縣。陳履和隨從其父在官署，當年就刊刻手頭所有的崔述著述四種。〔註117〕嘉慶二年五月十日，他在爲刊刻的四種著述寫的跋文中說：「乾隆五十七年，履和拜先生於京邸，固請，得爲弟子。先生授所著書數種。

頁。
〔註111〕 胡適：《科學的古史家崔述》三，《崔述的年譜下》，見《崔東壁遺書》，第 989 頁。
〔註112〕 崔述：《考信錄附錄》卷二，《附陳履和刻書始末・客京師時致書》，見《崔東壁遺書》，第 481 頁。
〔註113〕 崔述：《考信錄附錄》卷一，《附錄・贈陳履和序》，見《崔東壁遺書》，第 477 頁。
〔註114〕 崔述：《考信錄附錄》卷二，《附陳履和刻書始末・送別詩四首》，見《崔東壁遺書》，第 482 頁。
〔註115〕 崔述：《考信附錄》卷一，見《崔東壁遺書》，第 477 頁。
〔註116〕 陳履和：《三代考信錄陳序》，見《崔東壁遺書》，第 106 頁。
〔註117〕 即《洙泗考信錄》、《補上古考信錄》、《三正異同通考》、《經傳禘祀通考》。

既歸，復賜之序，所以開示化誨甚至。於今六年矣，南北奔走未嘗不與是書偕也。履和竊惟先生之書考古必確，析理必精，或獨申己見，或更暢前說，要天下之公言，非一人之私論。因以所鈔《補上古考信錄》三卷、《洙泗考信錄》六卷、《經傳禘祀通考》一卷、《三正通考》一卷，付諸剞劂。他著作未及鈔者，俟異日重刻焉。」〔註 118〕後陳履和致信崔述，言其刊刻著述事，崔述於次日回信表示書稿未定，還要修改，信中說到：「《補上古》及《洙泗》兩考信錄，近已多所更定；乃吾介存竟以舊本梓，令人駭絕。是彰吾過於天下耳，豈愛我乎！朱子將易簀時，猶改《誠意章注》，何況吾輩庸人。王右軍一點一畫失所，輒若眇目折肱。愚亦同有此癖，存介何不相諒也！『如是則《堯舜》以下諸錄安敢復令介存見。』望介存於已刊者，勿印；未刊者，停刊。『已印送人者，索還；未送人者，棄。』俟有定本，再行奉寄，亦不為遲也。『不然，俟吾終身以後，盡以託吾介存刊之，又何患焉。』」〔註 119〕但古時書信往來遲延時日，阻止刻書之信未到，書已刻印完成，崔述收到了陳履和的來信和幾十部樣書，來信稱：「茲先生書四種俱已刻竣，謹先印數十部寄呈。先生之書不待序而傳，而非其人亦不可序，故不敢妄求人序。履和謹附數語於後，以識得師之幸及刻書年月而已。所呈本有已改正而後印者，有未及改正而先印者，書中恐尚有誤，並祈示知。履和質劣心亂，不能讀先生之書，竊欲使天下能讀之士皆得受而讀之。伏祈將全集寄賜，俾得次第付梓，不勝大幸！」〔註 120〕崔述又於嘉慶二年八月回信囑咐說：「月前接手書，及書樣數紙，即裁覆，並力阻刻書之事；從令親棠村先生處轉寄西江矣。不料魚雁相左，前字未達，而書已送至。接閱手書，深為駭歎。以未成之書遽爾問世，貽人笑柄，奈何奈何！《禘祀》、《三正》二考，尚略可自信；至《考信錄》二種，則猶大須改正。乃今既亦如此，更無方計。惟望介存於未送人者，中止；已送人者，取回，悉行焚去。如必不肯焚，或於總分標題處悉加『未定稿』三字，其中大可議者易一葉，即愛我之至矣。……餘書雖都攜來，然殊不敢自信。前在都時，作有《經界考》，俟稍暇當抄寄。然恐又付之梓，則

〔註 118〕崔述：《考信錄附錄》卷二，《陳跋三則·初刻〈上古〉、〈洙泗〉二錄〈正朔〉、〈禘祀〉二考跋》，見《崔東壁遺書》，第 480 頁。

〔註 119〕崔述：《莪田賸筆殘稿·與陳存介履和》第一簡，《丁巳五月羅源寄》，見《崔東壁遺書》，第 806 頁。

〔註 120〕崔述：《考信錄附錄》卷二，《附陳履和刻書始末·自南昌寄羅源書摘略》，見《崔東壁遺書》，第 482 頁。

不如其已耳。」〔註121〕接到崔述之信後，陳履和再致信崔述：「去歲差旋，得讀老夫子大人先後來書，諄諄以刻書爲過舉，仰見虛懷謙德非末學後生所能窺見，惘然自失者久之。既又念先生之書即果有一二條未定處，而使海內承學之士相與考訂而商論之，未始非先生之所願也。」〔註122〕並且向老師搜求著述，表示以後修改也無妨，將來再重新刻印。由此可知，陳履和爲刻印恩師的著述、傳播恩師的學問盡了自己最大的努力，一片赤誠之心爲後人所稱頌。

崔述「五十以後，頗有所論著，後進中推轂余者惟陳介存履和。」〔註123〕嘉慶六年（1801），陳履和有書信稱：「伏念吾師窮年著作，非徒一人一時之私論，而庭前尙未有讀其書者。古人師弟視猶父子，卒業校字責有攸歸。敢求全集而藏之，爲吾師存此書，爲天下後世人存此書，此履和區區之私，而不敢不再請於吾師者也！」〔註124〕嘉慶十年（1805），陳履和重刻《洙泗考信錄》等，此年內，崔述撰著成《考信錄》全書。嘉慶十三年（1808），陳萬里卸任，欲經南昌回家鄉，在南昌逗留期間，陳履和又刻《唐虞考信錄》，撰跋文稱：「先生視履和猶子也，履和事先生不敢不猶父也！凡書之成而未見，見而未刻者，其敢不盡心焉！署中碌碌少暇，故三鋟先生書皆在南昌間居之日。自今以往，則又不患無暇而患無力矣。『有志者事竟成』，況諸書顯晦頗關經史大綱，天下之公言也，天下之公事也，非師弟子一二人之私也，終勉之而已！」〔註125〕這時陳履和父親失官，境況大變，但仍然堅持刻行師書，矢志不移。可從陳履和給崔述歷次書信之中的部分話語窺見一斑：

第念先生之書，先生不宜終以自私，而校字之責實受業者所不得辭。

功名富貴，百念灰冷，唯有登先生之堂，刻先生之書，此志畢

〔註121〕崔述：《菽田賸筆殘稿・與陳存介履和》第二箚，《丁巳八月羅源寄》，見《崔東壁遺書》，第 806〜807 頁。
〔註122〕崔述：《考信錄附錄》卷二，《附陳履和刻書始末・自南昌寄羅源書摘略》，見《崔東壁遺書》，第 482 頁。
〔註123〕崔述：《考信錄附錄》卷一，《附錄・贈陳履和序》，見《崔東壁遺書》，第 477 頁。
〔註124〕崔述：《考信錄附錄》卷二，《附陳履和刻書始末・自廣豐寄羅源書摘略》，見《崔東壁遺書》，第 483 頁。
〔註125〕崔述：《考信錄附錄》卷二，《陳跋三則・刻〈唐虞考信錄〉跋》，見《崔東壁遺書》，第 481 頁。

生以之！一旦獲遂，則履和此生可以無憾！

　　凡吾夫子之書，履和能刻則刻之，不能則守之，有賢子弟、良
友朋則共傳之。〔註126〕

　　嘉慶二十年（1815），崔述自定全集八十八卷，九月二十二日作遺囑，令
妾保存書稿於家，等陳履和來取。次年二月逝世，享年七十七歲。閏六月十
六日，陳履和來探望，此時距離崔述去世已有六個月的時間。陳履和「謹稽
首柩前，受遺書。手澤淋漓，不敢注視」〔註127〕，並下定決心刻印師書，「謹
再拜柩前，奉以如京，將次第刻焉以永其傳」〔註128〕。之後，入京遴選，任
山西太古縣令。嘉慶二十二年（1817）二月，陳履和在縣令任上，仍堅持刻
印崔述的遺著，他認為刊刻恩師的遺著是盡一個徒弟的職責：「夫古人事師，
有左右而就養者矣，有數百里而負笈者，有千里而奔喪者矣，有棄官而行服
者矣；今皆未能，計唯有早刻全書，公諸天下，以稍盡弟子之職。」〔註129〕
楊道生在《〈崔東壁先生遺書〉題詞》中用詞句記述了這一過程：「陳侯志節
特高亮，蹤跡與世恒殊軌；一見先生京邸間，翻然即席稱弟子。春風兩月各
天涯，惟有閩中差密邇。西江又復侍親遠，從此滇南八千里。相見無期眷益
深，可知廿載情何已。及至閩關抵魏都，叩門問訊先零涕，蕭條一室書九函，
先生沒已六月矣！可憐承嗣尚無人，傳之其人又推委！明年太谷甫開鑴，衛
恤南歸輒中止。感此忡忡又有年，及今始克重雕梓。」〔註130〕八年之後基本
刻竣。至道光五年（1825），陳履和卒於浙江東陽縣任上，死後「宦囊蕭然，
且有負累；一子甫五齡，並無以為歸計」〔註131〕，家屬都已經無盤費歸鄉。
此情感動了署金華府知府蕭元桂，他與陳履和之弟商量將幾十大箱的崔述著
述書版留存於官署，並與金華各縣知縣協商募捐，作為刻書之資，交陳履和
家屬用以歸鄉。可見，陳履和是用自己的錢作為刻印恩師之書的費用，還背
上了債務。這才使得崔述的學術得以流傳於後世。蕭元桂感歎道：「樓一見是
書，執弟子禮甚恭，前後刊刻不少懈。刊既成，亦遂謝世。天若特生崔君使
成是書，又若特生陳君使傳是書，事非偶然者已！」〔註132〕清道光進士張維

〔註126〕崔述：《考信附錄》卷二，見《崔東壁遺書》，第482～485頁。
〔註127〕陳履和：《崔東壁先生行略》，見《崔東壁遺書》，第944頁。
〔註128〕陳履和：《三代考信錄陳序》，見《崔東壁遺書》，第105頁。
〔註129〕陳履和：《崔東壁先生行略》，見《崔東壁遺書》，第944頁。
〔註130〕楊道生：《〈崔東壁先生遺書〉題詞》，見《崔東壁遺書》，第924頁。
〔註131〕蕭元桂：《〈崔東壁先生遺書〉序》，見《崔東壁遺書》，第924頁。
〔註132〕蕭元桂：《〈崔東壁先生遺書〉序》，見《崔東壁遺書》，第924頁。

屏在《松軒隨筆》中說：「凡先生所著書，履和一人刊行之。先生之書不朽，履和爲弟子，其篤於師弟之誼若此，亦當附之以不朽矣。」〔註133〕

崔述的著作不至於淹沒而傳世，且終於在近代中國與世界備受推重，彰顯於天下，這首先應當歸功於陳履和。著名學者胡適曾讚揚說：「崔述與陳履和相聚只有兩個多月，以後他們就沒有見面了。兩月餘的相逢，發生了三十多年的相敬愛，成就了百餘年的學術淵源：這一段很美的故事是很能使後世讀者感動懷念的。」〔註134〕當代著名的史學家、教育家洪業說：「崔東壁竭四十年之力以著書，稿必屢改而後定。陳介存竭一生之力，罄一家之財，以爲其師刻書，前後創刻、重刻、修刻，而未竟其志以死，蓋學術史中僅見之事。」〔註135〕日本學者那珂通世曾在其撰寫的《考信錄解題》一文中指出：「東壁歿後，陳履和因東壁遺言，承受其全部遺書，俾以公之於世；但刊刻未終，陳氏遽歿於東陽縣署，殊堪痛惜！東壁四十年心力所專注之《考信錄》四十六卷，得以一字不遺而傳於斯世者，皆陳氏之功也。」〔註136〕日本學者內藤湖南也對此記載道：「雖說是久居鄉村的官吏，但在當時還是有人信服他的。崔述雖是直隸大名人，但其門人中有雲南陳履和這樣篤志之人。此人僅僅在北京與崔述見過一面，此後直至崔述沒世的二十餘年間未得謀面，陳履和佩服崔述所論，在非常困難的情況下彙集了崔述的著述予以出版。即《崔東壁先生遺書》。爲此陳履和在南方爲官任上死時尚有借債，以致其家屬無法回歸鄉里，地方上的有志者爲醵資將此書的印刷板留在了任職之地，使其家屬得以返回故鄉。」〔註137〕陳履和對崔述遺書的刻印可謂嘔心瀝血，其事迹乃是感人肺腑的千古佳話。

崔述其他弟子的事迹無多，現材料僅存者如下。

黃文治，福建羅源人，是崔述的受業門人之一，他回憶道：「媿余椎魯資，曾立程門雪」〔註138〕。嘉慶元年（1796）正月，崔述選得福建羅源縣

〔註133〕張維屏：《國朝詩人徵略》卷三五，中山大學出版社，2004年，第960頁。

〔註134〕胡適：《科學的古史家崔述》三，《崔述的年譜下》，見《崔東壁遺書》，第989頁。

〔註135〕洪業：《崔東壁書版本表》，見《崔東壁遺書》，第931頁。

〔註136〕〔日〕那珂通世著、於式玉譯：《〈考信錄〉解題》，見《崔東壁遺書》，第928～929頁。

〔註137〕內藤湖南著、馬彪譯：《中國史學史》，第307頁。

〔註138〕崔述：《考信錄附錄》卷二，《贈詩‧送東壁先生歸大名》，見《崔東壁遺書》，第479頁。

知縣，並於七月十三日到任，三日後下學講書。崔述信奉孟子的好善之論，認為「夫惟好善，是以人得各盡其言，各效其能，無他道也」。於是命黃文治講《孟子》之《魯欲使樂正子為政》一章，「由是一縣之人皆知余意所在，多有以善言告余者，以故政事幸無大失」。後崔述回大名之時，黃文治以詩為崔述送行，其中言到：「春風坐諸生，命講樂正克。『好善天下優』，微言括治術。」崔述不無感慨地說：「信乎孟子之言之可以終身行之而不盡也！」〔註139〕黃文治對恩師的學問和成就也大為讚賞：「經史踵訛謬，真贗久莫別。正學雜異端，聖賢事荒忽。卓哉《考信錄》，千古鴻濛闢！」「先生自不朽，徒勞繪日月」。〔註140〕可見，「這個學生也受了崔述的陶冶而已能識得崔述。」〔註141〕

　　邊印金也是崔述的受業弟子，現《崔東壁遺書》中收錄有《附邊印金書》，其中反映了他對崔述學術的崇拜和嚮往。他說：「印生二十有五年矣，雖好窺覽古籍，每病善忘，絕無所得，二十餘年盡成虛度。常欲得一如古大儒者北面事之，久之無所遇。到彰後，見小市有鬻故書者，或理學格言，或才人著作，輒謀買以歸，如得拱璧，熟閱之不忍釋手。天下賞心快事孰有加於此者乎！」直到他遇到恩師崔述，「印自謁吾師於鄴城，拜於門下，見其同乎古，不宜乎今，合乎道而違乎俗，不禁始而訝，繼而疑，終而恍然於天之愛道，不令大儒絕迹宇內，致聖道之失傳，殆生是人焉而陰寄之乎！是以吾師本所學而達於政，未盡所長，退欲就刪述之業，於帝王大經大法，聖賢軼事名言，考證詳明，辨別精當，令偽者不得以亂真，而非者不誤以為是，其功在後世者又近世諸儒之所未逮也！平湖陸子安得不幸繼起有人為虛左以待之哉！」邊印金對恩師崔述之學大加讚賞，也為能受業於崔述感到很幸運：「印之不肖，亦竟得附於門下，然則昔日之把卷沉吟者，今竟得覿面相質於几席間也！昔日之望古遙集，恨不同時者，今竟得瞻其丰采而親其謦欬也！」同時他又為與恩師離別而倍感憂傷和惋惜：「惜乎印癡鈍無知，不能領略；以舉業之牽，不獲晨夕侍側，常承雅訓，得以稍窺萬一。今又不久叩別，天

〔註139〕崔述：《孟子事實錄》卷下，《附錄・樂正子・好善與為政》，見《崔東壁遺書》，第 431 頁。
〔註140〕崔述：《考信錄附錄》卷二，《贈詩・送東壁先生歸大名》，見《崔東壁遺書》，第 479 頁。
〔註141〕胡適：《科學的古史家崔述》三，《崔述的年譜下》，見《崔東壁遺書》，第 1001頁。

－65－

各一方。嗟乎，豈吾師弟之緣遽止於此乎？抑人生之離合亦有定數而不可強耶？興言及此，惟有仰天長歎，令人輒喚奈何耳！」邊印金也曾有過爲恩師刊刻著述的想法：「謹將所受數卷藏於篋笥，俟他年邀天之幸，叨列科名，得以進步，定赴大名取先生所未刻出者付之剞劂，並附印名於下，藉以俱傳，其榮多矣。豈讓陳子介存專美於前耶！印於吾師所著書，既不能有所發明而能令後世知苦心孤詣之所在，即稍釋前此之恨，亦聊盡弟子之心，亦可無憾。」〔註142〕但最終卻被陳履和所刊刻，而邊印金對恩師之學的深知可以想見。

　　張自新，張鄉學人，乾隆五十四年（1789）欽賜副榜，是崔述的門人之一。在嘉慶七年（1802）四月崔述給張自新的信中說到：「辛酉臘盡，讜言至閩中，得接汝字，並悉近況平安，慰甚。所言嶺南諸處田房，具見留心，又喜甚也。我於十月十二日卸事，十一月半交代已清。因到省領咨時，需索過多，是以延至正月十七日始得起身。又因路途軥閣，至三月初九日始自杭州北行，過黃河後尚須進京，大約五月半方能到家也。花園莊、盧村二處皆好。我作宦不愛錢，所以宦囊甚薄，止可如此打算。若大產業，則力所不能矣。所說府城之房，尤爲良策，然總須到家一看，當面酌定也。但我又有慮者，人情風土非一過所能知，住之數月，然後可見。且即使鄉俗淳良，而既無宗族，又無親戚，若非有二三東家學生相與維持，亦未免於孤而難立。所以我意仍欲往西處館，但可有館有房，不必計其束脩。富者隨其自便，願送柴米者，聽之，不拘數；送銀錢者，一概不收；貧者銀米俱免送。若汝與讜言來者，並不須自備火食，與我同食可也。惟幼學則斷斷不收，雖千金亦不肯教也。我雖曾出仕，然自奉無異在家時。切不可謂如今局面大，與前不同。我若愛大局面，又何必辭官歸家乎！便中汝可先爲留意，待我歸後，面商可也。」〔註143〕可見，師徒二人的感情很深。

　　除了這些弟子之外，寧州劉大紳（1742～1828）讀了陳履和寫的《大名崔東壁先生述行略》之後，感歎道：「竊歎先生以北方大儒，得一弟子於古梁之南，以書授之，而道遂傳於天下，師弟子之遇合固非偶然間事也！」同時，他指出，陳履和在乾隆五十七年（1792）就拜崔述爲師，而自己在乾隆六十年（1795）就與陳履和結友，在這四年之內陳履和得到恩師傳授之書數種，

〔註142〕崔述：《考信錄附錄》卷二，《附邊印金書》，見《崔東壁遺書》，第486頁。
〔註143〕崔述：《莇田賸筆殘稿‧道中與門人張自新（嘉慶七年四月寄）》，見《崔東壁遺書》，第812頁。

但卻從未向自己提起：「使海樓一爲紳言之，則自乙卯以至丙子先生卒之日且二十年，紳雖老且愚，尚能負笈及先生之門，此二十年中豈不當與海樓共爲先生弟子哉！」〔註144〕表達了未能成爲崔述弟子的深深遺憾。

　　總之，崔述生活於清乾嘉時期，其學術敢於疑古，當時整個宏觀學術大環境對其學術研究是不利的，但是，卻有一個良好的微觀文化環境，包括親屬的支持與鼓勵，使他有一個學術味很濃的家庭氛圍；恩師的教育與賞識，使他在學術上有所精進；官吏和友人的提攜與幫助，使他得以克服在學術和生活中遇到的困難；弟子的追隨與奉獻，幫他刻印遺書，使之留存於世。胡適在《科學的古史家崔述》一文中說：「崔述少年時遇朱焜，得他的幫助，方才有讀書的機會；晚年時遇陳履和，結師弟之誼，履和犧牲一切，替他刊刻遺書，他的著作始得保存於世。這兩個人都是雲南的南部石屏州人，離大名縣萬餘里：這眞可算是一段遇合奇緣了！」〔註145〕在良好小環境的支持下，崔述得以將自己的學術研究進行下去，著述得到刊刻，終於在百年之後名聲彰顯。

〔註144〕劉大紳：《崔東壁先生行略跋》，見《崔東壁遺書》，第945頁。
〔註145〕胡適：《科學的古史家崔述》二，《崔述的年譜上》，見《崔東壁遺書》，第962頁。

第三章　崔述先秦史著述的
　　　　成果及特點

　　中國早在上古時期，就出現了對史學的疑古、考信、辨偽活動。至唐宋以降，劉知幾、柳宗元、啖助、歐陽修、司馬光、鄭樵、朱熹、王應麟、宋濂、梅鷟、胡應麟、閻若璩、姚際恒等思想家和史學家，都做過相關研究。崔述生值乾嘉考據時期，一生僅爲官六年，後終其一生致力於先秦史的考釋，其學術以疑古爲主要特色，對以往先秦史的研究進行了分析和梳理，「成爲我國疑古主義史學上承先啓後的樞紐人物」〔註1〕，在考辨古史方面成果斐然。

第一節　崔述畢生著述的成果

　　崔述的先秦史考辨經歷了一個著述的歷程，其一生著述頗豐，這從他自己所修訂的目錄中可窺見一斑。

一、崔述著述的篇目及刊刻情況

　　嘉慶二十年（1815），崔述自訂全集八十八卷《總目》，並作遺囑說：「吾生平著書三十四種，八十八卷，俟滇南陳履和來親授之。」〔註2〕可知，崔述著書共三十四種、八十八卷，共包括《考信錄》三十六卷、《雜錄》十六卷、《文集》十六卷、《志》四卷、《存箧書》四卷、《餘編》六卷、《贅編》六卷，最終刻成十九種、五十四卷。另外十五種、三十四卷沒有刻成，今已亡佚。

〔註 1〕　路新生：《中國近三百年疑古思潮研究》，上海人民出版社，2001 年，第 285 頁。
〔註 2〕　陳履和：《三代考信錄陳序》，見《崔東壁遺書》，第 105 頁。

崔述著述的撰寫和刊刻經歷了一個過程，根據其自訂的全集目錄，現將其篇目及刊刻情況簡介如下：

第一，《考信錄》三十六卷包括《前錄》四卷、《正錄》二十卷、《後錄》十二卷。

《前錄》：《考信錄提要》二卷，分爲釋例、總目兩部分，闡發了撰寫《考信錄》的體例和目的。道光二年（1822），陳履和於北京刊刻完成，現存版本爲遺經樓藏壬午刻定本。《補上古考信錄》二卷，考辨唐虞之前傳記中可信的事實。嘉慶二年（1797）四月，陳履和於南昌刊行了映薇堂藏丁巳初刻本，後又在道光二年（1822）於北京刻成遺經樓藏壬午刻定本。

《正錄》：《唐虞考信錄》四卷，內容爲考堯舜時之史事。陳履和於嘉慶十三年（1808）六月、道光二年（1822）先後進行了兩次刊行，地點分別在南昌和北京，即現存的映薇堂藏戊辰初刻本、遺經樓藏壬午刻定本。《夏考信錄》二卷，考辨夏朝之史事，後面附考皋陶事。嘉慶二十二年（1817），陳履和在太谷進行了刊印，即現存的太谷縣署陳氏藏丁丑刻定本。《商考信錄》二卷，考商代之事，自契至紂，並附考辨伊尹事。嘉慶二十二年，陳履和刊行於太谷，現存太谷縣署陳氏藏丁丑刻定本。《豐鎬考信錄》八卷，詳考后稷、公劉、文王、武王、周公至幽王的事迹，並附考泰伯、虞仲、伯夷、叔齊之事。由於考辨之事止於幽王時，故名爲《豐鎬考信錄》，而不稱爲《周考信錄》。陳履和於嘉慶二十二年刻成太谷縣署陳氏藏丁丑刻定本。《洙泗考信錄》四卷，詳考孔子生平事迹。先後刊行了四次，前兩次爲陳履和分別於嘉慶二年（1797）四月、嘉慶十年（1805）二月在南昌刊行的，即爲現存的映薇堂藏丁巳初刻本、映薇堂藏乙丑修刻本；第三次爲孔廣沆於嘉慶二十三年（1818）刊行的太谷孔氏藏戊寅刻定本；第四次爲陳履和於道光四年（1824）在東陽刊刻的金華府學藏甲申重刻定本。

《後錄》：《豐鎬考信別錄》三卷，考辨西周的政事經制，如經傳無正文、不以年世分系、未詳待補釋的內容。道光四年（1824），陳履和在東陽刊刻此書，即金華府學遺書藏甲申刻定本。《洙泗考信餘錄》三卷，對孔子門人的事迹進行考察，糾正《史記》、《孔子家語》等書的謬誤。崔述於嘉慶十四年（1809）在彰德刊刻此書，即崔述家藏聚珍版定本。後道光四年，陳履和在東陽又重刻此書，即爲金華府學遺書藏甲申重刻定本。《孟子事實錄》二卷，對孟子之事進行考辨，以糾正以往史書記載的謬誤之處。道光二年

（1822），陳履和在北京刻印此書，今爲遺經樓藏壬午刻定本。《考古續說》二卷，對《考信錄》內容的補充，也有對古書的考論。陳履和於道光四年在東陽刻印金華府學藏甲申刻定本。《考信附錄》二卷，考辨崔述的先世、師友、門生的事迹以及《考信錄》的刊刻情況。道光四年，陳履和在東陽刊行金華府學藏甲申刻定本。

　　第二，《雜著》十六卷包括《考信翼錄》十二卷、《五服異同彙考》三卷、《易卦圖說》一卷。

　　《考信翼錄》：《王政三大典考》三卷，考辨三代秦漢的文物典制，包括《三代正朔通考》、《經傳禘祀通考》、《三代經界通考》各一卷。《三代正朔通考》在嘉慶十年（1805）、嘉慶十一年（1806）、道光四年（1824）被刊行了三次，即陳履和於南昌刻印的映薇堂藏乙丑修刻本、崔述在彰德刻印的崔述家藏丙寅初定本、陳履和在東陽刻印的金華府學藏甲申刻定本。《經傳禘祀通考》也於嘉慶二年（1797）四月、嘉慶十年、道光四年被刊行了三次，即陳履和在南昌刻印的映薇堂藏丁巳初刻本、映薇堂藏乙丑重刻本、在東陽刻印的金華府學藏甲申刻定本。《三代經界通考》則被刊行了四次，崔述於嘉慶六年（1801）在羅源、陳履和於嘉慶十年在南昌、崔述於嘉慶十一年在彰德、陳履和於道光四年在東陽分別進行的刊行工作，即爲今存的羅源縣署崔述藏辛酉補初刻本、映薇堂藏乙丑重刻本、彰德崔述丙寅修刻本、金華府學藏甲申刻定本。《讀風偶識》四卷，是崔述對《詩經》的通論和對《國風》各篇的解說。道光四年，陳履和於東陽刊刻此書，即金華府學藏甲申刻定本。《古文尚書辨僞》二卷，以大量證據證明所謂的《古文尚書》是僞尚書，而所謂的《今文尚書》則是孔壁的《古文尚書》。道光四年，陳履和於東陽刊刻此書，即金華府學藏甲申刻定本。《論語餘說》一卷，是除《洙泗考信錄》及《洙泗考信餘錄》外，崔述對孔子言行和《論語》的見解，後附論《孟子》。道光四年，陳履和於東陽刊刻此書，即金華府學藏甲申刻定本。《讀經餘論》二卷，未刊行。

　　《五服異同彙考》：論述喪葬服制，包括古經的喪服、沿革及其得失。道光四年（1824），陳履和於東陽刊刻此書，即金華府學藏甲申刻定本。

　　《易卦圖說》：是崔述讀《易》的心得體會，並配有圖譜以佐證其觀點。道光四年（1824），陳履和於東陽刊刻此書，即金華府學藏甲申刻定本。

　　第三，《文集》十六卷包括《正編》八卷、《別編》五卷、《附編》三卷。

《正編》:《知非集》三卷,是中年以前的崔述作的詩集,共有三首賦、二百首詩,後又刪其三十,未及刊行,現存過渡稿本。《無聞集》五卷,是中年以前的崔述作的文集,包括策、議、論、辨、書、序、記、行狀、祭文等文體。道光四年(1824),陳履和於東陽刊刻此書,即金華府學藏甲申刻定本。

《別編》:即《小草集》五卷,是崔述在福建做官時的存稿,未刊行。

《附編》:《細君詩文稿》一卷,是崔述夫人成靜蘭的詩文稿,未刊行,現存抄本的《二餘集》。《菢田贅筆》二卷,為崔述的詩文拾遺,亦未刊行,現存殘稿。

第四,《志》四卷包括《桑梓文獻志》二卷、《水木本源志》二卷,均未刊行。

第五,《存篋書》四卷包括《大怪談》一卷、《桑梓外志》二卷、《涉世雜談》一卷,均未刊行。

第六《餘編》六卷包括《菢田雜錄》二卷、《菢田瑣記》二卷、《菢田綴語》二卷,均未刊行。

第七,《贅編》六卷包括《見聞雜記》四卷、《知味錄》二卷,均未刊行。

以上對崔述《考信錄》所含的篇目及各篇目的刊刻情況進行了簡要介紹,下面擬對《考信錄》的內容做具體分析。

崔述著作共三十四種、八十八卷,刻成十九種、五十四卷。以下列表是崔述在自訂全集目錄中擬定的書目:

表 3.1　崔述著述細目表

總　目	分　目	書　　名	主持刊刻　者	時　間	地點	版　本	刊　刻結　果
《考信錄》三十六卷十二種	《前錄》四卷	《考信錄提要》二卷	陳履和	道光二年(1822)	北京	遺經樓藏壬午刻定本	刊行
		《補上古考信錄》二卷	陳履和	嘉慶二年(1797)	南昌	映薇堂藏丁巳初刻本	刊行
			陳履和	道光二年(1822)	北京	遺經樓藏壬午刻定本	刊行
	《正錄》二十卷	《唐虞考信錄》四卷	陳履和	嘉慶十三年(1808)	南昌	映薇堂藏戊辰初刻本	刊行
			陳履和	道光二年(1822)	北京	遺經樓藏壬午刻定本	刊行

				陳履和	嘉慶二十二年（1817）	太谷	太谷縣署陳氏藏丁丑刻定本	刊行
		《夏考信錄》二卷		陳履和	嘉慶二十二年（1817）	太谷	太谷縣署陳氏藏丁丑刻定本	刊行
		《商考信錄》二卷		陳履和	嘉慶二十二年（1817）	太谷	太谷縣署陳氏藏丁丑刻定本	刊行
		《豐鎬考信錄》八卷		陳履和	嘉慶二十二年（1817）	太谷	太谷縣署陳氏藏丁丑刻定本	刊行
		《洙泗考信錄》四卷		陳履和	嘉慶二年（1797）	南昌	映薇堂藏丁巳初刻本	刊行
				陳履和	嘉慶十年（1805）二月	南昌	映薇堂藏乙丑修刻本	刊行
				孔廣沅	嘉慶二十三年（1818）	太谷	太谷孔氏藏戊寅刻定本	刊行
				陳履和	道光四年（1824）	東陽	金華府學藏甲申重刻定本	刊行
	《後錄》十二卷	《豐鎬考信別錄》三卷		陳履和	道光四年（1824）	東陽	金華府學遺書藏甲申刻定本	刊行
		《洙泗考信餘錄》三卷		崔述	嘉慶十四年（1809）	彰德	崔述家藏聚珍版定本	刊行
				陳履和	道光四年（1824）	東陽	金華府學遺書藏甲申重刻定本	刊行
		《孟子事實錄》二卷		陳履和	道光二年（1822）	北京	遺經樓藏壬午刻定本	刊行
		《考古續說》二卷		陳履和	道光四年（1824）	東陽	金華府學藏甲申刻定本	刊行
		《考信附錄》二卷		陳履和	道光四年（1824）	東陽	金華府學藏甲申刻定本	刊行
《雜著》十六卷七種	《考信翼錄》十二卷	《王政三大典考》三卷	《三代正朔通考》一卷	陳履和	嘉慶十年（1805）	南昌	映薇堂藏乙丑修刻本	刊行
				崔述	嘉慶十一年（1806）	彰德	崔述家藏丙寅初定本	刊行
				陳履和	道光四年（1824）	東陽	金華府學藏甲申刻定本	刊行
			《經傳禘祀通考》一卷	陳履和	嘉慶二年（1797）	南昌	映薇堂藏丁巳初刻本	刊行
				陳履和	嘉慶十年（1805）	南昌	映薇堂藏乙丑重刻本	刊行
				陳履和	道光四年（1824）	東陽	金華府學藏甲申刻定本	刊行

		《三代經界通考》一卷	崔述	嘉慶六年（1801）	羅源	羅源縣署崔述藏辛酉補初刻本	刊行
			陳履和	嘉慶十年（1805）	南昌	映薇堂藏乙丑重刻本	刊行
			崔述	嘉慶十一年（1806）	彰德	彰德崔述丙寅修刻本	刊行
			陳履和	道光四年（1824）	東陽	金華府學藏甲申刻定本	刊行
		《讀風偶識》四卷	陳履和	道光四年（1824）	東陽	金華府學藏甲申刻定本	刊行
		《古文尚書辨偽》二卷	陳履和	道光四年（1824）	東陽	金華府學藏甲申刻定本	刊行
		《論語餘說》一卷	陳履和	道光四年（1824）	東陽	金華府學藏甲申刻定本	刊行
		《讀經餘論》二卷					未刊行
	《五服異同彙考》三卷		陳履和	道光四年（1824）	東陽	金華府學藏甲申刻定本	刊行
	《易卦圖說》一卷		陳履和	道光四年（1824）	東陽	金華府學藏甲申刻定本	刊行
《文集》十六卷五種	《正編》八卷	《知非集》三卷					未刊行，過渡稿本
		《無聞集》五卷	陳履和	道光四年（1824）	東陽	金華府學藏甲申刻定本	刊行
	《別編》五卷	《小草集》五卷					未刊行，存稿
	《附編》三卷	《細君詩文稿》一卷					未刊行，抄本。現刻《二餘集》二卷
		《莅田賸筆》二卷					未刊行，殘稿
《志》四卷二種	《桑梓文獻志》二卷						未刊行
	《水木本源志》二卷						未刊行
《存篋書》四卷三種	《大怪談》一卷						未刊行
	《桑梓外志》二卷						未刊行
	《涉世雜談》一卷						未刊行

《餘編》六卷三種	《苃田雜錄》二卷	《文壇憶舊錄》					未刊行
		《索居尋夢錄》					未刊行
		《於闐日錄》					未刊行
		《入閩程塗錄》					未刊行
		《青山歸去錄》					未刊行
	《苃田瑣記》二卷	《所見證所聞》（附《記異》）					未刊行
		《記氣候之異》					未刊行
		《記度中秋異地事》					未刊行
		《記承嗣條例》（存篋）					未刊行
		《記山房景物》					未刊行
		《記壽張寇》					未刊行
		《相臺雜記》（存篋）					未刊行
	《苃田綴語》二卷	《三有三無論》（存篋）					未刊行
		《論世人讀書》（附《詩規》）（存篋）					未刊行
		《求雨雜記》（存篋）					未刊行
		《青山歸去續說》（存篋）					未刊行
		《芥子園漫筆》（附《駢語》）					未刊行
		《七十歲自述》（存篋）					未刊行
		《薄皮繭總目》（存篋）					未刊行
《贅編》六卷二種	《見聞雜記》四卷						未刊行
	《知味錄》二卷						未刊行

注：上表資料從顧頡剛編《崔東壁遺書》中梳理得出。

二、崔述著述的不同版本

（一）崔述著述版本的流佈情況

上文中已述，署金華知府蕭元桂將陳履和所刻崔述遺著《東壁遺書》幾

十箱留存於金華府學。此後，一直未被發現和重視。「至光緒元年始有聚珍翻印本（北平圖書館有此一部，其主印之人及印成之地尚未檢得），光緒五年始爲定州王灝文泉刻入《畿輔叢書》。」〔註3〕即直到光緒元年（1875）才有聚珍翻印本，並在光緒五年（1879）時由王灝〔註4〕收入《畿輔叢書》，王灝的後人回憶說：「祖父王灝從1850年開始主持彙編《畿輔叢書》，將上至秦漢，下至清代畿輔文人的著作，從多方收集來，編成了這個泱泱大觀的叢書巨著。……叢書中有顏習齋、李恕谷之著作，有崔東壁遺書、傅青主著作、紀曉嵐著作等。」〔註5〕此後，崔述的遺著又先後出現了日本史學會本、上海古書流通處石印本、上海群學社鉛印小字本、北平文化學社鉛印大字本、上海古籍出版社本、北京圖書館出版社那珂通世本，這些版本都出於金華府學本。〔註6〕

崔述的《考信錄》，曾分篇單獨刻印，參見上文《崔述著述細目表》，不再贅述。完整篇目的《考信錄》三十六卷現可考者，包括：陳履和分別於嘉慶二年（1797）、嘉慶二十二年（1817）、道光二年（1822）、道光四年（1824）、道光六年（1826）、光緒元年（1875）刊刻的南昌《東壁先生書鈔》本、太谷刻本、北京刊遺經樓藏版本、《崔東壁先生遺書》本、上海古書流通處影印《崔東壁遺書》本、聚珍翻印本；王灝於光緒五年（1879）校刊的《畿輔叢書》刻本；日本那珂通世編、日本史學會於光緒二十九年（1903）出版的東京目黑書店《崔東壁先生遺書》本；1924年上海海寧陳氏（陳乃乾）古書流通處《崔東壁遺書》本；1928年上海群學社《崔東壁集》本；1930年北平文化學社《崔東壁先生遺書》本；顧頡剛於1936年編訂的上海亞東圖書館排印《崔東壁遺書》本；1937年王雲五主編，上海商務印書館《考信錄》；顧頡剛於1983年編訂的上海古籍出版社《崔東壁遺書》本；2007年，北京圖書館出版社那珂通世本《崔東壁先生遺書十九種》本。

〔註3〕 趙貞信：《〈考信錄〉解題》附記，見《崔東壁遺書》，第930頁。

〔註4〕 王灝（1820～1880），字文泉，號坦園，清定州人，咸豐二年（1852）舉人，誥授中憲大夫。生平喜歡藏書，著有《畿輔叢書》、《畿輔地名考刊》等。其中，《畿輔叢書》收錄了河北歷代文獻335種。

〔註5〕 王承琴：《王灝和〈畿輔叢書〉》，見楊旭主編：《中國科技發展經典文庫》2006卷，中國檔案出版社，2006年，第226頁。

〔註6〕 參見《崔東壁遺書》，第911頁。

表3.2　《考信錄》刻印、出版情況列表

出　版　年	版　　本
嘉慶二年（1797）	陳履和，南昌《東壁先生書鈔》本《考信錄》
嘉慶二十二年（1817）	太谷刻本《考信錄》
道光二年（1822）	陳履和，北京刊遺經樓藏版本《考信錄》
道光四年（1824）	陳履和，《崔東壁先生遺書》本《考信錄》
道光六年（1826）	上海古書流通處影印《崔東壁遺書》本《考信錄》
光緒元年（1875）	聚珍翻印本《考信錄》
光緒五年（1879）	王灝，《畿輔叢書》刻本《考信錄》
光緒二十九年（1903）	（東京）目黑書店《崔東壁先生遺書》本《考信錄》
1924 年	上海海寧陳氏（陳乃乾）古書流通處《崔東壁遺書》本《考信錄》
1928 年	許嘯天句讀，胡雲翼校閱，上海群學社《崔東壁集》本《考信錄》
1930 年	北平文化學社《崔東壁先生遺書》本《考信錄》
1936 年	顧頡剛，上海亞東圖書館《崔東壁遺書》本《考信錄》
1937 年	王雲五主編，上海商務印書館《考信錄》
1983 年	顧頡剛，上海古籍出版社《崔東壁遺書》本《考信錄》
2007 年	〔日〕那珂通世，北京圖書館出版社《崔東壁先生遺書十九種》本《考信錄》

（二）顧頡剛《崔東壁遺書》與那珂通世《崔東壁先生遺書十九種》

顧頡剛《崔東壁遺書》與那珂通世《崔東壁先生遺書十九種》兩書的編目不同。從兩書各自《考信錄》的篇目來看：

顧頡剛《崔東壁遺書》的《考信錄》包括有：《考信錄提要》二卷、《補上古考信錄》二卷、《唐虞考信錄》四卷、《夏考信錄》二卷、《商考信錄》二卷、《豐鎬考信錄》八卷、《洙泗考信錄》四卷、《豐鎬考信別錄》三卷、《洙泗考信餘錄》三卷、《孟子事實錄》二卷、《考古續說》二卷、《考信附錄》二卷，共十二種、三十六卷。除《考信錄》外，還有《王政三大典考》三卷、《讀風偶識》四卷、《古文尚書辨偽》二卷、《論語餘說》一卷、《五服異同彙考》三卷、《易卦圖說》一卷、《無聞集》四卷。此外，還搜集了《崔東壁先生佚文》、《知非集》、《二餘集》、《針餘吟稿》、《莅田贅筆殘稿》、《崔德皋先生遺書》四種。顧頡剛在此書的最後，還添加了《附錄》，包括：《序目》、《傳狀》、

《科學的古史家崔述》、《崔東壁先生故里訪問記》、《關於本書的評論》。木書引述崔述的言論、主張，主要以顧頡剛所編《崔東壁遺書》上海古籍出版社本爲依據。

那珂通世《崔東壁先生遺書十九種》的《考信錄》在篇章目錄的設置上，與顧頡剛之書有所不同。依據崔述自訂的目錄，那珂通世把《考信錄》分爲《前錄》四卷、《正錄》二十卷、《後錄》十二卷、《考信翼錄》十卷，總共十六種、四十六卷。其中，《前錄》包括：《考信錄提要》二卷、《補上古考信錄》二卷；《正錄》包括：《唐虞考信錄》四卷、《夏考信錄》二卷、《商考信錄》二卷、《豐鎬考信錄》八卷、《洙泗考信錄》四卷；《後錄》包括：《豐鎬考信別錄》三卷、《洙泗考信餘錄》三卷、《孟子事實錄》二卷、《考古續說》二卷、《考信附錄》二卷；《考信翼錄》包括：《王政三大典考》三卷、《讀風偶識》四卷、《尙書辨僞》二卷、《論語餘說》一卷，其中《讀經餘論》二卷未能收錄此書。此外，《文集》十六卷五種，即《知非集》三卷、《無聞集》五卷、《小草集》五卷、《細君詩文稿》一卷、《菔田賸筆》二卷，也未被收錄入書。

值得注意的是，顧頡剛在編訂《崔東壁遺書》時，已見過那珂通世所編之版本，原因是顧頡剛《崔東壁遺書》正文中引用過那珂通世的按語。例如：《洙泗考信餘錄》中的「論語源流附考」條，有按語爲：「通世按：舊本無此六字，今據卷三本書補之。」〔註7〕《王政三大典考目錄》中有按語：「通世按：舊本三考各自成書，無目錄。按東壁自訂《全集目錄》作『《王政三大典考》三卷』，今據補。」〔註8〕《五服異同彙考小引》的《凡例》中，有這樣的記載：「通世曰：『此本易硃方以墨方。』」「通世曰：『此本易硃柱以墨柱。』」〔註9〕可見，顧頡剛借鑒並吸取了那珂通世研究的成果。與此同時，對於那珂通世所介紹的日本疑古思想，也有了一定瞭解。那珂通世在編輯《崔東壁先生遺書十九種》時，爲崔述的論述添加上小標題，從而便於讀者查閱並且起到提示作用。顧頡剛編輯《崔東壁遺書》時，仿從那珂通世的意圖，重新擬定了標題，並且加有說明，1936 年上海亞東圖書館本將之列於書眉，而 1983 年上海古籍出版社本又將之移於文中，並加三角號「△」予以標示。這種處理方法，不如原 1936 年版列於書眉爲好。

〔註7〕 崔述：《洙泗考信餘錄》，見《崔東壁遺書》，第 364 頁。

〔註8〕 崔述：《王政三大典考目錄》，見《崔東壁遺書》，第 489 頁。

〔註9〕 崔述：《五服異同彙考小引》，見《崔東壁遺書》，第 623 頁。

第二節　崔述《考信錄》之內容與特點

崔述一生著述頗豐，最引人注目的當屬《考信錄》，傾注了他畢生的心血。陳履和指出：「大凡先生遺書共三十四種，八十八卷。歸林以後，頗爲瑣屑之事偶然涉筆者，然經學世務及勸懲大義亦往往散見於其中，毋論洋洋大篇也。而《考信錄》一書尤爲五十年精神所專注。」〔註 10〕崔述將《考信錄》列於自訂全集之首，他曾回憶說：「余自三十以後，即條記古帝王聖賢之事而次第之。四十以後，遂爲此錄。至七十而始成。暇中復加增改，又五年而始定。前後四十餘年，畢生之精力盡在此書矣！」〔註 11〕可見，《考信錄》爲崔述的代表之作。因此，有必要對《考信錄》的內容與特點做一系統的梳理和分析，從而更好地瞭解崔述的學術成果，總結崔述的學術成就。

一、《考信錄》的內容

崔述撰寫《考信錄》的直接動機是其父崔元森對他的教育和影響：「《考信錄》何爲而作也？魏臺崔述述其先君闇齋先生之志而作也。」〔註 12〕「獨於古帝王聖賢之行事之關於世道人心者，乃反相與聽之而不別其眞贗，此何故哉？拾前人之遺，補前人之缺，則《考信錄》一書其亦有不容盡廢者與！」〔註 13〕崔述撰寫《考信錄》的緣由在《考信錄提要》和《〈考信錄〉自序》中有詳細的闡發。崔述認爲自唐、宋以來，學者大都遵守聖人之道，但是也有未盡之處。他在《考信錄自序》中對歷史上自周至宋的聖人之道混亂的情況進行了梳理和總結，並提出了解決之道：「蓋自周道既衰，楊、墨並起，欲紬聖人之道以伸其說，往往撰爲堯、舜、禹、湯、文、武、孔子之事以誣之而紬之；其遊說諸侯者又多嗜利無恥之徒，恐人之譏己也，則僞撰爲聖賢之事以自解說；其他權謀術數之學欲欺世以取重，亦多託之於古聖人；而眞僞遂並行於當世。然當其初，猶各自爲教而不相雜，至秦、漢之間，學者往往兼而好之，雜採其書以爲傳記；其後復有讖緯之書繼出，而劉氏向、歆父子及鄭康成皆信之，復採其文以釋《六經》；兼以斷簡殘編，事多缺佚，釋經者強不知以爲知；猜度附會，顛倒訛誤者蓋亦不少矣。惟漢譙周作《古史考》，頗

〔註 10〕陳履和：《崔東壁先生行略》，見《崔東壁遺書》，第 943 頁。
〔註 11〕崔述：《自訂全集目錄》，見《崔東壁遺書》，第 912 頁。
〔註 12〕崔述：《〈考信錄〉自序》，見《崔東壁遺書》，第 920 頁。
〔註 13〕崔述：《考信錄提要》，見《崔東壁遺書》，第 14 頁。

糾《史記》謬誤；其後晉司馬彪復據《竹書紀年》，條《古史考》中不當者百餘事；然其持論既不盡允，而《史記》以外邪說謬解所未及者尤多。晉、宋以降，復有妄庸之徒偽造古書以攻異己，亦往往採楊、墨之言以入《尚書》、《家語》，學者以為聖人之經固然，益莫敢議其失，而異端之說遂公行於天下矣！隋、唐以降，學者惟重科目，故咸遵功令，尚排偶，於是《詩》自《毛傳》，《尚書》自《偽孔傳》，《五經》自孔氏《正義》以外，率視以為無用之物；於前人相沿之訛，皆習以為固然而不為意；甚或據漢、魏以後之曲解駁周、秦以前之舊文。至宋，一二名儒迭出，別撰傳注，始頗抉摘其失，然亦不過十之一二，其沿舊說之誤而不覺者尚多不可數；其編纂古史者則又喜陳雜家小說之言以鳴其博：由是聖人之道遂與異說相雜，聖賢之誣遂萬古不能白矣！蓋嘗思之，古之異端在儒之外，後世之異端則在儒之內：在外者距之排之而已，在內者非疏而剔之不可。……故居今日而欲考唐、虞、三代之事，是非必折衷於孔、孟而真偽必取信於《詩》、《書》，然後聖人之真可見而聖人之道可明也。」〔註14〕崔述分析了從戰國到宋代出現偽史、偽書的原因，發現了許多傳注與經、百家言與經不合之處，「於是歷考其事，彙而編之，以經為主，傳注之與經合者則著之，不合者則辨之，而異端小說不經之言咸闡其謬而刪削之，題之曰《考信錄》」〔註15〕。由此可見，崔述作《考信錄》的真正目的是以「是非必折衷於孔、孟而真偽必取信於《詩》、《書》」的理念，釐清混亂的情況，還聖人之道以本來面目。

《考信錄》三十六卷的具體篇目上文已進行了介紹，現對其具體內容予以闡發。清代學者王崧〔註16〕曾指出：「大名崔東壁奧學達識，閔古帝王聖賢之事為群言所淆亂，著書正之，曰《考信錄》。」〔註17〕《考信錄》三十六卷

〔註14〕 崔述：《〈考信錄〉自序》，見《崔東壁遺書》，第920～921頁。
〔註15〕 崔述：《〈考信錄〉自序》，見《崔東壁遺書》，第921頁。
〔註16〕 王崧：(1752～1837)，原名藩，字伯高，一字樂山，號酉山，雲南郎宇（今大理白族自治州洱源縣）人，幼承庭訓，務實好學。後拜著名學者檀萃為師，學識益加長進。嘉慶四年（1799）中進士，授山西武鄉知縣，在職九年，頗有政聲。嘉慶二十一年（1816）主講山西晉陽書院。四年後謝病返歸雲南。道光六年（1826）主纂雲南通志，總理通志之事。後由於與分纂黃巖和李誠意見不協，託詞返歸故鄉。道光十七年（1837）病故，時年85歲。王崧一生治學範圍廣泛，涉及經學、史學、方志、詩詞等，著述甚豐。經學著作有《說緯》六卷，被收入《皇清經解》。史學成就主要是校理《南詔野史》。
〔註17〕 王崧：《三代考信錄王序》，見《崔東壁遺書》，第105頁。

包括十二種，分別是：《考信錄提要》二卷、《補上古考信錄》二卷、《唐虞考信錄》四卷、《夏考信錄》二卷、《商考信錄》二卷、《豐鎬考信錄》八卷、《洙泗考信錄》四卷、《豐鎬考信別錄》三卷、《洙泗考信餘錄》三卷、《孟子事實錄》二卷、《考古續說》二卷、《考信附錄》二卷。據顧頡剛先生所編《崔東壁遺書》，其具體內容包括以下幾種：

第一種，《考信錄提要》二卷，闡發了撰寫《考信錄》的體例和目的，分為釋例、總目兩部分。

釋例部分即崔述撰《考信錄》的凡例，內容可分為如下幾類：首先，崔述通論讀書應當考信的意圖。這些篇章包括：時代與識見、人言不可盡信、少見者多誤。其次，崔述論述了戰國時期的邪說寓言不可信。包括：以己度人、虛言衍成實事、古語失解後之妄說、儒者採讖緯語、劉知幾用《左傳》駁秦漢之書、洪邁駁近代淺妄書、雜說流行之故。再次，崔述考論漢代學者解詁的錯誤。包括：實事之傳誤、記憶失真之彌縫、傳聞異詞之重出、曲全與誤會、強不知以為知。第四，崔述論東晉以後的偽書。包括：取名捨實、偽書誣古人、「買菜求益」。第五，崔述論經傳、記注也有不可盡信的內容。包括：《孟子》不可信處、傳記不可合於經、朱子之誤。第六，崔述還寬泛論述了務博而不詳考的錯誤。包括：世益晚則採擇益雜、不考虛實而論得失。第七，崔述還專設一篇自述作《考信錄》的緣由，對讀書者與考古界進行了詳細論述。

總目部分是崔述撰寫《考信錄》的總目錄，包括：第一，前論：考辨古書之方法、上達與下學、自述考辨古書之經歷。第二，前錄序：《考古提要》二卷、《補上古考信錄》二卷。第三，正錄序：《唐虞考信錄》四卷、《夏考信錄》二卷、《商考信錄》二卷、《豐鎬考信錄》八卷、《洙泗考信錄》四卷。第四，後錄序：《豐鎬別錄》三卷、《洙泗餘錄》三卷、《孟子事實錄》二卷、《考古續說》三卷、《附錄》二卷。第五，後論：答過細之譏；本書體例；降一字，補；備覽，存疑；附錄，附論；備考，存參；答詞費之問。

第二種，《補上古考信錄》二卷，考辨唐虞之前傳記中可信的事實。

崔述認為古無三皇五帝之說，他歷數了《呂氏春秋》、《大戴禮記》、《三統曆》、《秦本紀》等的說法，其所記各不相同，「後之編古史者，各從所信，至今未有定說」〔註18〕。經過對《左傳》、《易傳》、《國語》等說法的分析，

〔註18〕崔述：《補上古考信錄》卷上，見《崔東壁遺書》，第 26 頁。

崔述總結道：「蓋三皇、五帝之名本起於戰國以後；《周官》後人所撰，昆以從而述之。學者不求其始，習於其名，遂若斷不可增減者；雖或覺其不通，亦必別爲之說以曲合其數，是以各據傳注，互相詆諆。不知古者本無皇稱，而帝亦不以五限，又何必奪彼以與此也哉！故今但取古天子之見於傳者次第列之，而絕不以三五約其數焉。」〔註19〕崔述駁邵雍元會運世之說，駁斥了宋代邵堯夫《皇極經世書》中對元、會、運、世、年、月、日、時的記載。此後的儒者都將之奉爲玉律，沒有異議。但崔述不認同此說，他認爲：「夫人之所以異於禽獸者，以其有禮義也。夫婦之道，自生民之初而已然矣。有夫婦於是乎有父子，有父子於是乎有君臣，有君臣於是乎有書契、政事、宮室、粒食、冠裳、葬埋之制。此數者，皆人道之不可廢者，而皆始於羲、農以後，然則羲、農之上據開闢之初，固無幾時也。」〔註20〕同時，崔述對三皇及十紀之說進行了駁斥，他認爲三皇、十紀的說法十分荒謬，他指出：「夫《尚書》但始於唐、虞，及司馬遷作《史記》乃起於黃帝，譙周、皇甫謐又推之以至於伏羲氏，而徐整以後諸家遂上溯於開闢之初，豈非以其識愈下則其稱引愈遠，其世愈後則其傳聞愈繁乎！且《左氏春秋傳》最好稱引上古事，然黃、炎以前事皆不載，其時在焚書之前，不應後人所知乃反詳於古人如是也。」〔註21〕此外，崔述還駁龍馬負圖之說，駁伏羲氏造書契制嫁娶之說，駁伏羲氏爲六甲之說，遂人等十七氏有無不可知，烈山氏非神農，駁神農氏重八卦、作蠟祭、鞭草木之說，駁神農氏作《本草》之說，駁神農氏八世五百餘年之說，古之天子無禪無繼，引柳宗元文駁包犧、女媧、神農蛇身牛首之說，駁包犧、神農作瑟之說，駁《連山》、《歸藏》爲羲、農時書說，辨黃帝姓名之謬，《大戴記》稱黃帝德無事實可指，駁黃帝舉四相之說，駁黃帝制十二律之說，黃帝、炎帝非兄弟，駁黃帝傳兵法之說，駁黃帝作指南車及華蓋之說，駁黃帝巡遊封禪之說，駁黃帝作《素問》、《靈樞》之說，駁黃帝諸子別十二姓之說，引王充書駁黃帝騎龍上天之說等。

崔述還詳細分析了炎帝非神農氏，炎帝與黃帝同時，姜姓所自出，共工世次，駁觸山補天之說，太皞非包犧氏，金天氏非少皞，《大戴記》之青陽、玄囂俱非少皞，顓頊爲高陽或高辛不可考，《大戴記》稱顓頊德無事實可指，

〔註19〕崔述：《補上古考信錄》卷上，見《崔東壁遺書》，第27頁。

〔註20〕崔述：《補上古考信錄》卷上，見《崔東壁遺書》，第27頁。

〔註21〕崔述：《補上古考信錄》卷上，見《崔東壁遺書》，第28頁。

《國語》始稱嚳，《大戴記》稱帝嚳德與黃帝、顓頊不異，引歐陽修文闢《大戴記·帝系篇》之說，顓頊、堯、舜皆不出於黃帝，少皞至堯四代皆非相繼而立，駁大墳等八師之說，駁堯以前樂名，駁三帝乘龍之說，重、黎五疑，駁五德終始之說等。崔述通過分析《易》、《左傳》、《國語》、《大戴記》等書均未記載五德終始，得出結論：戰國以前原本沒有五德終始說。他指出：「五德終始之說起於鄒衍；而其施諸朝廷政令則在秦併天下之初——《史記》《封禪書》及《始皇本紀》、《孟子荀卿列傳》言之詳矣。……然衍雖有五德終始之說，而初不以母傳子，固未嘗以木、火、土、金、水為五帝相承之次第也。以母傳子之說，始於劉氏向、歆父子；而其施諸朝廷政令，革故說，從新制，則在王莽篡漢之時——《漢書》《律曆》《郊祀》兩志及《王莽傳》言之詳矣。……蓋自《呂氏春秋》始以五帝分配五行，……自光武以之為國典，班固載之於國書，魏、晉以後遂皆以為其事固然；至於唐、宋，讖緯之學雖衰，而學者生而即聞五德之說，遂終身不復疑，亦不復知其說之出於衍與歆矣！且夫衍、歆之學，稍知道術者所不屑稱也，然其所創之說，則後世知大儒碩學皆遵之不敢異，寧背經傳而不敢背此二人之言，亦可謂愼矣！」〔註22〕

陳履和在分析《補上古考信錄》時指出：「其《上古考信錄》二卷，謂《易》傳僅溯至伏羲，《春秋》傳僅溯至黃帝，不應後人所知反詳於古人。凡緯書所云十紀，史記所云天皇、地皇、人皇，皆妄也。謂龍馬負圖，出緯書，乃方士之言。謂庖羲非太皞，神農非炎帝。以五行配五帝，乃陰陽家言。謂楊、墨高於儒者，故稱述上古，以求加於唐、虞、三代之上。凡稱引上古，多異端假託之言，不可為實事。謂上古各君其國，各子其民，有聖人出，則天下尊之為帝，既沒則已焉。自唐、虞而後有禪，自夏、商而後有繼，不可以後世之事例上古。」〔註23〕

第三種，《唐虞考信錄》四卷，內容為考堯舜時之事。

崔述的《考信錄》始於《唐虞考信錄》，他在《自序》中說：「余故作《考信錄》自唐、虞始：《尚書》以經之，傳記以緯之，其傳而失實者則據《經》《傳》正之。至於唐、虞以前紛紜之說，但別為書辨之而不敢以參於《正錄》：既以明道統之原，兼以附闕疑之義，庶於孔子之意無悖焉爾。」〔註24〕崔述

〔註22〕崔述：《補上古考信錄》卷下，見《崔東壁遺書》，第49～50頁。
〔註23〕陳履和：《崔東壁先生事略》，見李元度著、易孟醇點校：《國朝先正事略》卷三六，嶽麓書社，1991年，（以下版本同），第1008頁。
〔註24〕崔述：《唐虞考信錄·自序》，見《崔東壁遺書》，第51頁。

在《唐虞考信錄》中指出《尚書》關於堯、舜的記載是可信的，而唐宋以降對堯舜的記載則是不可信的。

　　崔述首先分析了堯建極，堯授時，堯求舜，堯、舜之典不可分，《堯典》為主而補以《禹貢》、《皋陶謨》，傳記之文之著錄部次，《大戴記》稱堯德之膚闊，辨堯與稷、契為嚳子之說，堯有天下之故，羲、和非重、黎，求歲率先定四時之中，曆法始於堯，夏世撰典得之傳聞，孟子引放勳語非命契詞，《左傳》述閼伯、實沈，《左傳》述臺駘，「胤子」之義，「滔天」字誤，《呂刑》記苗民，流四凶本堯心，四嶽非羲、和四子，洪水不自堯時始，稱舜為鰥之故，辨舜出於黃帝之說，韋昭以幕為舜後之誤，辨歷山讓畔之說，歷山、雷澤、河濱皆冀州地，辨舜、象異母之說，瞽瞍允若在釐降之前，釐降後之舜職，辨不告而娶之說，《左傳》、《孟子》言舉舜以後事之失實，引司馬光語辨完廩濬井之說，《史記》不採《大戴記》舜德，《偽舜典》言舜德之謬，堯之事業莫大於舉舜等問題。

　　接著，崔述還考辨了舜攝政之不得已，《堯曰篇》命舜詞之可疑，「群牧」未有定數，《史記》五嶽名不足據，舜立朝覲巡狩之制之故，舜之進賢，《左傳》記八元、八愷之失實，「肇十二州」以前無九州，十二州名無可考，刑有大小常變之分，贖刑之義，《左傳》言鯀之誕，《左傳》四凶為傳聞之誤，殛鯀、興禹非一時事，益掌火在作虞前，辨堯時歌謠祝語，舜攝政年數，堯讓舜非傳舜，辨舜讓石戶、北人之說，辨朱熹《舜其大知章》之釋，辨四嶽為共工從孫之說，岳牧與稷、契等之區別，九官先命禹之故，禹已前為司空，舜命官必諏於眾，禹治水在舜世，「百揆」非官名，《孟子》言禹績有誤。

　　隨後，崔述又具體對命稷，命契，命皋陶，命禹與稷、契等不同之故，稷、契、皋陶均非申命，命垂、益，「諧」為偕義，垂、益之佐之人數，伯翳非益，益非皋陶子，《呂刑》言伯夷「折民惟刑」之非，《鄭語》言姜為伯夷後之非，夔一足非指人，樂以志為本，九官以龍終之故，命伯夷、夔、龍，九官非一時所命，三苗丕敘在「頑弗即工」之後，「敷土」置「咸熙」後，九州之章法次第，冀州平治之序，梁山在河東，碣石在海岸，徒駭等水未必即為九河，九河湮塞非淪於海進行了考析。

　　此外，崔述還對舜體國經野下、舜治定功成兩方面的內容進行了辨析，包括：三江非吳之三江，《禹貢》作於舜治定功成之後，錫土姓之一例，有庳非鼻亭，五服里數以絕長補短計，《禹貢》分隸兩錄，《韶》樂與夔言，辨擬

作之舜歌一，辨擬作之舜歌二，《左傳》述董父，賡載之歌，舜無禪禹之事，引李紱語辨《僞書》「人心道心」之說，引崔邁語辨《僞書》伐苗之說，舜自舉迄崩之年，引韓愈文辨舜崩蒼梧之說，堯、舜、孔子不可軒輊。

對於《唐虞考信錄》，陳履和分析道：「其《唐虞考信錄》四卷，謂舜事統於堯，古但有《堯典》，今本割『慎徽五典』以下爲《舜典》，始於齊代姚方興。其謬有三：謂堯非帝嚳子，堯之德能協和萬邦，故天下歸之，非藉父兄之業。謂曆數在躬，非聖人之言，聖人豈有置人事不言，而以曆數爲據，使後世暗干者藉爲口實乎？謂舜以前未有州，舜始設之，故曰肇十有二州。其後水患既平，乃並其三而爲九。僞孔傳謂禹別九州之後，舜改爲十二州者謬。謂舜竄三苗於三危，何以復命禹征之？何以舜之德久不能格，舞干羽而七旬遂格？此僞書採《韓詩外傳》而增飾之耳。」〔註25〕

第四種，《夏考信錄》二卷，考夏朝一代之事，後附考皋陶事。

崔述在對具體史事考辨的基礎上，分析了鯀非顓頊之子，《大戴記》稱禹德之膚闊，「躬稼」非教稼，逾河言山脈非言禹迹，山分四重，《山海經》爲漢人作，評《溝洫志》語，大陸在北泊之北，九河、逆河非西山諸水，彭蠡非鄱陽，導水次第有五，「行所無事」之義，先導山而後導水，禹以前無水道，辨始亂之說，辨泣問罪人之說，辨縣鐘鼓磬鐸之說，辨戮防風氏之說，禹崩年與崩地，庭堅非皋陶字。

同時，崔述考辨了禹無家天下之心，辨《僞尚書》引郤缺語，九鼎未必禹鑄，夏裔太康、仲康、相，干位夷裔、寒浞，辨《僞書》《五子之歌》，引崔邁語辨《僞書》《胤征》，辨羿立仲康與分河而治之說，辨射日之說，蕩舟之義，家天下之始，夏后名號，《左傳》、《史記》言孔甲之異，辨酒池糟丘之說，引崔邁語辨「敷虐萬方」之文，辨伊尹聞歌勸桀之說，湯放桀之事實，《史記》言禹裔有誤等史事和史書。

第五種，《商考信錄》二卷，考商代之事，自契至紂，並附考伊尹事。

崔述曾引蘇洵文辨契母吞卵之說，商先世之推測，成湯爲本號，《孟子》葛伯仇餉事不盡實，征葛在最前，《史記》征葛事失孟子意，諸侯歸商，征伐次序，武王非自號，辨阻貢觀動之說，辨囚湯夏臺及湯爲桀臣之說，《僞書》《仲虺之誥》之謬，辨卞隨、務光自沉之說，《堯曰篇》引湯言可信，《史記》

引《湯誥》,「立賢無方」之故,引張栻、李廷機言辨以身爲犧之說,季札言「慚德」不關伐夏,湯樂名之異,辨太甲繼湯之說,辨胡宏立嫡孫之說,辨七十不遇之說,辨五就湯、桀之說,伊尹僞書五篇,阿衡、保衡非伊尹。

　　崔述辨析了太甲殺伊尹之說,續論保衡、阿衡與伊尹,祥桑谷生當在太戊時,巫咸非巫,巫咸不始作巫,太戊之政無考,《僞尙書》缺《太戊》,《史記》言中丁以來九世亂,《盤庚》上篇,「世選爾勞」,《盤庚》中篇,《盤庚》下篇,辨改商爲殷之說,辨賚良弼之說,歸殷之義,重譯來朝之附會,《詩》、《書》記武丁后王二事,引蔡沈《傳》辨祖甲即太甲之說,帝乙前不皆賢君,「歸妹」文必有本,微子長少嫡庶不可知,微仲非微子弟,孟子言「暴君代作」,爵生鳥事劉向書兩說,箕子非紂諸父,《晉語》、《呂覽》言膠鬲事之誣,荒酒色,辨商容欲伐紂之說,用舍失宜,失民心,「父師、少師」非箕子、比干,風俗之敝之由來,紂之不善五端,三仁行事之次第,箕、比受禍非出自期,辨微子衘璧之說,辨商容觀軍之說。

　　陳履和對《商考信錄》給予了分析:「其《夏商考信錄》四卷,謂彭蠡別一地,非鄱陽,彭蠡自在江北,爲漢水所匯。鄭樵以『東匯澤爲彭蠡東爲北江入於海』十三字爲衍文,固謬。朱子、蔡傳不疑以鄱陽爲彭蠡之誤,而反疑經爲誤,亦非。謂庭堅非皋陶,當是兩人。謂《胤征》乃僞書,羲和廢職,黜之可也,何必興師?且羲和黨羿,羿必助之。仲康安能征之?至六卿分掌六師,《甘誓》所記甚明。自《周官》始言司馬掌六師,而僞書《周官》篇因之,夏時必無是語也。謂奡盪舟非陸地行舟,乃力能搖斟尋之舟而覆之也。謂元鳥生商,當從《毛傳》,春分元鳥至,祈於郊禖而生契,不當從《史記》吞鳥卵之說。謂《湯誓》言率割夏邑,則知夏之政不行於諸侯,言夏罪其如臺,則知桀不能囚湯,湯固未嘗立桀之朝,爲桀之臣也。謂外丙、仲壬,當從《孟子》,不當從僞《孔傳》,削去外丙、仲壬兩代,程子、胡氏之說皆謬。謂祖甲乃武丁子,非太甲,當從馬、鄭。」〔註26〕

　　第六種,《豐鎬考信錄》八卷,詳考后稷、公劉、文王、武王、周公至幽王之事蹟,並附考泰伯、虞仲、伯夷、叔齊之事。

　　崔述在考辨古史時辨踐迹孕棄之說,不窋非棄子,「匪居匪康」,徹法之始,《公劉篇》章義,《世本》世數較《史記》可信,「古公」非號,沮、漆之

〔註26〕陳履和:《崔東壁先生事略》,見李元度著、易孟醇點校:《國朝先正事略》卷三六,第1009頁。

穴居，辨太伯不從竄商之說，遷岐不在小乙世，辨王季爲殷牧師之說，文王
之形不可知，文王之德不勝舉，《周南》前五篇非詠太姒，《綿》、《皇矣》、《天
作》之文互相首尾，用賢不及太公之故，文王時無周、召分岐事，辨鬻子爲
文、武師之說，辨文王之囿方七十里之說，辨遇疾改行之說，伐犬戎與虞、
芮成之先後，虞、芮成與伐崇、密之先後，《史記》記質成不及《毛傳》，遷
程之說可疑，伐邘之事未必實，辨伐崇報仇之說，伐密、崇當在三分有二之
前，崇之再伐始克之故。

　　崔述還對文王、武王的史事進行了考辨，包括：作豐當在「三分有二」
之前，《二南》非文王時詩，靈臺非文王所立，靈臺非觀祲象之所，「三分有
二」不當以九州配合，「帥殷叛國」，辨囚羑里及賜弓矢之說，辨羑里演《易》
之說，辨《拘幽操》，《易傳》「大難」語可疑，文王未嘗稱王，伯邑考非妄撰，
《檀弓》脫文，武王不冒文王元年，辨商容觀周軍之說，「亂臣十人」不可指
實，「東征」非伐紂，觀兵與伐紂之年，辨白魚赤鳥之說，「至德」不專屬文
王，「三分」以下不可斷爲一章，辨使人候殷之說，伐殷歲在鶉火，辨迎太歲
及楯折天雨之說，伐紂在十一年。

　　除了上述對武王史事的考辨之外，涉及武王的篇目還有：辨逆流疾風之
說，吳棫、蔡沈、顧炎武疑《泰誓》，僞《泰誓》掇拾之謬，古籍稱《泰誓》
者五條，「雖有周親」條之分割，「天祐下民」條之刪改，「同德度義」語失甚
弘意，「除惡務本」爲伍員語，「時哉弗可失」爲闔閭語，《史記》採《泰誓》
無三篇中語，辨膠鬲候周師之說，《牧誓》與僞《泰誓》之相反，高定論《牧
誓》之謬，《武成》「咸劉」之可疑，辨蘇軾、孔子罪湯、武之說，辨黃鉞斬
紂之說，辨革殷筴祝之事，「大賚」事實，眞孔與僞孔解「周親」之不同，辨
咨詢周公而散財發粟之說，三王追尊當在牧野時，封殷當在散財後，《僞武成》
不必改定，楚莊論武王之可信，《堯曰篇》紀武王新政，「邦諸侯」，「不泄邇」，
宅鎬，辨武王營洛之說，克殷年歲之可疑，《金縢》祝代當在訪範前，《洪範》
稱「祀」，訪箕之年，《僞書》經傳多本劉歆、王肅，辨《麥秀》詩，辨武王
作《大武》之說。

　　崔述對周公相成王的史事也進行了考辨，諸如辨周公攝政之說，辨周公
追王太王、王季之說，《七月》非周公作，引朱熹、蔡沈語辨《僞傳》東征之
說，《鴟鴞篇》作於東征前，引呂遴語辨「居東」非東征，辨揥甂祝神之說，
管、蔡之誅不因流言，《大誥》有闕文，誅管、蔡系奉王命，《僞書》增出霍

叔之非，引崔邁語辨《僞書‧微子之命》，伐奄不在武工世，驅飛廉當在伐奄後，辨帝賜石棺之說，辨禾苗盈車之說，《東山篇》即伐奄事，《毛詩》釋《破斧篇》之非，成王踐奄當在克奄後，遷民之誥，引顧炎武語辨《僞傳》淮、奄再叛之說，《多士》在《多方》後之證，《多方》、《立政》當在《召誥》前，周公作《立政》宗旨，越裳氏重譯來朝事可存，遷鼎非武王事，營洛，「周公其後」與「作冊逸誥」，《康誥篇》首文不知爲何篇之序，作洛之誥，「時命有申」，周公作《無逸》宗旨，《周書》與政事，周公制禮之說，「兼三王以施四事」，《禮經》作於春秋以降，《周官》作於戰國之世，《周頌》及《小雅》首數篇皆作於成王以後，《月令》作於戰國之世，《爾雅》作於秦、漢間，辨葬周示臣之說，《史記》載成王親迎於周公卒後之非。

對於文王、武王、周公的史事，崔述考辨有：戡黎之西伯未可指定，八士氏族未詳，文、武不可歧視，滅國五十非一時事，《易象》、《爻》詞不可定爲文王、周公作，「保命七年」事未可確知，周、召分陝不在武王時，「陝」或郟字之誤，辨握髮吐哺之說，辨觀橋觀梓之說，辨成、康賜魯重祭之說。

對成康之際、昭王、穆王、共王、懿王、孝王、夷王等時期史事的考辨，主要有：《毛詩》釋《執競篇》「成康」之非，引歐陽修、朱熹語辨《毛詩》釋《昊天有成命篇》「成王」之非，周初四王之諡法與詩義，《周頌》作於成、康以後，蒐岐之年無考，辨《僞書君陳》及《書序》，鳳鳴岐山之時無考，《顧命》有葬成王之脫簡，《關雎》非刺詩，《豐刑》與《畢命》，刑措，頌美詩不應盡屬文、武，郉伯未必爲文王子，「南征不復」事未可確知，辨丹朱馮房後之說，《國語》記事較記言可信，辨造父御穆王滅徐偃王之說，呂刑贖刑爲周道始衰，三女奔，引呂遊語辨《詩序》以《采薇篇》爲遣戍役詩之非，《史記》以秦非子爲附庸之非，懿王、孝王不傳子之故不可考，王室強弱與下堂無關。

崔述對厲王、宣王、幽王考辨有：說榮公，諸侯多叛，居彘，辨召公以子代宣王之說，《竹書紀年》以「共和」爲共伯和干位之非，「諸侯釋位以間王政」，《雲漢》爲宣王初年詩，姜后待罪事可存，二相輔政但稱召公，《詩序》以《采薇》、《出車》、《杕杜》屬文王之非，鄭玄分別西戎與獫狁之非，詠宣王詩多鋪張，詠宣王詩次序可信，朱熹以南仲爲皇父之祖之非，《國語》記宣王與《詩》不同之故，辨杜伯死而射王之說，《節南山》與《十月篇》非一時事，寵褒姒之年，辨龍漦生褒姒之說，戎圍犬丘之年，《十月篇》日食之年，鄭玄以《十月篇》爲刺厲王之非，《十月篇》無虢石父，立伯服事可疑，《小

弁》未必爲平王詩，朱熹以《白華》爲申后詩之非，周亡由於飢饉，周之衰微由來者漸，辨申侯召戎滅周之說。

除了上述的考辨之外，崔述還對太伯、虞仲、伯夷、叔齊、齊太公、召康公、召穆公、衛武公的史事進行了考辨，包括：辨太伯豫讓文王之說，太伯與虞仲事不同，仲雍與虞仲，辨笑盟微、膠之說，引王安石文辨扣馬而諫之說，關紂與扣馬理無兩是，太公名號，辨漁釣屠牛之說，《六韜》非太公作，《丹書》之箴未可信，辨伯禽、太公報政遲速之說，辨殺狂矞、華士之說，辨殺營蕩之說，辨《僞書旅獒》及《書序》，辨召公不說周公攝政之說，《周語》以《常棣篇》爲周文公作之非，《棫苗篇》之稱美，《江漢篇》之受賜，《史記》載襲殺共伯事之非，入相事或可信，《賓筵》非刺王，平戎事未可信。

對於《豐鎬考信錄》，陳履和認爲：「其《豐鎬考信錄》八卷，謂夏、商、周未有號爲某公者。公亶父相連成文，猶所謂公劉、公非、公叔類也。古公亶父，猶言昔公亶父也。謂太王流離播遷之不暇，何暇謀商？《閟宮》詩語誇誕，僖公乞師於楚以伐齊，而此詩反謂『荆舒是懲』，則『翦商』一語豈可信以爲實？謂齊、魯、韓三家皆以《關雎》爲康王時詩，《關雎》取興河洲，而岐陽距河絕遠，況《序》但言后妃，尚未指爲何王之後，安得據一言而廢三家之說乎？謂周自立國於岐，與商無涉，文王未嘗立於紂之朝，所謂服事殷者，不過玉帛皮馬，卑禮以奉之耳，非委贄而立於其朝也。謂文王羑里之厄，《詩》、《書》不言，《論語》、《孟子》亦不言，至《易傳》始言之。《易傳》本非孔子所作，是以《汲塚周易》有《陰陽篇》而無《十翼》，即所云大難，亦未言爲何難。謂武王牧野以前，其事殷之心與文王不異，孔子言周之德，周者文武之統稱，況上文所記者武王之言，以爲論武而兼文則可，若以爲專論文而不及武，則上下文不相屬矣。謂僞《泰誓》云『惟十有三年春』，不書月而反書時，《尚書》有是文體乎？有云『惟戊午，王次於河朔』，蒙日於時，而反無月，不特《尚書》，即《春秋》亦無此文體也。謂周介戎狄之間，乃商政所不及，至寖昌寖大，又商所不能臣，紂與文武原無君臣之分，但爲名號正朔所存，故論文武者，但問其實爲紂臣與否，而不必問其伐商不伐商。果君臣也，則曹操雖不篡漢而罪與丕無殊；非君臣也，則武王雖伐商而至德與文王不異。謂『雖有周親』二句承『周有大賚』而言，言周雖有親戚，不敵善人，故大賚之也。上句周指武王，下句周豈可指紂？謂唐叔乃成王母弟，周公之東也，唐叔實往歸禾，則成王非幼，明矣。蓋成王居喪

不言，周公以冢宰聽政，後人但聞周公攝政，遂誤以成王為幼耳。謂管、蔡二叔以殷畔，漢以前皆不言霍叔，至晉皇甫謐始稱監殷有管、蔡、霍三叔，而偽《尚書》採之。謂《微子之命》難於措辭，而語但通套，其偽尤易明。謂《儀禮》非周公之制。古禮，臣拜君於堂下，雖君有命，仍拜畢乃升。今《儀禮》君辭之乃升成敗，是拜上非拜下矣。古者，公之下不得復有公，今《儀禮》諸侯之臣所謂諸公者，是春秋之末，大夫僭也。觀禮，大禮也。聘禮，小禮也。今《儀禮》聘禮之詳，反十倍於觀禮，蓋周衰，觀禮缺失，而聘禮通行故也。王穆后崩，太子壽卒，晉叔向曰：王一歲而有三年之喪二焉。今《儀禮·喪服篇》『為妻期年』，果周公所制之禮，叔向豈有不知？何以所言喪服與《儀禮》迥異？且十七篇多係士禮，而文繁物奢已如此，然則此書之作，當在周末文勝之時。周公所制，必不如是。謂《周禮》條理詳備，然以為周公所作亦非也。《書》曰：『弼成五服，至於五千。』《孟子》曰：『海內之地，方千里者九。』今《周禮》封國，諸公方五百里，侯方四百里，伯三百里，子二百里，男百里，天子邦畿之外分九畿，畿每面五百，海內安得如許地而封之畿之耶？古者建國必本大而末小，今《周禮》天子之地僅四諸公，而諸公之地乃二十五倍於男邦，正賈誼所謂脛大如腰，指大如股者，是豈先王之法制乎？《孟子》：『其實皆什一也。』《公羊》曰：『什一者，天下之中正也。』今《周禮》乃云：『遠郊二十而三，甸稍縣都，皆不過十二。』其非周公之法，明矣。《孟子》曰：『廛無夫里之布。』是正賦之外無課於民者。今《周禮》使不毛者、無職事者出夫里之布。其非周公之法，又明矣。古者止有一郊，祭天乃如郊，祭地則如社。今《周禮》云：『祭天南郊，祭地北郊。』果爾，則周公於洛，何以一郊即兼祭天地？且南北郊亦不當同日。《春秋》書郊凡九，皆但書郊，果有南北兩郊，不應混而同之。謂共和者，因周、召二相和衷共儩而稱之，以為共伯和者，謬。謂龍漦事荒誕不足信。謂伯夷、叔齊無扣馬諫伐紂事，關紂故餓，餓故思養，而歸於周，《論語》但言餓於首陽，不言餓死於首陽，蓋戰國時楊、墨橫議，常非堯、舜薄湯、武，以快其私。毀堯則託諸許由，毀禹則託諸子高，毀孔子則託諸老聃，毀武王則託諸伯夷。太史公尊黃老，故好採異端雜說，學者但當信《論》、《孟》，不當信《史記》。」〔註27〕

〔註27〕陳履和：《崔東壁先生事略》，見李元度著、易孟醇點校：《國朝先正事略》卷三六，第1009～1011頁。

第七種，《洙泗考信錄》四卷，詳考孔子之事。

崔述首先考辨了孔子的原始、初仕、在齊、自齊反魯等內容。即孔父先死之臆度，辨目逆之說，《家語》世次不可信，辨顏父商瞞之說，孔子生年月日之考定，《孔庭纂要》記孔子生日之非，辨麟吐玉書之說，辨孔子形相之異，辨《史記》孔子名字說，孔子父卒之年不可考，辨魯君賜鯉之說，《年譜》記「委吏、乘田」之年不可信，《年譜》記孔母卒年不可信，辨殯衢封墓之說，辨衰絰與享之說，《史記》言初仕之誤，初仕之年，助祭之年，辨魯廟敧器之說，辨齊景公適魯之說，孟僖子卒在孔子助祭後，《史記》言懿子、敬叔學禮於孔子年十七時之謬，辨問禮老子之說，《家語》載問禮事尤謬，辨周廟金人之說，《家語》載莊子託言之非，《年譜》記訪樂問禮之年不可信，「八佾」之言即為禘襄公事而發，辨為高張家臣之說，「語樂」，「聞《韶》」非一事，聞《韶》不必在初至齊之日，辨齊景公問廟災之說，辨晏嬰譖沮孔子之說，辨齊致廩丘之說，「齊景公待孔子」語可疑，去齊之年，《年譜》記三至齊之謬，「為政」語之年，諫用玉斂為仲梁懷事，辨窮井獲羊之說，退教弟子之年，陽貨、陽虎似非一人，《年譜》記為宰及司空之年之謬。

隨後，崔述又考辨了孔子做魯司寇及適衛時的情況，分別有：為宰為司空事有無不可知，為司寇之年，辨《新序》為司寇時事，辨父子同獄之說，辨進眾議之說，夾谷之會不因孔子得政，辨具左右司馬之說，辨奏四方樂之說，辨奏宮中樂之說，齊歸汶陽之田不因謝過，《年譜》分司寇、大司寇為二官之謬，《世家》墮都年誤，司寇為政之故，辨公山弗擾召孔子之說，《論語》之誤，子路為季氏宰時事，辨行攝相事之說，辨誅少正卯之說，定公問，孟懿子問，齊歸女樂事可疑，辨犂鉏謀遺女樂之說，去魯之年，圍成在孔子去後，《年譜》記攝政五年之謬，辨致粟六萬之說，辨主蘧伯玉之說，子見南子事可疑，辨為夫人次乘之說，辨與蒲人盟之說，辨佛肸召孔子之說，擊磬於衛似在靈公時，辨學琴師襄之說，辨欲見趙鞅之說，答靈公語與答孔文子相類，去衛之故，《世家》四去衛之謬，《年譜》竄易《世家》。

崔述對於孔子過宋、厄於陳蔡之間、反衛、歸魯考辨有：過宋未必入宋都，「天生德」語之詞氣失真，辨見宋君之說，辨狀類陽虎及彈琴解甲之說，畏匡過宋似一事，《世家》記適陳由鄭之謬，陳侯之名，辨吳子問大骨之說，辨陳侯問楛矢之說，辨觀淩陽臺之說，聞火億中事可疑，辨冉求自陳歸魯之說，孔子無至州來及葉之事，《接輿》、《沮溺》、《荷蓧》三章可疑，厄於陳、

蔡非一日事，辨陳、蔡大夫圍孔子之說，陳、蔡之圍為莊了寓言，《史記》絕糧說不信者多，《論語》「慍見」一事之敷衍失真，辨子西沮封之說，思歸之年，反衛之年，《年譜》置《世家》五年事於一年中之謬，衛君為出公輒，正名之論似為輒發，辨脫驂賻喪之說，拒孔文子問較答衛靈為得實，衛孝公即出公，在衛為孔文子所留，辨冉有薦孔子之說，辨息駕河梁之說，《國語》記田賦，聚斂即用田賦，歸魯之年，正樂，雅言，辨刪《詩》之說，辨刪《書》之說，學《易》之年，辨作《易傳》之說，作《春秋》與獲麟之先後不可知，辨作《春秋》以自見之說，作《春秋》非專黜陟之權，修《春秋》循舊書法，辨程子論請討陳恒之謬，哀公、季康子、孟武伯諸問皆在歸魯後，兩答「顏淵好學」疑本一事，辨以黍雪桃之說，辭見孺悲事可疑。

《洙泗考信錄》中對孔子事迹的考辨，還包括：辨夢奠兩楹之說，孔子卒年月日之考定，《年譜》僭改經文之謬，年七十四，辨哀公問儒服之說，辨齊侯問商羊之說，辨楚王問萍實之說，辨延射揚觶之說，辨束帛贈程本子之說，《孝敬》非孔子作，辨孔氏再世出妻之說，《世家》伯魚之年不足信，《世家》孔氏世次尚可信，辨將死遺秘書之說，《檀弓》記弟子喪服疑有誤，孔子弟子無三千，《論語》成於後儒纂輯，《論語》後五篇之可疑，《論語》之文之重複，《論語》之文與他書複，孔子自言，顏淵、子貢論孔子，孔子非生知，孟子論孔子，孔子無見知聞知之人。

對於《洙泗考信錄》，陳履和評論道：「其《洙泗考信錄》四卷、《餘錄》三卷，謂今《論語》非孔門《論語》之原本，亦非漢初《魯論》之舊本。《齊論語》章句多於《魯論》，是齊、魯互異也。張禹本授《魯論》，晚講《齊論》，後刪而合之，號《張侯論》。然則今之《論語》乃張禹所更定也。禹但知媚王氏以保富貴耳，何足以知《論語》？其不當刪而刪、不當採而採，蓋不少矣。如公山佛肸兩章，蓋戰國之士顧自便其私，故誣聖人以自解，而張禹誤採之。夫佛肸叛乃趙襄子時事，其時孔子已卒矣，何往之有？此誣聖之大者也。謂孔子《家語》原書已佚，今之《家語》乃魏、晉間人雜取子史中孔子事迹增益而成者。謂孔子事見於異端雜說者，人猶不信，至《世家》及《家語》載之，而人始信之矣。至孔子年譜則又採之《世家》《家語》及諸雜說者，其謬尤甚。謂《左傳》言孔子相者，相禮也，非相國也，《史記》誤以為相國之相。謂匡為宋邑，似畏匡過宋本一事，『匡人其如予何』，『桓魋其如予何』，似一時一事之言，記者小異耳。謂孔子無刪詩書之事，先儒以《春

秋》爲託南而之權，行黜陟之事，其說亦非，蓋《春秋》所關者，天下之治亂，所正者，天下之名分，不可仍以諸侯之史目之，故曰天子之事耳。《春秋》得孔子修之，則善不待襃而自見，惡不待貶而自明，大義凜然，功罪昭著，故曰『成《春秋》而亂臣賊子懼。』謂孔子所謂『一貫』，曾子以爲『忠恕』，是即忠恕也。先儒釋之曰一理渾然，此渾然者，果何物乎？從曾子之言，則學者皆有所持循；從宋儒之言，則聖道反入於虛杳。吾寧從曾子，不敢從宋儒也。謂南容非南宮，敬叔以爲一人，其誤有六，語詳本書。謂《論語》左丘明，非作《傳》之左丘明，作《傳》之左丘明未嘗親炙孔子，劉歆謂親見夫子，無所據。」〔註28〕

第八種，《豐鎬考信別錄》三卷，考辨西周的政事經制，如經傳本無正文、不以年世分系、補釋未詳的內容。

崔述對周政盛衰涉及之事進行了詳細考辨，內容包括：用人與知人，庶獄與大獄，周多賢才之故，文王用賢才之法，武王求懿德，孔子答哀公問政之旨，《家語》誤錄「爲政在人」以下，蒲蘆爲草名，行潦之喻，吉人之媚，《泂酌》與《卷阿》之作意，「貪人敗類」，《鶴鳴篇》之喻，《祈父篇》與將士之困，《白駒篇》與賢人之去，幽王亡國與當時風俗，幽王亡國與其用人，《大東篇》之「私人之子」，《續考》序意，《無逸篇》末章義，「官箴王闕」，辛甲時代，《鹿鳴》、《皇華》與「胥訓告」，《板篇》之「笑」，《青蠅篇》之「讒言」，《正月篇》之「訛言」，《巧言篇》之「信讒」，子產與周公，兩考與《正錄》。

崔述《周室封建彙考》、《周職官附考》、《周遺迹補考》的內容有：《周官》大司徒說之非，姬姓之封非一時事，周封同姓非蕃衛子孫計，辨未下車而封國之說，辨太公爭營丘之說，引《蔡沈傳》辨周公稱成王命封衛之說，魯、燕之封在成王世，引柳宗元文辨桐葉封唐之說，《僞書》《蔡仲之命》，周代巡狩年數，周之弱不因封建，卿與大夫，鄉官之不可，「官盛任使」，《孟子》《班爵祿章》不必拘，重祿之效，《管子》鄉官之制，千室爲最大邑，「百室之邑」，儒者罕言鄉官，石鼓，羑里城，引汪師韓文辨石鼓，引《封演記》辨羑里城，古迹相因而生，周陵之誤指。

對周制度、洪範的考辨和補說主要包括：「子」爲未成諸侯之稱，謚法由

〔註28〕陳履和：《崔東壁先生事略》，見李元度著、易孟醇點校：《國朝先正事略》卷三六，第 1011～1012 頁。

漸而起，戎狄與蠻夷之不同，古人尙右，經無天了之屍，「國、家、室」之稱謂，訪箕之故，不知攸敘之故，九疇不見《唐》《虞書》，釋九疇之目，九疇先五行，「土爰稼穡」，五事與八政，言從與思睿，《八政章》有缺，八政先食，五紀協天道，九疇尤重皇極，「斂福錫民」之義，三德助建極，三德歸中正，權不可下移，聖人重決疑，聖人廣搜博採，修身之效，休徵與咎徵，《五福章》有缺，建極之終，洛書非九疇。

第九種，《洙泗考信餘錄》三卷，對孔子門人的事迹進行考察，糾正《史記》、《孔子家語》等書的謬誤。

崔述對顏子、曾子、閔子騫、冉伯牛、仲弓、子貢等人事迹的考辨，主要包括以下內容：顏路受業無明文，《史記》之年不足據，御馬之對爲顏闔事，辨食埃墨之說，後儒求心性於虛空之非，三正不以天、地、人分，顏子非後儒可擬，王充關孔、顏望闔門白馬之說，顏子非諸弟子可及，辨曾皙風詠之答，辨曾皙倚門之歌，一貫之詔非傳道，辨辭魯致邑之說，辨辭齊聘之說，辨受父大杖之說，辨心動歸省之說，辨曾母投杼之說，辨執喪過禮之說，辨重錄輕錄之說，辨速貧速朽之說，辨蒸藜出妻之說，辨疾革易簀之說，後學多宗曾子，《大學》非曾子作，本書稱名依《論語》，辨菜色之說，辨蘆花袍之說，辨父賤行惡之說，「唯」、「然」之應不能定參、賜之優劣，辨鬻財之說，辨存魯、亂齊、亡吳、強晉、霸越之說，子貢時勢功業與曾子不同。

接著，崔述對子路、有子、原思、公西華、子賤、子游、子夏、子張、宰我、冉有、子羔、樊遲、司馬牛、漆雕開、公冶長、南容等人的事迹進行了辨析，主要有：辨盛服持劍之說，《顙睨章》可疑五事，辨親沒遊楚之說，辨瑟有北鄙聲之說，辨爲師被黜之說，有子、子路非諸弟子所及，辨敝衣冠見子貢之說，《說苑》記宰單父事四則，辨制肘之說，辨爲惠子重服之說，《絃歌章》可疑處，辨短於財之說，《詩序》非子夏作，《喪服》《大傳》非子夏作，辨曾子數罪之說，辨千里見魯哀公之說，辨卻楚車師之說，辨與田常作亂之說，《史記》之誤本於李斯，辨刖者脫諸郭門之說，辨通鳥言之說，南容即南宮適、非南宮敬叔，括與縚，妻長、妻容非一時事，與容未必爲孔子弟子。

此外，崔述還對左子、子思（附錄有十二人）、孔門弟子通考、論語源流附考等進行了考析，包括的篇目有：左氏非左丘明，《國語》非左氏作，《左傳》遠勝公、穀二家，辨辭狐白裘之說，辨薦苟變之說，辨子思母嫁於衛之說，子思老始歸魯，孟子言未可盡信，淳于髡言不足信，《中庸》非子思作，

《中庸》非一篇，《中庸》非出一手，（附錄十二人：琴張、牧皮、商瞿、季次、秦丕茲、申棖、段干木、田子方、泄柳、申詳、公羊氏、穀梁氏。）辨荀子「居是邦不非其大夫」之說，《檀弓》與《說苑》記除喪彈琴之異，《柴也章》未可斷為孔子之言，《史記》著弟子名籍之誤，《史記》著弟子國邑之誤，《史記》著弟子年歲之誤，《齊論》多後人附會，東漢所行為張禹更定之《論語》，張禹更定《論語》之謬，鄭玄所注《論語》即張禹更定本，王充、鄭玄之謬，聖言不可謬遵，自述研究《論語》經歷。

第十種，《孟子事實錄》二卷，對孟子之事進行考辨，以糾正以往史書記載的謬誤之處。

《孟子事實錄》二卷主要是把孟子的一生分為在鄒、適梁、遊齊、由宋歸鄒，之滕，至魯等階段進行考析，並記有雜紀，附錄，附韓文公稱述孟子三則，附論孟子性善之旨，附讀孟子餘說一則。具體篇目有：辨孟母三遷之說，辨孟母裂織買豚之說，辨孟母不許去婦之說，孟子無受業子思事，宋人疑孟子見諸侯之誤，孟子救時之旨，「利」非不可言，孟子至梁在惠王後元之末，《紀年》「今王」即襄王，孟子在梁未仕，孟子至齊在至梁之後，孟子不尊周室之故，孟子之王政，孟子救世苦衷，孟子用人之說與齊大夫，以邴之戰證孟子用人之說，齊王悅服孟子，《平陸章》見齊君臣之美，王驩敬孟子，《國策》記齊伐燕事失孟子意，伐燕為齊宣王事，孟子去齊之故，孟子心事，孟子不受齊采邑，齊宣王勝人三事，鄒有司猶為賢，滕文公問在即位後，先養後教，取民有制，鄉遂取民之制，都鄙取民之制，鄉遂用徹、都鄙用助，教在人倫，全章要領，井地即助法，君子與野人，鄉遂之政，都鄙之政，《梁惠篇》以時之先後序，《魯平章》總結通篇之文，孟子遊歷之先後，孟子所辯多楊、墨之說，孟子之功，樂正子——好善與為政，樂正子從王驩，萬章——堯、舜、禹之授受，公孫丑——怨親與短喪，《孟子》書出於門人追述，孟子門人之功，論性六說，人性兼理義及氣質而成，越椒、食我之性惡出於附會，評韓、程之論，附辨羊舍食我事，《中庸》襲《孟子》之證。

對於《孟子事實錄》，陳履和認為：「其《孟子事實錄》二卷，謂孟子至梁，不在惠王三十五年，當在後元十二年，襄陵既敗之後。蓋惠王三十七年始僭稱王，惟既稱王，故孟子稱之曰『王』，惟既敗，故有『喪地』之語。謂後人疑孟子當尊周室，不當勸齊、梁行王政，不知周顯王時周已失國，至東周、西周君判為兩國，已降同諸侯，是時民困已極，孟子急欲救民，故勉以

王政保民之事。此時而責以尊周，是不識時勢而妄議也。」〔註29〕

第十一種，《考古續說》二卷，對《考信錄》內容的補充，也有對古書的考論。

《考古續說》所含篇目有：節錄昌黎韓子論道數則，王充闢聖人之生不因人氣之說，劉知幾論劉向認戰國寓言為實事之誤，劉知幾論嵇康認戰國寓言為實事之誤，黃長睿論世傳《師春》非汲塚原書，洪邁論《周書》多過實，洪邁論《戰國策》之錯亂，顧炎武論孔廟杏壇非眞迹，顏之推論古籍為後人所竄，晏嬰不及見白公之亂，孔子未嘗至楚，孔子不及見晉陽之圍，漢儒誤信戰國時書，經義以明經科而晦，不相涉之事誤合為一之二例，徇名與究實，假託成文為詞人常事，附會妄造為好事者之常事，古書多有補續及竄入之文，不見不聞之一例，夏不改曆，湯、武皆承本國舊曆，夏之貢法仍堯、舜之舊，商、周之助徹皆自順侯國之土宜，「三綱，五常，文質，三統」皆漢儒之說，三代學制僅見《孟子》，世變一端，「載、歲、祀、年」之義，社制，《明堂位》不可信，論情重於論事，孥戮為權宜之制，「寧失不經」之故，殄滅奸宄之故，叔向譏鄭人鑄刑書之故，子復父讎，齊、晉、魯之微——魯之微，晉、齊之微，三國比較，韓、趙、魏之侯——三晉之僭侯不必待王命，三晉之僭侯非一年之事，三晉滅公室之實，周分為兩，西周之亡，西周君事移之赧王之非，東周之亡，《通鑑》與《綱目》不載分周之誤，劉向說漢祖，漢當為周裔，《左傳》紀載甚略且失實，召陵之役之文採於楚史，侵蔡不因蔡姬之稼，許男降楚非實事，桓公卒後越六十七日而殯之謬說之由來，桓公霸業應由經文證之，桓、文皆未可蔑視，陳無改姓田之事，陳訛為田之故，今本《紀年》出於宋、元之後，證一——今書起自黃帝之謬，證二——啓、益事紀載之異，證三——商代都邑與年數之異，證四——今書以週年紀本國事之謬，證五——今書以周正紀本國事之謬，證六——《索隱》所引原文為今書漏去者，證七——依《索隱》敘述推今書所漏（列國年世），證八——依《索隱》引文之義例推今書所漏（諸侯名諡，生卒，廢立），證九——今書採輯《索隱》之舛誤，證十——災異惟記習熟數條，唐、宋大儒之功，《尙書》之重要，古文由今文而辨，伏、韓之功不為學者所知。

第十二種，《考信附錄》二卷，考辨崔述先世、師友、門生的事迹以及《考

〔註29〕陳履和：《崔東壁先生事略》，見李元度著、易孟醇點校：《國朝先正事略》卷三六，第 1012 頁。

信錄》的刊刻。

　　崔述從家學淵源、少年遇合記略、題詞、贈詩、陳跋三則、附陳履和刻書始末等方面進行了分析，篇目有：曾祖段垣公——《魏縣舊志》先段垣公傳，先段垣公行狀，附段垣公文一篇——《備廬說》，附《段垣詩訂後序》，父闇齋先生——闇齋先生墓誌銘，先君教述讀書法（先孺人教法附），《先府君行述》摘錄，母李孺人——《先孺人行述》摘錄，弟邁——附記弟邁事，附記弟所著書，朱煐——附《祭朱公文》，朱士琬，秦學溥，秦樸，史貽謨，汪師韓——上汪韓門先生書，陳履和——贈陳履和序，讀《補上古考信錄》，讀《夏考信錄》，黃文治——送東壁先生歸大名，嘉慶二年刻本跋——初刻《上古》、《洙泗》二錄《正朔》、《禘祀》二考跋，嘉慶十三年刻本跋——刻《唐虞考信錄》跋，乾隆五十七年書箚——客京師時致書，送別詩四首，嘉慶初年書箚——自南昌寄羅源書摘略，自廣豐寄上杭書摘略，自廣豐寄羅源書摘略，嘉慶十三年書箚——自南昌寄彰德書，嘉慶十四年書箚——自南昌寄彰德書略，嘉慶十五年書箚——自貴州道寄彰德兩書略，自雲南寄彰德書略（庚午十一月），嘉慶十八年書箚——癸酉十二月自雲南寄彰德書，附帶去書目，附邊印金書，書《考信錄》後。

　　以上是《考信錄》的具體內容，崔述曾回憶此書的成書過程說：「顧家貧多病，衣食於授徒，焦勞於禦侮，碌碌苦無暇日；加以居僻書少，檢閱為難，蓋八年而《洙泗考信錄》始成，《補上古考信錄》亦旋脫稿。會史部文下，至京待選，遇滇南陳履和，悅而抄之。又數年，《唐虞考信錄》甫脫稿。其他尚未訂正成卷，而述選得福州之羅源縣，遂不得竟其業。時嘉慶元年也。羅源地居邊海，民蠻俗敝，兼以事多掣肘，不能一有所為；自念坐而曠職，何如歸而讀書，由是屢以病辭。而上官中有惜之者，迄不肯許。至六年冬，始得授政新令。越明年春北旋，乃得取《夏》、《商》、《豐鎬》等錄從容撰訂，數年而後脫稿。然猶不敢自信，暇中復取新舊諸錄細閱而增改酌定之，又數年而後成。凡為錄者九，為卷者三十；加以《提要》、《續說》、《附錄》，共三十有六卷：一生之學問精力略盡於此矣！」〔註30〕其弟子陳履和就曾感歎道：「嗚呼，先生之自敘云爾，亦可以見窮年著作之苦心矣！」〔註31〕可見，《考信錄》是傾注崔述一生心力之作。

〔註30〕崔述：《〈考信錄〉自序》，見《崔東壁遺書》，第921頁。
〔註31〕陳履和：《崔東壁先生行略》，見《崔東壁遺書》，第943頁。

綜上，崔述在《考信錄》中闡發了自己的史學觀念，認爲時代越往後發展，對於古史的瞭解越少，但對遠古的歷史越往前推，附會就越多，也就愈加不可信。如他認爲三代是可信的時期，至堯、舜時上溯至黃帝也是較爲可信的傳說時期。之後，《尚書》、《詩經》、《論語》、《孟子》上溯至堯、舜或唐虞，《史記》上溯至黃帝，《綱目前編》、《綱鑒捷錄》上推至包羲氏、天皇氏，河圖、洛書、《皇王大紀》追溯到天皇氏、盤古氏，這些都是不可盡信的。

二、《考信錄》的特點

崔述《考信錄》在考辨古史、古書時，體現出了多方面的特點。如認爲傳說是迷信荒誕的，故不能採信；主張考辨以經書爲依據，推崇聖人之教；認爲應以客觀求實的態度考辨古史；主張考辨古史要「細爲推求」、「舉一反三」等等。現就給予簡要闡發。

（一）崔述認爲遠古傳說往往縹渺無稽，不能採爲信史

崔述對於《史記·五帝本紀》中關於黃帝巡遊封禪的記載，駁斥爲是不足採信的無稽之談，他指出：「此皆戰國、秦、漢之間方士異端所述，所謂黃老家言，陰陽家言是也。蓋既託其術於黃帝，因僞傳黃帝之事以實之耳。堯自舉舜以前，其事尚不可詳考，況黃帝蹤迹之所至乎！」〔註32〕

崔述還引用王充《論衡》的觀點駁斥了黃帝騎龍上天之說，認爲：「黃帝昇天之說本不足辨，司馬氏載之，正以見其荒謬耳。王氏以爲非實，是矣。然言『黃帝好方術』，則尤惑於世之邪說而未之察。上古原無方術，而黃帝垂衣裳而天下治，亦豈至爲方士之所欺哉！世之言神仙者多託之於黃帝、老子，類此者非一，而文學之士亦有採之入書者。恐其久而惑世，故錄此篇以例其餘。」〔註33〕

崔述認爲黃帝傳兵法的說法是不可信的，他指出：「《易大傳》文，書契之興，弓矢之作，皆在黃帝以降，黃帝之時安得有兵書及圖傳於後世哉！此乃戰國之時權謀之士所作，僞託之黃帝耳。至於獸身、人語，元女授法，語尤不經。蓋唐以前人多好怪，見此等語以爲新奇，輒採之以入書，而不知其惑世爲甚大也。」〔註34〕

〔註32〕崔述：《補上古考信錄》卷上，見《崔東壁遺書》，第36頁。
〔註33〕崔述：《補上古考信錄》卷上，見《崔東壁遺書》，第37～38頁。
〔註34〕崔述：《補上古考信錄》卷上，見《崔東壁遺書》，第35頁。

　　崔述對孔子出生之時的麟吐玉書的說法進行了考辨。伏侯的《古今注》中對孔子出生時的情況有這樣的記載：「孔子生之夜，有二蒼龍自天而下；有五老列於庭；有麟吐玉書於闕里，云：『水精之子，繼商、周而素王出，故蒼龍繞室，五星降庭』（云云）。」崔述針對此說法，分析道：「麟所以為瑞者，以其至仁，非能通神而作怪也，麟口中安得有書也哉！麟雖瑞物亦胎生也；書者，人之所為，非天地所能生，麟亦不能自為書也，麟口中安得有書也哉！西狩獲麟，《春秋》志之矣；孔子生時國有麟至，乃真祥也，《春秋》何以反不志乎！至於蒼龍五星之降，事尤荒唐；『水精之子』云者，語亦謬戾。此說至為無稽，而世亦或信之，嘻，其真可異也已！」〔註35〕

　　崔述對姜嫄踐迹而孕育棄的說法進行了辨析，他首先介紹了《詩經·大雅》、《史記·周本紀》、鄭玄注釋《詩經》、歐陽修、蘇明允、朱熹《詩傳》中的說法及相互傳承關係，遂分析道：「生民之初固由氣化，然氣化則純以氣化，必無以半形半氣相雜而化者。氣既可以為父，寧獨不可以為母，而必待人然後能孕乎！氣化如蚤虱，生於土，生於襦之縫，不生於雌之腹中也。形化如雞鶩，無雄則卵而殰矣。故凡不本於雄，則必不孕於雌；若孕於雌，必本於雄；無古今，無靈蠢，皆若是而已矣。且鳥卵者，氣耶？形耶？人之精血為人道，鳥之卵何以獨為天地之氣乎！巨人者何耶？鬼神耶，則不得有足迹；有迹，是有形也；有形，是亦一物而已，安得為天地之氣乎！凡物皆以同類相交為正，異類相交為妖；況不待交而但以卵與迹，是戾氣之所鍾耳。丹朱馮身，龍漦孕女，其說雖不經，然其意猶以為妖也。吞卵踐迹，何以獨得為瑞乎！至於漢高之生，母與龍交，亦出《史記》說耳，不得即以遷言證遷言也。假令果有此事，則其母為不貞而太公不得為高帝父矣。若之何欲以此誣聖人哉！天主之教，邪教也，其說荒誕難憑，故自誣其始為教之人曰不父而孕。儒者不當為是言也。況其所稱者，女也，非婦也，則是猶以有夫者為不可也。儒者何反不逮焉！由是言之，毛、鄭之說是非判然。朱子乃以《史記》之故，獨非毛而從鄭。遷與康成皆漢人也，出之鄭氏為臆說，出之司馬氏獨非臆說耶！司馬氏之誣多矣，其顯與經傳異及前後自相矛盾者無慮數百，奈何欲盡以為實乎！嗟乎，蘇明允之議論，紕繆者蓋不乏矣，朱子之解經，最為純粹者，然至稷、契之事，則蘇之論反純粹而朱子之說凡荒唐，斯誠理之不可解者矣！」〔註36〕僅此一事的辨析，崔述就指出司馬遷《史記》、

〔註35〕崔述：《洙泗考信錄》卷一，見《崔東壁遺書》，第266頁。
〔註36〕崔述：《豐鎬考信錄》卷一，見《崔東壁遺書》，第163頁。

朱熹等等多數前人之誤，特別是「司馬氏之誣多矣」一語，眞是對古今信占派的當頭棒喝，振聾發聵，極具學術思想解放的意義。

（二）崔述主張考辨以經書為依據

崔述將史籍分成三類，即經書、傳注、諸子百家言。他指出：「孟子曰：『盡信《書》則不如無《書》；吾於《武成》，取二三策而已矣。』聖人之讀經，猶且致愼如是，況於傳注，又況於諸子百家乎！」〔註37〕又說：「傳雖美，不可合於經，記雖美，不可齊於經，純雜之辨然也。」〔註38〕他分析原因道：「傳記之文，往往有因傳聞異詞，遂誤而兩載之者」，「一事兩載乃傳記之常事，或因傳者異詞，亦有兩事皆非實者」，「漢以來之書以誤傳誤者甚多，不得盡指以爲實也」。〔註39〕他認爲經書彰顯了聖人之意：「故居今日而欲考唐、虞、三代之事，是非必折衷於孔、孟而眞僞必取信於《詩》、《書》，然後聖人之眞可見而聖人之道可明也。」〔註40〕同時，他認爲傳注、百家之言都是不合於聖人之意的，他回憶了自己的做法：「自讀書以來，奉先人之教，不以傳注雜於經，不以諸子百家雜於經傳；久之而始覺傳注所言有不盡合於經者，百家所記往往有與經相悖者，然後知聖人之心如天地日月，而後人晦之者多也！」〔註41〕

在這種認識的基礎上，崔述在辯駁史事時，本著疑古信經的原則，以經書中的記載爲標準，其次爲傳注的記載，再次爲諸子百家之言。在具體運用時，崔述就遵循了這點，以經典爲依據來考辨古史，他認爲經中所載的史事是眞實的，其他古籍均可能含有訛誤的記述。如果經典之中沒有記載，其他文獻中的記載就大可考究。

崔述在《洙泗考信錄》中考辨了孔子衰絰與享的說法。《史記·孔子世家》中記載：「孔子母死要絰。季氏享士，孔子與往，陽虎絀之曰：『季氏享士，非敢享子也！』孔子由是退。」崔述針對這一記載，考辨道：「禮，居喪者三年不飲酒食肉；小功緦麻，飲酒食肉，不與人樂之。酒肉尚不可飲食，況敢受大夫之享乎！輕喪尚不與人樂之，況重喪乎！孔子如是，不幾貽笑於陽虎耶！《家語》亦覺其謬，又改其文以曲解之，謂陽虎弔孔子，告以享士

〔註37〕崔述：《考信錄提要》卷上，見《崔東壁遺書》，第 3 頁。
〔註38〕崔述：《考信錄提要》卷上，見《崔東壁遺書》，第 12 頁。
〔註39〕崔述：《考信錄提要》卷上，見《崔東壁遺書》，第 9 頁。
〔註40〕崔述：《〈考信錄〉自序》，見《崔東壁遺書》，第 921 頁。
〔註41〕崔述：《〈考信錄〉自序》，見《崔東壁遺書》，第 921 頁。

之事，而孔子曰：『某雖衰絰，亦欲與往。』以示不非陽虎之意，則其謬更甚焉。何則？虎弔而言享士，即失禮，其小焉者耳；衰絰而往，失禮大矣，以此答之，不亦僨乎！且虎果失禮，不非之足矣，曷爲而更甚之，是諂也；不往而僞告以欲往，是欺也。聖人必不如是。」〔註42〕這是不見於經傳、不見於《論語》的記事，崔述在分析《史記‧孔子世家》記載的同時，又引用了《孔子家語》的說法，批駁這兩書的說法都是錯誤的，等於給孔子抹黑。這是爲崔述所不能認可的。

《論語‧陽貨篇》中有記載：「孺悲欲見孔子，孔子辭以疾。將命者出戶，取瑟而歌，使之聞之。」崔述認爲此事可疑，分析道：「孺悲果有過，孔子責之可也；若有大過而不可教，絕之可也；胡爲乎陽絕之而陰告之，有如兒戲然者？恐聖人不如是之輕易也。使悲果能聞歌而悔，則責之而亦必悔可知也；使責之而竟不知悔，即聞歌奚益焉？孔子於冉有之聚斂，弟子也，責之而已；於原壤之夷俟，故人也，亦責之而已；未有故絕之而故告之如此一事者。獨《陽貨篇》有之。《陽貨篇》之文固未可以盡信也。或當日曾有辭孺悲見之事，而傳之者增益之以失其眞。」〔註43〕崔述出於聖人作爲必無差誤的信念，推斷此事在流傳中失眞，故列到「存疑」事項之中，以待考訂，並且認爲《論語》記述孔子事迹也會出現訛誤。

（三）崔述認為應以客觀求實的態度考辨古史

崔述在考辨古史和古書時重視客觀和求實，不妄下結論，反對強不知以爲知。他指出：「夫論古之道當先平其心而後論其世，然後古人之情可得；若執先入之見，不復問其時勢而但揣度之，以爲必當然，是『莫須有』之獄也，烏足爲定論乎！」〔註44〕

崔述指出：「孔子曰：『知之爲知之，不知爲不知，是知也。』又曰：『吾猶及史之闕文也。』夫聖人豈不樂於人之盡知，然其勢必不能。強不知以爲知，則必並其所知者而淆之。是故無所不知者，非眞知也；有所不知者，知之大者也。」又指出：「然天下之書豈能盡見，缺之未爲大失也」，「彼漢人之說經，有確據者幾何，亦但自以其意度之耳，然則其類此者蓋亦不少矣，特古書散軼，無可證其誤耳，烏在其可盡信也哉！」「夫以宋人讀宋人之書，時

〔註42〕崔述：《洙泗考信錄》卷一，見《崔東壁遺書》，第268頁。
〔註43〕崔述：《洙泗考信錄》卷四，見《崔東壁遺書》，第315頁。
〔註44〕崔述：《豐鎬考信錄》卷一，見《崔東壁遺書》，第166頁。

代甚近，宜無誤也，然其誤尚如此，況一千年以前之書，又無他書可校者乎！故今爲《考信錄》，凡無從考證者，輒以不知置之，寧缺所疑，不敢妄言以惑世也。」〔註45〕可見，崔述主張寧可闕疑，也不敢妄下結論以惑世。因此，凡是在考辨時無法確定的史事，他就在《考信錄》中標以「事之有無不可知」、「今亦闕之」、「俟考」、「存疑義」、「俟夫好古之士考焉」等等。

崔述認爲判斷史事是否存在及其眞實程度，不能僅憑漢代之書的記載就信以爲眞：「雖古有是語，亦未必有是事；雖古果有是事，亦未必盡如後人之所云云也。況乎戰國遊說之士，毫無所因，憑心自造者哉！乃世之士但見漢人之書有之，遂信之而不疑，抑亦過矣。」〔註46〕應堅持客觀求實的態度。他指出：「古人之書高下眞僞本不難辨，但人先有成見者多耳」，「余生平不好有成見，於書則就書論之，於事則就事論之，於文則就文論之，皆無人之見存」。〔註47〕其中就體現出崔述在考辨古史時堅持了客觀的態度。

《尚書‧金縢》篇言周公「辟位而居於東」，歷來有不同解說，崔述在《考信錄》中論述道：「《金縢》『弗辟』之『辟』，鄭氏以爲『退辟』；『居東』，以爲『辟位而居於東』。自《僞孔傳》出始訓『辟』爲『法』，而以誅殺之意解之，於是以『居東』爲『東征』，以《鴟鴞詩》爲在黜殷之後。隋、唐之際，鄭學浸微，孔穎達作疏，遂齊鄭而用《僞傳》。唐、宋學者靡然從之。雖朱子《詩傳》，初亦採其說；及後答蔡沈書，始覺其謬。而蔡氏作《書傳》，乃本朱子之意以正其失。」〔註48〕又如崔述引用了朱熹的觀點就《毛詩》中對《昊天有成命篇》「成王」的解釋提出了異議，他指出：「衛宏《毛詩序》云：『《昊天有成命》，郊祀天地也。』鄭氏《詩箋》云：『文王、武王受其業，成此王功，不敢自安逸。』韋氏《國語解》云：『文、武修己自勤以成其王功，非謂周成王身也。後之說《詩》者皆從之。至宋，歐陽永叔始駁其謬；朱子《詩序辨說》論之尤詳。」〔註49〕

崔述在贊同朱熹的觀點，並引用其觀點考辨古史的同時，對其觀點的失實之處也給予了分析。如朱熹在《史傳》中將「南仲大祖，大師皇父」解釋爲「謂南仲爲大祖，兼大師而字皇父者」。崔述認爲朱熹把南仲作爲皇父之

〔註45〕崔述：《考信錄提要》卷上，見《崔東壁遺書》，第9～10頁。
〔註46〕崔述：《考信錄提要》卷上，見《崔東壁遺書》，第4～5頁。
〔註47〕崔述：《考信錄提要》卷下，見《崔東壁遺書》，第16頁。
〔註48〕崔述：《豐鎬考信錄》卷四，見《崔東壁遺書》，第203頁。
〔註49〕崔述：《豐鎬考信錄》卷四，見《崔東壁遺書》，第225頁。

祖的解釋是錯誤的，他分析道：「《春秋傳》云：『昔我皇祖伯父昆吾。』《離騷》云：『朕皇考曰伯庸。』皆係祖考之名號於祖考之文之下，未有反繫子孫之名於祖考之文之下者。其或由祖考而及其子孫，則云某人子某，某人孫某。若南仲果皇父之祖，則文當云『南仲曾孫大師皇父』，不當反云『南仲大祖大師皇父』也。南與皇，氏也；仲與父，字也；猶《春秋傳》之稱智伯趙孟也。其子孫當世以南與皇冠之，故宣王時有皇父，幽王時亦有皇父；《詩》有家父，《春秋》亦有家父，《春秋》莊公時有單伯，文王時亦有單伯，成公以後又有單子。然則南仲、皇父當各自為一族，不得以此二人為祖孫也。古有以『祖』為名者，有以『祖』為氏者；古之彭祖，《書》之祖己、祖伊是也。『大祖』或南仲之稱號，未可知也。《詩》之『假以溢我』，據《春秋傳》乃『何以恤我』；『假樂君子』，據《戴記》乃『嘉樂君子』。『大祖』或音之轉，字之誤，亦未可知也。缺所疑焉可矣，不得遂以為祖考之祖也。」在此分析的基礎上，崔述總結道：「蓋朱子之誤由信毛、鄭正雅變雅之說，而以《出車》為懿王以前詩，南仲為懿王以前人，故不得已而曲為之解耳。」〔註50〕

　　崔述認為應以客觀求實的態度對朱熹的成就及過失進行評價。他歸納了朱熹所誤之處，認為朱熹的《易本義》、《詩集傳》、《論語集注》、《孟子集注》大部分都是沿用前人的舊說，其中偶有創見的，則是改用自己的觀點而已。同時，崔述認為也應看到朱熹致誤的原因：「然則朱子雖採舊說，初未嘗執一成之見矣。今世之士，矜奇者多尊漢儒而攻朱子，而不知朱子之誤沿於漢人者正不少也。拘謹者則又尊朱大過，動曰『朱子安得有誤！』而不知朱子未嘗自以為必無誤也。即朱子所自為說，亦間有一二誤者」，「蓋人之精神心思止有此數，朱子仕為朝官，又教授諸弟子，固已罕有暇日，而所著書又不下數百餘卷，則其沿前人之誤而未及正者，勢也；一時偶未詳考而致誤者，亦勢也。所謂『智者千慮，必有一失』」。崔述最後歸納道：「惟其不執一成之見，乃朱子所以過人之處。學者不得因一二說之未當而輕議朱子，亦不必為朱子諱其誤也。」〔註51〕從中可見，崔述考辨古史以及評論以往學者時的態度是客觀的，是者是之，非者非之，既不迴護，也不強行指謫。

　　崔述本著客觀求實的態度，認為文王作《周易·彖辭》、周公作《周易·

〔註50〕崔述：《豐鎬考信錄》卷七，見《崔東壁遺書》，第241頁。
〔註51〕崔述：《考信錄提要》卷上，見《崔東壁遺書》，第13頁。

爻詞》的說法是不可取的。他詳細分析了《易傳》、《史記》、《漢書》等書記述的相關內容，細緻條理地指出：「由是言之，謂文王作《彖詞》，周公作《爻詞》者，乃漢以後儒者因《史記》、《漢志》之文而展轉猜度之，非有信而可徵者也。」〔註52〕於是，他對此提出恰如其分的處理意見：「他對此進行了記載，可謂用心良苦：「故今但錄《易》、《春秋》傳原文以存疑義；而不敢據漢儒展轉猜度之說，遂直斷何者爲何人所作。仍略記其爲說之因，庶使學者有所考焉。」〔註53〕這體現了歷史考據學家的嚴謹、務實的學術態度。

（四）崔述主張考辨古史要「細爲推求」、「舉一反三」

崔述認爲考辨古史應詳細，要「細爲推求」。他首先借用了一句諺語「打破沙鍋紋到底」〔註54〕，認爲「蓋沙鍋體脆，敲破之，則其裂紋直達於底；『紋』與『問』同音，故假藉以譏人之過細而問多也」。崔述認爲不僅「過細而問多」者不應被譏諷，相反，就是因爲不夠細心、含糊輕信才導致敗事，他曾回憶道：「然余所見所聞，大抵皆由含糊輕信而不深問以致償事，未見有細爲推求而償事者」，「然而世皆以含糊爲大方，以過詳爲瑣碎，雖償事而不悔，其亦異矣！余自中年以前，所見長於余者言多分明，於事亦罕鹵莽。中年以後，所見少於余者則多貴鹵莽而厭分明：其發言也，務不使之分曉，若惟恐人之解之者；其聽言也，亦不肯問之使分曉，而但以意度之。以此爲彼者常十之六七，然皆自以爲已知也。至於聽訟，尤爲要事，然人皆漫視之；以曲爲直，以直爲曲者，比比皆然。余爲吏，每聽訟，未有言余誤斷者，然有謂余過細者。況於《考信》一錄，取古人之事歷歷推求其是非眞僞，以過細譏余者當更不知幾許。嗟夫，嗟夫，此固難爲世人道也！」〔註55〕正是基於這種認識，崔述在《考信錄》裏對古史及古書的疑古、辨僞、考信都做到了「細爲推求」，致爲詳盡。

在論及對古史的考辨時，崔述強調要「舉一反三」，觸類旁通。這一觀點是崔述在考辨《史記》中記載成王親迎周公一事時提出的。他認爲：「成王感風雷之變而親迎周公一事，《史記》載於周公卒後。今按《尙書·金縢》篇，

〔註52〕 崔述：《豐鎬考信錄》卷五，見《崔東壁遺書》，第221頁。
〔註53〕 崔述：《豐鎬考信錄》卷五，見《崔東壁遺書》，第222頁。
〔註54〕 「打破沙鍋紋到底」的典故出自宋朝黃庭堅的《拙軒頌》：「覓巧了不可得，拙從何來？打破沙盆一問，狂子因此眼開，弄巧成拙，爲蛇畫足，何況頭上安頭，屋下安屋，畢竟巧者有餘，拙者不足。」
〔註55〕 崔述：《考信錄提要》卷下，見《崔東壁遺書》，第22頁。

在作《鴟鴞》後，伐武庚前。惟顏師古引《尚書大傳》文，以此爲成王將葬周公於成周時事。然則《史記》蓋因《傳》而誤也。夫以爲在周公卒後，則所謂親迎者迎何人乎？所謂出郊者欲何爲乎？《史記》不能解說，遂以郊爲郊祀之郊，而謂魯之得郊因此，是因一誤而再誤矣！此事幸《金縢》之篇猶存，故人不之信；不幸而此篇或逸，人未有不以爲實然者。」他總結道：「然則《史記》中因所採之書已亡，無所考證，而人莫由知其誤者，可勝道哉！吾願世之讀《史記》者聞一知二，舉一反三，勿執先入之言以致失古人之實也！」〔註56〕他主張後世的學者在讀《史記》時，應舉一反三，以免受到前人見識的影響。這是崔述運用對經典《尚書·金縢》的解釋指謫《尚書大傳》、《史記》之誤的實例，具體地表達了他信從經典、而可以質疑傳與記的思想。而對「聞一知二，舉一反三」的提倡，就是要學者通過一二具體事例的剖析，建立起從整體上疑古考信的理念。

　　綜上所述，崔述的《考信錄》對遠古傳說和先秦史記載進行了嚴密地審視，從疑古考辨的治史宗旨出發，以客觀求實的態度、嚴謹細密的考析方法，廓清了中國先秦史許多荒誕無稽、訛傳誤載之處。從來疑古考辨的對象，都集中於先秦史，但自古以來的疑古學者，皆遠不及崔述所涉及內容之廣泛、論辯之深刻。因此，在某種意義上可以說崔述乃中國古代疑古史家的集大成者。由於崔述相信儒學經典，其疑古考辨的議論中有些判斷不免偏差。雖然崔述的疑古考辨未能衝破時代的局限，但這種已經走在時代前列的獨立思考精神，對學術文化和社會思想的進步起到了持久的激勵作用。以下就擬對崔述先秦史考辨所取得的成就以及存在的局限進行分析。

〔註56〕崔述：《豐鎬考信錄》卷五，見《崔東壁遺書》，第220頁。

第四章　崔述先秦史考釋的 成就及局限性

　　崔述爲學主張懷疑和辨駁僞妄、考而後信，其疑古、辨僞、考信之學在對古史、古書等方面的研究上，取得了較爲豐碩的成就，提出了一些獨到的見解，但也存在一定的局限性。本章擬就此展開探討。

第一節　崔述先秦史考釋的成就

　　據上文對《考信錄》內容的介紹，可知崔述對先秦史的考釋成就頗多。崔述對先秦及以後諸多具體史事進行了細緻地考辨，有的考辨發前人所未發，有的考辨則與其他學者不謀而合。現僅舉代表性幾例，以彰顯其史學的價值。

一、崔述對上古帝王傳說的考辨

　　崔述對上古帝王展開了考辨，認爲這些傳說都是值得懷疑的。崔述認爲：「自《易》、《春秋》傳始頗言羲、農、黃帝時事，蓋皆得之傳聞，或後人所追記；然但因事及之，未嘗盛有所鋪張也。及《國語》、《大戴記》，遂以鋪張上古爲事；因緣附會，舛駁不可勝紀。加以楊、墨之徒欲紬唐、虞、三代之治，藉其荒遠無徵，乃妄造名號，僞撰事迹，以申其邪說；而陰陽、神仙之徒亦因以託之。由是司馬氏作《史記》遂託始於黃帝；然猶頗刪其不雅馴者，亦未敢上溯於羲、農也。逮譙周《古史考》、皇甫謐《帝王世紀》，所採益雜，又推而上之，及於燧人、包羲。至《河圖》、《三五歷》、《外紀》、《皇王大紀》

以降，且有始於天皇氏、盤古氏者矣。於是邪說詖詞雜陳混列，世代族系紊亂龐雜，不可復問，而唐、虞、三代之事亦遂爲其所淆。」〔註1〕他認爲一些遠古帝王是後人僞造而來的。僅舉以下兩例。

第一，崔述對三皇五帝的考辨。

崔述在分析以往史籍和學者記載的基礎上，對傳說中的三皇、五帝進行了考辨。在崔述之前，漢人谷永〔註2〕曾說過：「夫周秦之末，三五之興。」顏師古作注說：「三謂三皇，五謂五帝。」這也就明確指出三皇五帝說產生於戰國之時。

崔述首先梳理了三皇、五帝之說的發展淵源，認爲三皇五帝之說起於戰國時期。

關於三皇的記載，崔述論述道：《史記·秦始皇本紀》中的三皇爲天皇、地皇、泰皇；鄭康成認爲三皇爲包羲、神農、女媧；譙周認爲三皇是包羲、神農、燧人；宋均認爲三皇爲包羲、神農、祝融；《三五歷》中的三皇爲天皇、地皇、人皇。崔述認爲《三五歷》的記載「其語尤荒唐不經」〔註3〕，同時指出：「後之編古史者，各從所信，至今未有定說。」〔註4〕據此，崔述得出結論，上古之時經傳皆無「三皇」的稱號，到《左傳》時僅上溯到黃帝，《易傳》時也僅上溯至伏羲，認爲伏羲、神農以前別有三皇是錯誤的。崔述又接著考辨道：「燧人不見於《傳》，祝融乃顓頊氏女，女媧雖見於《記》而文亦不類天子，則以此三人配羲、農以足三皇之數者亦妄也。」〔註5〕

關於五帝的記載，主要包括：

其一，以黃帝、炎帝、共工、太皞、少皞、顓頊爲六帝。此說本之於《左傳》，《呂氏春秋》繼之，《月令》〔註6〕因之。崔述引《左傳》之文：「黃帝氏以雲紀；炎帝氏以火紀；共工氏以水紀；太皞氏以龍紀；少皞摯之立也，鳳鳥適至，故紀於鳥；自顓頊以來，不能紀遠，乃紀於近。」〔註7〕崔述指

〔註1〕 崔述：《補上古考信錄序》，見《崔東壁遺書》，第25頁。
〔註2〕 谷永（公元前？～約前9年），字子雲，西漢長安人。少爲長安小史，通曉儒家經典。累遷光祿大夫，屢次應詔對策。直言進諫成帝及後宮之事。歷任郡太守，後由北地太守徵爲大司農，歲餘，以病免。還家數月卒。《漢書》有傳。
〔註3〕 崔述：《補上古考信錄》卷上，見《崔東壁遺書》，第26頁。
〔註4〕 崔述：《補上古考信錄》卷上，見《崔東壁遺書》，第26頁。
〔註5〕 崔述：《補上古考信錄》卷上，見《崔東壁遺書》，第27頁。
〔註6〕 《月令》係戰國陰陽家的一篇重要著作。呂不韋編《呂氏春秋》時，將其全文收錄，作爲全書之綱。漢初儒家又將其收入《禮記》，後遂成爲儒家經典。
〔註7〕 崔述：《補上古考信錄》卷上，見《崔東壁遺書》，第27頁。

出，這裡僅記述了古代帝王紀官的不同，說明原本並無五帝之名，也沒有五德之說。然而，《呂氏春秋》卻以此爲依據，刪除共工氏，其他五帝以五德分屬，違背了《左傳》的本意。

其二，以黃帝、顓頊、帝嚳、堯、舜爲五帝。此說本之於《國語》，《大戴記》繼之，《史記》因之。崔述引《國語》之文：「黃帝能成命百物以明民共財；顓頊能修之；帝嚳能序三辰以固民；堯能單均刑法以儀民；舜勤民事而野死。」〔註8〕崔述認爲，此記載意在敘述這五人之功，作爲後世祭祀的依據，並沒有出現「五帝」之稱，也沒有將上古之帝限於五人。然而，《大戴記》卻將這五人定爲五帝，這並不是《國語》的本意。

其三，以包羲、神農、黃帝、堯、舜爲五帝。此說以《易傳》爲據，《三統曆》繼之，近代五峰、雙湖兩胡氏〔註9〕並用之。崔述認爲，此五帝也是在《易傳》中偶然列舉的，然而劉歆《三統曆》附會此說，以爲少皞、顓頊諸帝，周遷其樂，因而不載，這其實歪曲了《易傳》的原意。

此外，崔述還對《僞孔傳書序》中關於三皇五帝的記載給予了辨僞，從而證明此序非孔安國所作，而是出於劉歆以後。《僞孔傳書序》中云：「伏羲、神農、黃帝之書謂之三墳；少皞、顓頊、帝嚳、堯、舜之書謂之五典。」崔述不同意這種觀點，發議論道：「其意蓋以『墳』爲皇書，『典』爲帝史。然黃帝以帝稱而反爲皇，名實迕矣！少皞與太皞、炎帝均列於《春秋傳》、《呂紀》、《月令》，而去彼存此，可乎！作此《序》者亦爲劉歆所誤，而以炎帝、太皞爲羲、農，故獨取少皞以代黃帝爲五，然則《序》之出於劉歆以後而非安國所撰明矣！」〔註10〕

崔述最後進行了總結，認爲：「蓋三皇、五帝之名本起於戰國以後；《周官》後人所撰，是以從而述之。學者不求其始，習於其名，遂若斷不可增減者；雖或覺其不通，亦必別爲之說以曲合其數，是以各據傳注，互相詆諆。不知古者本無皇稱，而帝亦不以五限，又何必奪彼以與此也哉！故今但取古天子之見於傳者次第列之，而絕不以三五約其數焉。『五德』之謬，三皇、女

〔註8〕　崔述：《補上古考信錄》卷上，見《崔東壁遺書》，第27頁。
〔註9〕　五峰、雙湖兩胡氏指胡宏、胡雙湖。胡宏，字仁仲，文定之季子，學者稱五峰先生。生卒年不易確考。年少有志於大道，曾問學於楊龜山、侯師聖，開湖湘學統。著有《知言》、《詩文》、《皇王大紀》等。胡雙湖（1247～？），字庭芳，又號雙湖，學者稱雙湖先生。鄉薦，入元不仕，退而講學，門徒盈門。著有《易纂》、《啓蒙十翼傳》、《十七史纂編年》等。
〔註10〕　崔述：《補上古考信錄》卷上，見《崔東壁遺書》，第27頁。

媧、炎帝、太皞之誤，說並見後篇中。」〔註11〕經過排比的方式，崔述將三皇五帝之說的由來和發展過程給予了詳細的考辨。

第二，崔述對古帝王是否出於一祖的考辨。

崔述認為古帝王是不出於一祖的。他首先介紹了《大戴記·帝系篇》中對於古帝王同出一祖的記載：「黃帝產玄囂；玄囂產蟜極；蟜極產高辛，是為帝嚳。帝嚳產稷；產契；產放勳；是為帝堯。黃帝產昌意；昌意產高陽，是為帝顓頊。顓頊產窮蟬；窮蟬產敬康；敬康產勾芒；勾芒產蟜牛；蟜牛產瞽瞍；瞽瞍產重華，是為帝舜。顓頊產鯀；鯀產文命，是為禹。」從中可見，顓頊、帝嚳、堯、舜、禹，以及夏、商、周的始祖都出於黃帝。此後，《世本》、《史記》都採納了這一說法。

接著，崔述援引歐陽修在《帝王世次圖序》中對此說的駁斥：「今依其說，圖而考之：堯、舜、夏、商、周皆同出於黃帝。堯之崩也，下傳其四世孫舜，舜之崩也，復上傳其四世祖禹，而舜、禹皆壽百歲。稷、契於高辛為子，乃同父異母之兄弟；今以其世次而下之，湯與王季同世。湯下傳十六世而為紂，王季下傳一世而為文王，二世而為武王：是文王以十五世祖臣事十五世孫紂，而武王以十四世祖伐十四世孫而代之王，何其謬哉！」歐陽修在此書《後序》中也指出這種說法之誤：「予既略論帝王世次而見世紀之失，猶謂文、武與紂相去十五六世，其謬較然不疑，而堯、舜、禹之世相去不遠，尚冀其理有可通，乃復以《尚書》、《孟子》、孔安國、皇甫謐諸書參考其壽數長短，而尤乖戾不能合也。」他又引用並分析了《尚書》及諸說的記載，推論道：「由是言之，當堯得舜之時，堯年八十六，舜年三十；以此推而上之，則是堯年五十七，已見四世之玄孫生一歲矣！舜居試攝及在位通八十二年，而禹壽百年，以禹百年之間推而上之，禹即位及居舜喪通十三年，又在舜朝八十二年，通九十五年，則當舜攝試之初年，禹才六歲：是舜為玄孫年三十時，已見四世之高祖方生六歲矣！至於舜娶堯二女，據圖為曾祖姑；雖古遠世異，與今容有不同，然人倫之理乃萬世之常道，必不錯亂顛倒之如此。然則諸家世次，壽數長短之說，聖經之所不著者，皆不足信也決矣！」〔註12〕

在此基礎上，崔述根據《左傳》的記載對顓頊、堯、舜是否出於黃帝給予了分析：「夫自黃帝以至顓頊，中間四五代而各有製作，不相沿襲，則顓

〔註11〕崔述：《補上古考信錄》卷上，見《崔東壁遺書》，第27頁。
〔註12〕崔述：《補上古考信錄》卷下，見《崔東壁遺書》，第45頁。

項與嚳之上距黃帝也遠矣，烏得以顓頊爲黃帝之孫而嚳爲黃帝之曾孫也哉！」〔註13〕針對《左傳》「高辛氏有才子八人，高陽氏有才子八人，此十六族者，世濟其美，不隕其名，以至於堯」的記載，崔述分析說：「夫高辛，高陽之子孫至於堯時已各有分族而傳數世，則高辛、高陽之下逮堯也又遠矣，烏得以堯爲高辛之子而高陽之從孫也哉！」針對《尚書‧堯典》「釐降二女於媯汭，嬪於虞」、《孟子》「堯之於舜也，九男事之，二女女焉」的記載，崔述認爲：「夫男女辨姓，人道之大防也，況於同高祖以下，其親屬尤近，果如《大戴》所記，堯與舜之高祖爲同高祖昆弟，堯安得以其女妻舜，舜安得遂取之！縱使上古之時禮制未詳，然使堯、舜而非聖人也則可，堯、舜而皆聖人也，必不爲是亂倫瀆禮之事明矣！」〔註14〕崔述對《大戴禮記》中有關古帝王的內容給予了批駁：「自戰國以後，楊、墨並起，而楊氏尤好爲大言：以儒者之稱堯、舜而述孔子也，乃稱黃帝以求加於堯、舜，述老聃以求加於孔子，故其後遂稱爲黃、老。猶以爲未足快其意，乃又誣孔子爲老聃之弟子，堯、舜、禹、湯、文、武爲黃帝之子孫，以見夫儒者之所推崇而尊重者實皆吾師之末流餘派也。《大戴》諸篇本戰國以後所撰，是以惑於其說而載之。」〔註15〕可見，崔述主張顓頊、堯、舜都不出於黃帝。

二、崔述對夏商、商周君臣關係的考辨

崔述在考辨古史時，提出夏與商、商與周之間不存在君臣的關係。他首先分析了夏與商之間的關係。崔述從分析《湯誓》、《商頌》中的記載入手，認爲前人誤以湯爲桀之臣下的觀點是錯誤的。《湯誓》中記有：「今爾其曰『夏罪其如臺。』」崔述針對此分析說：「是桀固無如湯何也。使桀果嘗囚湯，商民安得曰『夏罪其如臺』乎！」《湯誓》中載有：「夏王率遏眾力，率割夏邑。」他認爲：「是桀之政不行於諸侯也。使桀猶爲天下共主，則當云『割萬方』，豈得但云『割夏邑』而已乎！」《湯誓》又記有：「今爾有眾，女曰『我后不恤我眾，舍我穡事而割正夏。』」崔述分析道：「是湯之伐桀，民亦有竊議之者也。使桀與湯有君臣之分，商民何故不以大義責之而反但言舍穡之細事乎？」《商頌》中記載有：「受小球大球，爲下國綴旒。」他認爲：「是湯未伐

〔註13〕崔述：《補上古考信錄》卷下，見《崔東壁遺書》，第46頁。
〔註14〕崔述：《唐虞考信錄》卷一，見《崔東壁遺書》，第60頁。
〔註15〕崔述：《補上古考信錄》卷下，見《崔東壁遺書》，第46頁。

桀時已受諸侯之朝覲矣。若湯果臣於桀，安得晏然受之？以桀之暴，雖無罪猶囚之，況受諸侯之朝而安能容之哉！」《商頌》中亦說：「韋、顧既伐，昆吾、夏桀。」崔述接著指出：「是湯未伐桀時已滅數大國矣。若桀果爲天下共主，湯安得擅滅之？桀既力能囚湯，豈有聽其坐大而不問，乃束手以待其伐己者乎！」因此，崔述總結道：「由《詩》、《書》之言觀之，則湯與桀之事固不如世所傳云云也。」〔註16〕從《詩》、《書》中的記載進行分析，夏與商之間並不是所謂的君臣關係。

在這些論述的基礎上，崔述分析了三代至魏晉的觀點。他首先闡發了三代的情況：「蓋三代封建之制，與後世郡縣之法異；而夏當家天下之始，其事又與商、周不同。昔者禹有聖德，天下歸之，啓能繼禹之道，則又歸之，禹初未嘗傳之子也。大康既失德，則民之視之猶虞、夏之視朱、均耳。羿、浞叠起，後相遠逃，天下之無主已數世矣。少康能布其德以收夏眾，然後祀夏配天，不失舊物，當是時，人以繼爲適然，非以繼爲必然也。孔甲既衰，諸侯復叛，韋、顧、昆吾叠起，夏之在天下若一大國然，但一二小弱諸侯畏其威力耳。是以湯之受球，受共，伐韋，伐顧，安然而無所疑，桀亦聽之而不復怪。何者？諸侯本不臣屬於桀也。桀安能召湯而囚之夏臺哉！天下者，天之天下也，非一姓之天下也。故舜繼堯，禹繼舜，人以爲固然也。適會禹有賢子，間兩世而又得少康、后杼之孫，天下附於夏者數世，由是遂以傳子爲常；猶齊之伯僅一世，而晉之伯遂至於數世也。然一姓之子孫必不能歷千百世而皆賢，不賢則民受其殃，必更歸於有德而後民安；而既已傳子，又必不能復傳之賢，則其勢必出於征誅而後可。故揖讓之不能不變而爲征誅者，天也，聖人之所不能違也；雖堯、舜當之，亦若是而已矣！聖人之道，猶水也。清而不污，柔而能受，潤物而使遂其生者，水之德也。」〔註17〕緊接著，崔述針對戰國以後、魏晉之前的史實，分析道：「自戰國以後，楊、墨並起，而楊氏之言尤橫，常非堯、舜，薄湯、武，毀孔子，以自張大其說；一變而託於黃、老，再變而流爲名法。是以《史記・自敘》，六藝之中有墨而無楊。何者？黃、老、名、法，即楊氏也。習黃、老者務以清淨無事爲貴，故以堯、舜爲擾民，以湯、武爲弑君。習名法者務以苛刻慘忍，先發制人爲強，故謂啓嘗殺益，大甲嘗殺伊尹以保其國；桀嘗釋湯於夏臺，紂嘗釋文王於羑里而

〔註16〕崔述：《商考信錄》卷一，見《崔東壁遺書》，第 134 頁。
〔註17〕崔述：《商考信錄》卷一，見《崔東壁遺書》，第 134〜135 頁。

卒亡其身。其意惟欲人主之果於殺戮耳，豈顧其事之虛實哉！司馬談受道論於黃公，兼通名法之學，遷踵之而成書，故其中多載異端之說。然觀轅固生之與黃生爭論，則漢初儒者猶不惑於楊、墨，但以景帝諱言放伐之事，是以後此學者莫敢昌言明湯、武指受命耳。」〔註18〕通過分析三代至魏晉時期學者的觀點，崔述認爲商湯並非爲夏桀之臣。

此後，崔述對魏晉之後的情況也進行了記載：「逮至魏、晉以後，狐媚相仍，遂公然借禪讓之僞訾征誅之眞，而曲學阿世之徒從而和之。相沿既久，習爲固然，雖儒者亦不敢駁其謬，反若爲不刊之論者然，良可歎也！曰：然則齊宣何以謂之『臣弒其君』也？曰：齊宣之問亦爲楊氏邪說所誤；《春秋傳》中賢士大夫曾有一人之爲是言者乎？然其所謂君臣云者，亦但就天子諸侯之名分言之，非以爲食其祿而治其事之君臣也。故孟子曰：『殘賊之人謂之一夫；聞誅一夫，未聞弒君也。』正謂夏、商失道，政不行於天下，故不得謂之共主，非謂湯、武親立桀、紂之朝而其君不仁，遂可不謂之君也。但孟子之意在於警人主，故以仁暴大義斷之，而未暇詳申其說耳。後儒惑於異端先入之言，不察其實，遂疑孟子之言不可爲訓，誤矣！嗟夫，世之陋儒斥楊、墨爲異端而薄湯、武以爲虧君臣之義，不知湯、武之弒君，其說乃出於楊、朱，而孔、孟無是言也！此無他，不學而已矣！」〔註19〕同樣反映出崔述對商爲夏臣、周爲商臣觀點的批駁。

此外，崔述還分析道：「古者天子有德則諸侯皆歸之，無則諸侯去之」，「然則武丁以前，諸侯固多不朝，天下固不皆商有也」，「然則成湯以後中衰之世固多有不來享來王者也」。他認爲周與商並非君臣關係：「蓋當是時，商之號令已不行於河、關以西；周自立國於岐，與商固無涉也。自亶辛至紂六世，商日以衰而紂又暴，故諸侯叛者益多，特近畿諸侯或服屬之耳。是以文王滅密則取之，滅崇則取之，商不問，文王亦不讓也；三分有二之國相率歸周，商不以爲罪，文王亦不以爲嫌也。何者？諸侯久已非商之諸侯也。文王自以其德服之，其力取之，於商何與焉！由是言之，文王蓋未嘗立商之朝，紂焉得囚之羑里而錫之斧鉞也哉！」〔註20〕可見，崔述認爲政權沒有先天的歸屬，天下共主的局面在當時是不存在的。

〔註18〕崔述：《商考信錄》卷一，見《崔東壁遺書》，第 135 頁。
〔註19〕崔述：《商考信錄》卷一，見《崔東壁遺書》，第 135 頁。
〔註20〕崔述：《豐鎬考信錄》卷二，見《崔東壁遺書》，第 177 頁。

三、崔述對五德終始說的考辨

　　崔述在考辨古史時，對中國自古就不斷被探討的五德終始說給予了分析。首先，崔述認爲五德終始說在戰國之前尙未出現過。清代學者主張：伏羲以木德王，神農以火德王，黃帝以土德王，少皞以金德王，顓頊以水德王，帝嚳、堯、舜以降，皆以五行周而復始。針對這種認識，崔述指出：「帝王之興果以五德終始，則此乃天下之大事也，二帝之典，三王之誓誥必有言之者。即不言，若《易》、《春秋傳》窮陰陽之變，徵黃、炎之事，述神怪之說，詳矣，亦何得不置一言也？下至《國語》、《大戴記》，所稱五帝事最爲荒唐，然猶絕無一言及之。然則是戰國以前原無此說也明矣。」〔註21〕既然如此，崔述就得出結論，即戰國之前沒有五德終始之說。

　　其次，崔述認爲五德終始說並不是聖賢之旨，而是異端之論。崔述舉了《尙書·洪範》中的例子，其中記有：「水曰潤下，火曰炎上，木曰曲直，金曰從革，土爰稼穡。」崔述分析道：「不言其爲帝王受命之符也。夫天下之事孰有大於帝王受命者，『曲直』、『從革』之屬抑末矣，何故捨其大者不言而但言其細者乎？」《左傳》中稱：「黃帝氏以雲紀，炎帝氏以火紀，共工氏以水紀，太皞氏以龍紀，少皞氏以鳥紀。」對此，崔述分析說：「是帝王之興各因物以取義，不必於五行也；各因義以立名，無所謂終始也。」〔註22〕他指出，五行的說法開始於《洪範》，《左傳》中給予了詳細記載，《洪範》中沒有此記載，《左傳》中的記載與其是不相合的。

　　再次，崔述認爲五德終始說有一個衍變的過程。五德終始說始自於鄒衍，「而其施諸朝廷政令則在秦併天下之初——《史記·封禪書》及《始皇本紀》、《孟子荀卿列傳》言之詳矣」。這些書裏的說法爲：「黃帝得土德，黃龍地螾見；夏得木德，青龍止於郊；殷得金德，銀自山溢；周得火德，有赤鳥之符：皆以所不勝者遞推之。」〔註23〕至秦朝，沿用了鄒衍的五行相勝說，「是以秦之代周，自謂水德，而漢賈誼、公孫臣皆謂漢當土德，太初改制，服色尙黃，用衍說也。蓋自周道既衰，異端並起，大略分爲六術，《史記·自敘》所謂儒、墨、道德、名、法、陰陽，是也。」〔註24〕至漢朝的

〔註21〕崔述：《補上古考信錄》卷下，見《崔東壁遺書》，第49頁。
〔註22〕崔述：《補上古考信錄》卷下，見《崔東壁遺書》，第49頁。
〔註23〕崔述：《補上古考信錄》卷下，見《崔東壁遺書》，第49頁。
〔註24〕崔述：《補上古考信錄》卷下，見《崔東壁遺書》，第49～50頁。

劉向、劉歆時，改爲五行相生說，「衍雖有五德終始之說，而初不以母傳子，固未嘗以木、火、水爲五帝相承之次第也。以母傳子之說，始於劉氏向、歆父子；而其施諸朝廷政令，革故說，從新制，則在王莽篡漢之時——《漢書》《律曆》、《郊祀》兩志及《王莽傳》言之詳矣。」劉歆將漢代的土德改爲火德，「是以王莽自言火德銷盡，土德當代，而光武之起，亦據《赤伏符》之文改漢爲火德，用歆說也。」崔述感歎道：「以莽之詐，方且借《虞書》，託《周官》以飾其篡，其用歆說以欺天下固宜，後之學者何爲而皆祖述其欺人之言耶？」到東漢光武帝時，亦自認爲是火德：「自光武以之爲國典，班固載之於國書，魏、晉以後遂皆以爲其事固然；至於唐、宋，讖緯之學雖衰，而學者生而即聞五德之說，遂終身不復疑，亦不復知其說之出於衍與歆矣！且夫衍、歆之學，稍知道術者所不屑稱也，然其所創之說，則後世之大儒碩學皆遵之不敢異，寧背經傳而不敢背此二人之言，亦可謂慎矣！」〔註25〕至此，五行相勝說已被五行相生說徹底代替，學者們對此深信不疑。

最後，崔述對五德終始說的駁斥。崔述指出：「蓋自《呂氏春秋》始以五帝分配五行，春帝太皥，夏帝炎帝，秋帝少皥，冬帝顓頊，季夏之帝黃帝，向見此文，遂以爲其世之先後固然，而太皥、炎帝乃庖羲、神農之異名。不知炎帝、太皥自在黃帝之後，秦、漢以前從未有以爲即包羲、神農者；《呂紀》所云，但謂五帝之德各有所主，正如勾芒以下五官各擅其神者然，非以此爲先後之序也。安得公然遂取帝王相繼之序顛倒置之，廢傳記之明文，任揣度之私智乎！」劉向認爲五帝之德各有所主，劉歆則把周的火德改爲木德：「且衍之說雖誣，然殷尚白，周尚赤，猶有可附會之端；若歆所說周爲木德，則何爲不尚青而尚赤也？乃強爲之解曰：『尚其德所生也。』不尚其德而尚其德所生，有是理乎！」〔註26〕可見，劉歆的觀點是互相矛盾的。

四、崔述對孔子行事的考辨

崔述作《洙泗考信錄》，對孔子的行事進行了詳細考辨。崔述在談到作《洙泗考信錄》的宗旨時說：「余每怪先儒高談性命，竟未有考辨孔子之事迹者，以致沿訛踵謬，而人不復知有聖人之眞。孟子曰：『頌其詩，讀其書，不知其人，可乎！』學者日讀孔子之書而不知其爲人，不能考其先後，辨其

〔註25〕崔述：《補上古考信錄》卷下，見《崔東壁遺書》，第50頁。
〔註26〕崔述：《補上古考信錄》卷下，見《崔東壁遺書》，第50頁。

真偽，僞學亂經而不知，邪說誣聖而不覺，是亦聖道之一憾也！孟子曰：『孔子，聖之時者也。』又曰：『可以仕則仕，可以止則止，可以久則久，可以速則速，孔子也。』夫仕、止、久、速，皆於其行事見之，然則孔子之事迹未嘗非孔子之道之所在，胡可以不考也！余故本孟子之意，歷考孔子終身之事而次第釐正之，附之以辨，以自附於『不賢識小』之義。後世有知孔子者出，庶幾有所採擇云爾。」〔註27〕正是在此宗旨的推動之下，崔述對孔子的生平事迹展開了細緻考辨。

　　同樣，清嘉慶年間的學者王崧在給重刻的《洙泗考信錄》所寫的序言中指出：「孔子爲萬世師，其道載於《六經》，而其行事則《史記世家》外，《家語》、《孔叢》諸書皆有所記述。然《世家》之言已不能無謬妄，何有於餘子！」又說：「當孔子時，列國之君雖不能顯其身，而賢人君子莫不知其爲聖。及乎戰國，異端競起，陽尊之而陰詆之，依託附會，思欲凌駕其上以自伸己說。二千年來，展轉相傳，真偽雜出，有識之士雖或隨事糾正，而沿襲既久，未能粲然曠然也。堯、舜、禹、湯、文、武、周公之道備於孔子之身，一言一動莫非道之見端，事苟滋疑，道因而晦，考信之功曷可少乎！」〔註28〕他認爲對孔子的記述和宣揚是十分必要的。

　　「洙泗」爲春秋時期魯國境內的洙水與泗水的合稱，洙水在北、泗水在南。兩河之間，即爲孔子撰述、講學之地，後世也將「洙泗」代稱孔子的儒家學說。《洙泗考信錄》對孔子之事中的考辨不囿於先儒的成見，內容主要是考辨原始、初仕、在齊、自齊反魯；爲魯司寇上、爲魯司寇下、適衛；過宋、厄於陳蔡之間、反衛、歸魯上；歸魯下、考終、遺型等方面的具體史事。崔述在其中的考辨有發前人所未發之處，如對孔子被禍於匡、桓魋欲殺孔子兩件事的考辨，他認爲春秋時的匡地就是宋邑，兩件事其實是一件事情，只不過是表述方式不同而已。這就摒棄了以往學者認爲的此兩者爲不同地點和時間的事件的誤區，包括司馬遷《史記·孔子世家》中的失實記載。

　　崔述認爲孔子是以學治天下的，他分析道：「夏之禮將敝也，湯起而維之。商之禮將敝也，文王起而維之。至周之衰，禮亦敝矣，非聖人爲天子不能維也。而孔子以布衣當其會，以德則無所施，以禮則無所著，不得已而訂正《六經》，教授諸弟子以傳於後。是以孔子既沒，楊、墨並起，非堯、舜，

〔註27〕崔述：《洙泗考信錄》卷四，見《崔東壁遺書》，第326頁。
〔註28〕王崧：《重刻〈洙泗考信錄〉序》，見《崔東壁遺書》，第261頁。

薄湯、武，天下盡迷於邪說，及至於秦，焚《詩》、《書》，坑儒士，盡滅先王之法，然而齊、魯之間獨重學，尚能述二帝、三王之事。漢興，訪求遺經，表章聖學，天下咸知誦法孔子，以故帝、王之道得以不墜，至於今二千餘年而賢人君子不絕迹於世，人心風俗尚不至於大壞。假使無孔子以承帝、王之後，則當楊、墨肆行之後，秦火之餘，帝、王之道能有復存者乎！故曰孔子以學治天下也。」〔註29〕

崔述同時考證出孔子的弟子遠未及三千人。司馬遷在《史記・孔子世家》中記載有：「孔子以《詩》、《書》禮樂教，弟子蓋三千焉；身通六藝者七十有二人。」崔述對這一說法表示了懷疑，他考辨道：「孟子但云『七十子』，則是孔子之門人止七十子也。孔子弟子安能三千之多！必後人之奢言之也。且漢人所稱『六藝』即今《六經》，非《周官》『禮、樂、射、御、書、數』之六藝也。孔子晚年始作《春秋》，而《易》道深遠，聖人亦不輕以示人，其言未足信。」〔註30〕崔述認爲孔子學生僅七十餘人而已，弟子三千是後人的誇大，不足爲信。

在談及《洙泗考信錄》的刊刻情況時，王崧指出：「大名崔東壁熟讀三代聖賢之書，盡袪後世紕繆之說因疑而徵信，於上古、唐、虞、夏、商、周之事皆錄而辨之，題曰『考信』。而孔子之事別爲《洙泗考信錄》四卷，正訛闢妄之功與諸錄等。其門人陳介存刻於南昌。越十餘年，東壁覆加審定，欲重刻之，未就而卒。介存之官太谷，就東壁家求得之；甫刻其《三代考信錄》，而以憂去官，《洙泗》一錄未及付梓。孔生廣沅，介存之門人也，行誼最篤，受書於介存而出貲刻之；請序於予，爲予嘗序其《三代考信錄》也。」〔註31〕崔述利用八年時間撰成此書，爲研究孔子的史事提供了可茲參考的資料。

五、崔述對《古文尚書》的考辨

崔述在十三歲時就開始閱讀《尚書》，他自己記述了從因循舊說到發現問題的過程：「余年十三，初讀《尚書》，亦但沿舊說，不覺其有異也。讀之數年，始覺《禹謨》、《湯誥》等篇文義平淺，殊與三十三篇不類；然猶未敢遽疑之也。又數年，漸覺其義理亦多刺謬，又數年，復漸覺其事實亦多與他經

〔註29〕王崧：《重刻〈洙泗考信錄〉序》，見《崔東壁遺書》，第262頁。
〔註30〕崔述：《洙泗考信錄》卷四，見《崔東壁遺書》，第321頁。
〔註31〕王崧：《重刻〈洙泗考信錄〉序》，見《崔東壁遺書》，第261頁。

傳不符，於是始大駭怪：均爲帝王遺書，何獨懸殊若此？乃取《史》、《漢》諸書覆考而細核之，然後恍然大悟，知舊說之非是。」〔註32〕可見，從幼年時的初讀至反覆的研讀，都使得崔述對《尚書》的考辨越發清晰和到位。

在深入分析和考辨的基礎上，崔述著成《古文尚書辨僞》二卷。在卷一《〈古文尚書〉眞僞源流通考》中，崔述提出了「六證」、「六駁」。陳履和曾談及提出「六證」、「六駁」的緣由：「唐孔穎達作《正義》，遂黜馬、鄭相傳之眞《古文尚書》，而用《僞書》、《僞傳》取士。由是學者童而習之，不復考其源流首尾，遂誤以此爲即《古文尚書》，而孔壁《古文》之三十一篇反指爲伏生之《今文》，遂致帝王之事迹爲邪說所淆誣而不能白者千有餘年。余深悼之，故於《考信錄》中逐事詳爲之辨，以期不沒聖人之眞。然恐學者狃於舊說，不能考其源流，察其眞僞，循其名而不知覈其實也，故復溯流窮源，爲『六證』、『六駁』，因究作僞之由，並述異眞之故，歷歷列之如左，庶僞者無所匿其情云爾。」〔註33〕

「六證」包括：一、「孔安國於壁中得《古文尚書》，《史記》、《漢書》之文甚明，但於二十九篇之外復得多十六篇；並無得此二十五篇之事。」二、「自東漢以後傳《古文尚書》者，杜林、賈逵、馬融、鄭康成諸儒，歷歷可指，皆止二十九篇；並無今書二十五篇。」三、「僞書所增二十五篇，較之馬、鄭舊傳三十一篇文體迥異，顯爲後人所撰。」四、「二十九篇之文，《史記》所引甚多，並無今書二十五篇一語。」五、「十六篇之文，《漢書·律曆志》嘗引之，與今書二十五篇不同。」六、「自東漢逮於吳、晉數百餘年，注書之儒未有一人見此二十五篇者。」〔註34〕

「六駁」包括：一、「《古文》、《今文》分於文字之同異，不分於篇第之多寡：馬、鄭所傳雖止二十九篇，與《今文》同，而文字則與《今文》異，兩漢之書所載甚明。」二、「無論馬、劉所傳之爲《古文》而非《今文》也，即伏生之《今文》亦其壁中所藏之書，並無其女口授之事，不得與二十五篇文體互異。」三、「張霸之《僞書》乃百二篇，並非二十四篇，班固《漢書》

〔註32〕崔述：《古文尚書辨僞》卷一，《〈古文尚書〉眞僞源流通考》，見《崔東壁遺書》，第 582 頁。

〔註33〕崔述：《古文尚書辨僞》卷一，《〈古文尚書〉眞僞源流通考》，見《崔東壁遺書》，第 583 頁。

〔註34〕崔述：《古文尚書辨僞》卷一，《〈古文尚書〉眞僞源流通考》，見《崔東壁遺書》，第 583～586 頁。

業已斥之，必無反以《僞書》爲《古文》之理。」四、「孔安國《古文》，當時已傳於世，王莽及章帝時又已立於學官，兩漢之書所載甚明，並未散軼，不容諸儒皆不之見。」五、「《正義》稱鄭沖傳《古文尚書》，皇甫謐探之作《世紀》，至梅賾奏上其書於朝，考之《晉書》，並無此事。」六、「非但梅賾未嘗奏上此書也，即鄭沖亦未嘗見此書，孔安國亦不知有此書，考之《論語集解》可見。」〔註35〕

以上「六證」、「六駁」論辯精當，條理清晰。

《古文尚書辨僞》卷二包括：《集前人論〈尚書〉眞僞》、《李巨來〈書《古文尚書冤詞》後〉補說》、《〈堯典〉分出〈舜典〉考辨》、《讀〈僞古文尚書〉黏簽標記》（崔邁）。在《〈堯典〉分出〈舜典〉考辨》中，崔述分歷史階段進行了追述和分析。

首先，他認爲戰國時期至西漢皆爲《堯典》。伏生所傳《今文尚書》中皆爲《堯典》，從「曰若稽古帝堯」、「帝曰欽哉」，到「愼徽五典」、「陟方乃死」都不是分爲兩篇的。在隋朝之前，《尚書》原文就是一篇，無「曰若稽古帝舜」以下二十八個字。

其次，東漢、魏、晉時期亦通爲《堯典》。崔述指出，孔安國撰的《古文尚書》也通爲《堯典》，還有《舜典》，但並非是從《堯典》中分出來的，而是《古文尚書》從二十八篇之外又得十六篇，其中就有一篇《舜典》。可見，《舜典》並非是《堯典》中分出的。

再次，至東晉之後，開始有分《堯典》爲《舜典》的說法，但未有「曰若稽古帝舜」以下二十八個字。崔述認爲，東晉以後，《僞古文尚書》出現，在原有的二十八篇之外，還多加了二十五篇，分出的四篇亦無《舜典》。

最後，在隋朝開皇年間，有人稱得到方興的二十八字，隨後逐漸流傳於世。至唐初年，孔穎達撰《尚書正義》，將《堯典》一分爲二，此後唐朝、宋朝的學者都開始相信這種說法。

針對這幾點分析，《堯典》中分出《舜典》的過程即清晰可見。崔述認爲：「然以經文考之，乖謬累累，顯然可見。」〔註36〕通過用經文對之進行考辨，就可證明《舜典》其實就是《堯典》的後半篇。崔述進行了以下分析：

〔註35〕崔述：《古文尚書辨僞》卷一，《〈古文尚書〉眞僞源流通考》，見《崔東壁遺書》，第587～591頁。

〔註36〕崔述：《古文尚書辨僞》卷一，《〈古文尚書〉眞僞源流通考》，見《崔東壁遺書》，第600頁。

其一，堯、舜之時既然分爲二典，那麼堯的事就都應該記載於《堯典》之中。從「師錫帝」至「受終於文祖」，都是記載堯推舉舜的事，文義連貫。如果僅至「帝曰欽哉」止，那麼文義是不連貫的。「何得遽割其下文而屬之《舜典》，致文有首而無尾，而堯亦有始而無終。天下寧有如是不通之史官乎！」〔註37〕可知，「愼徽五典」之後的內容仍屬於《堯典》，不是《舜典》。

其二，《堯典》之首有「曰若稽古帝堯」的記載，因而其後都以「帝」來稱堯，而不是直呼「堯」。而《舜典》之首也有「曰若稽古帝舜」的記載，但其後文卻不稱舜爲「帝」，反直接稱呼其名，崔述說：「經傳中有如是之文理邪？」他以《春秋》爲例，進行了分析：「《春秋》於諸侯之事皆書某國，書其君爲某侯，獨於魯則書曰『我』，於魯君則書曰『公』。何者？《春秋》，魯史也。若晉之《檮杌》，則必書晉、楚之君爲公爲王，而書魯爲魯，魯君爲魯侯，明矣。」通過對經文的分析，崔述得出結論：「豈有《舜典》中而以『帝』稱堯，而以『舜』稱舜者哉！」〔註38〕由此可以得知，這是《堯典》中的話，而非《舜典》中的話，《舜典》是《堯典》的一部分。

其三，《堯典》中「二十有八載，帝乃殂落。百姓如喪考妣；三載，四海遏密八音。月正元日，舜格於文祖」。崔述認爲：「堯至是殂落，則以前之事皆當屬之《堯典》。且既名爲《舜典》，篇首又有『曰若稽古帝舜』之文，所謂『帝乃殂落』者，堯乎？舜乎？史冊如此，將何以傳信於後世乎！此乃君臣大義所關，非小小者可比，不知向來諸儒何以相沿而不覺也？」〔註39〕在堯死後，仍稱呼舜以名，而不稱帝，可見《舜典》是《堯典》的一部分。

其四，舜在命九官之時，《堯典》已稱舜爲帝。其原因是堯去世已久，則稱舜爲帝就無所嫌了。「然命官之首仍稱舜以冠之者，何居？蓋此篇，《堯典》也，故於舜必別白言之，然後其文始明。故此文之先冠以『舜曰』，猶《堯典》首之先冠以『曰若稽古帝堯』也。有『曰若』一語，則後文之稱帝皆堯矣；有『舜曰』之文，則後文之稱帝皆舜矣。古人之文謹嚴如此，而後人猶亂之，可傷也夫！」〔註40〕堯去世已久，但舜仍不稱爲帝，其原因即是《舜典》爲

〔註37〕崔述：《古文尚書辨僞》卷一，《〈古文尚書〉眞僞源流通考》，見《崔東壁遺書》，第 600 頁。

〔註38〕崔述：《古文尚書辨僞》卷一，《〈古文尚書〉眞僞源流通考》，見《崔東壁遺書》，第 601 頁。

〔註39〕崔述：《古文尚書辨僞》卷一，《〈古文尚書〉眞僞源流通考》，見《崔東壁遺書》，第 601 頁。

〔註40〕崔述：《古文尚書辨僞》卷一，《〈古文尚書〉眞僞源流通考》，見《崔東壁遺

《堯典》的後半篇。

其五，《堯典》中記有：「舜生三十徵庸；三十在位；五十載陟方乃死。」前章命官之文已經有稱舜為帝的情況，此處卻又稱其名，並且堯去世後，百姓十分哀傷，舜的功績不亞於堯，卻對此絕口不提，反而強調三十歲時被徵召任用之事。崔述分析了原因：「蓋此篇，《堯典》也，舜即位後固當以帝稱之，若敘舜之始終，則必別白以舜稱之，始與文體相稱。且堯功德之隆惟在舉舜，故於篇終備記舜徵庸在位之年，以著舜之終始，而後堯之功始全。若百姓四海之哀慕舜，固當於《舜典》中言之，不必載於《堯典》也。」〔註41〕因此，此篇為《堯典》，而非《舜典》。

崔述認為，《堯典》、《舜典》本為一篇的觀點，即使不細細考究經文，也可推知，因為《孟子》中已有記載。《孟子・萬章》中記有：「《堯典》曰：『二十有八載，放勳乃徂落。百姓如喪考妣；三載，四海遏密八音。』」而此篇是在《舜典》裏，因而可知戰國之前孔門所流傳的《尚書》均為《堯典》一篇，沒有分出《舜典》。此外，對於二十八字之偽，崔述認為也不必對經文進行細考，梁武帝已對之給予了駁斥。他說：「伏生誤合五篇，皆文相承接。《舜典》首有『曰若稽古』，伏生雖昏耄，何容合之！」〔註42〕可見，「曰若稽古帝舜」以下二十八個字不是《舜典》中的文字，而是後世人造偽所加。

陳履和所作的《崔東壁先生事略》被收錄於《國朝先正事略》，其中就對《古文尚書辨偽》進行了介紹：「其《古文尚書辨偽》二卷，謂東漢以後，杜林、賈逵、馬融、鄭康成傳古文《尚書》，皆止二十九篇，《史記》所引《尚書》皆二十九篇之文，並無今《書》二十五篇一語。謂後人尊偽書不敢廢者，以人心道心數語為宋以來理學諸儒所宗也，不知『危微』二語出《荀子》。《荀子》凡引《詩》、《書》，皆稱《詩》云《書》云，獨此稱『道經曰，人心之危，道心之微』，則知《荀子》所見秦火以前之《尚書》，無『危微』二語也。」〔註43〕他認為崔述對《古文尚書》的考辨有很多創新之處：「自宋、元以來，

書》，第 601 頁。

〔註41〕崔述：《古文尚書辨偽》卷一，《〈古文尚書〉真偽源流通考》，見《崔東壁遺書》，第 601 頁。

〔註42〕崔述：《古文尚書辨偽》卷一，《〈古文尚書〉真偽源流通考》，見《崔東壁遺書》，第 602 頁。

〔註43〕陳履和：《崔東壁先生事略》，見李元度著、易孟醇點校：《國朝先正事略》卷三六，第 1013 頁。

論辨《尚書》者何啻數十家。前明梅氏、國朝閻氏洋洋大篇，先生皆未之見。由今觀之，正不啻數百年間人同堂講晰。先生識力所至，闇與古合，更有發前人所未發者。」〔註44〕

　　美國學者艾爾曼在談及清代對古文《尚書》的研究時指出：「《尚書》古文眞僞之辨是清代學術眾多建樹的重要例證。17 世紀的閻若璩、18 世紀中葉的惠棟、18 世紀晚期的崔述，彼此獨立地研究，竟在《尚書》古文問題上取得了相近的結論。他們每一個人都採用考證方法證明自己的觀點。這些論證並非同時出現的，但在一個擁有綿延幾千年文化傳統的國度裏，這並不重要。」〔註45〕肯定了崔述對古文《尚書》的研究達到了清代學者研究的普遍水平，與閻若璩、惠棟等學者的研究結論不謀而合。「18 世紀末期，崔述與乃兄崔邁（1743～1781）一道治《古文尚書》，經過考證，提出與閻若璩相同的結論。他們儘管住在距京城不遠的直隸（即畿輔地區），但仍與學術界十分隔膜，不瞭解外界的《尚書》研究成果（如閻若璩《疏證》）。他們只看過李紱研究《尚書》的論著，該書提到梅鷟的《尚書》研究成果。崔述的論著使他躋身於當時考據學的前例，但他受到的冷遇表明，18、19 世紀的學術交流仍然存在著許多缺陷。它也表明，19 世紀初葉，考據學開始失去中心地位。但不論這種冷遇，崔述與考據學同輩治學方法的一致性表現，18 世紀考證方法的衝擊是多麼的廣泛。」同時指出：「閻若璩、惠棟、崔述提出的眾多學術新見並非是多餘的。他們彼此的重複研究擴大了過去討論過的課題的價值。他們的著述通過集中研究，大大提高了把《古文尚書》研究成果穩步融入考據學框架的可能性（如其最終實現的那樣）。閻若璩、惠棟、崔述三人以這種方式促進了學術的進一步發展。」〔註46〕艾爾曼認爲雖然崔述在學術上受到了冷遇，與學術界交流不多，但仍然促進了學術的進步一發展。

　　蔣善國也曾對崔述在《古文尚書》辨僞中取得的成績大爲讚賞，他指出：「以考信著名的崔述，對於《古文尚書》的眞僞，考辨精審，突過閻、惠諸氏，可算是攻擊僞《書》運動的殿軍領袖。他只見了顧炎武和李紱（巨來）的作品，明梅鷟和清閻若璩兩人的專著，他都沒有看著，可是他所說的不但

〔註44〕崔述：《古文尚書辨僞》卷二，《〈古文尚書〉眞僞源流通考》，見《崔東壁遺書》，第 608 頁。
〔註45〕〔美〕艾爾曼：《從理學到樸學》，江蘇人民出版社，1995 年，第 154 頁。
〔註46〕〔美〕艾爾曼：《從理學到樸學》，江蘇人民出版社，1995 年，第 155 頁。

與他們的立論相合，並且比他們條理清晰，見解深澈。」〔註47〕即便與梅鷟、閻若璩進行比較，崔述的考辨成就依然突出。

艾爾曼等人的見解很有參考價值，但崔述的學術受到冷遇，並不表明考據學失去中心地位，十九世紀初葉的中國學界，考據學仍然勁挺。但在君主專制的政治體制下，觸及儒學經典、聖王傳說的疑古思想，無論何時均會受到排斥和冷落，閻若璩也不例外。崔述即便未獲閱讀閻若璩之書，也應瞭解閻氏諸人辨偽《古文尚書》之事，因官修《四庫全書》對《尚書古文疏證》等書情形皆有詳細介紹。然而官方並不廢黜《古文尚書》，卻認爲其書雖偽，但內容不偽，「其文本採掇佚經，排比聯貫，故其旨不悖於聖人，斷無可廢之理」〔註48〕，依然作爲舉子科考的必修經典。崔述兄弟之所以仍然不遺餘力考辨《古文尚書》之偽，可以說是緣於此書仍居經典地位之社會現實的可怪與可駭。

六、崔述對《竹書紀年》的考辨

《竹書紀年》共十三篇，原本是戰國人所作，在西晉太康二年（281）於河南汲塚（戰國魏襄王墓）出土。自西晉以降，很多治史學者都引用《竹書紀年》的內容，如北魏酈道元的《水經注》、唐朝司馬貞的《史記索隱》、劉知幾的《史通》、張守節的《史記正義》等。《竹書紀年》中記載的東周時的史事與《春秋經傳》中的內容可相互呼應，但自春秋末期之後，史籍有很多缺佚，用《竹書紀年》的內容還可佐證《史記》的缺漏，並且訂正《史記》的訛誤。然而原書早已佚失，崔述認爲今本《竹書紀年》中對上古三代史事的記載不可採信，他指出：「惟其紀述三代事多荒謬，余於《考信錄》中固已辨之。然自宋、元以來學士皆不之見，疑其經唐末五代之亂而失之，僅於前人所徵引存千百之一二。」宋代陳振孫《書錄解題》、元代馬端臨《文獻通考·經籍考》中都沒有記載此書。因而崔述指出：「不知何人淺陋詐妄，不自量度，採摘《水經》、《索隱》所引之文，而取戰國邪說，漢人謬解，晉代偽書以附益之，作《紀年》書二卷，以行於世。」〔註49〕他認爲今本《竹書紀年》出於明代以後的說法，是後世人偽造的。

〔註47〕蔣善國：《尚書綜述》，上海古籍出版社，1988 年，第 296 頁。
〔註48〕毛奇齡：《〈古文尚書冤詞〉提要》，見《四庫全書總目》卷十二，經部《書》類二，中華書局，1965 年，第 102 頁。
〔註49〕崔述：《考古續說》卷二，《竹書紀年辨偽》，見《崔東壁遺書》，第 460 頁。

　　崔述在少年時，就曾讀過《竹書紀年》，他回憶說：「余自少年固已見之，以其疎略舛誤，不足欺人，稍有識者自能辨之，不暇爲之糾摘。前歲余自閩還，過蘇州，買書於書肆，見甘泉張君宗泰《校補竹書紀年》，因買歸而閱之，見其徵引之詳，考覈之精，糾其舛誤，摘其缺略，其用力之勤亦已極矣。吾所見聞文學之士未有如張君之盡心者也。」〔註50〕崔述在肯定張宗泰對《竹書紀年》考辨成果的同時，又指明其不足之處：「顧吾猶惜其不肯直黜其書以絕後人之惑，而但取其漏者補之，誤者改之，豈遂謂其他文皆可信乎？」〔註51〕在這個反問的基礎上，崔述分析道：「夫他文之所以未經抉摘者，特因《水經》、《索隱》諸書未嘗引之，無可考證其得失耳；使此書果眞，何以與《水經》、《索隱》所引互異？既與《水經》、《索隱》互異，則非眞古之《紀年》矣。舉一反三，則其餘皆其人之所僞撰無疑也。且此書之僞所以顯然易知者，正以其與《水經》、《索隱》不同耳；補之改之使與《水經》、《索隱》文同，世之學者復何由知其僞。」〔註52〕因此，崔述於嘉慶九年（1804）撰成《竹書紀年辨僞》一書，並在書中提出十項證據對《竹書紀年》進行考辨。

　　這十項證據包括：今書起自黃帝之謬；啓、益事紀載之異；商代都邑與年數之異；今書以週年紀本國事之謬；今書以周正紀本國事之謬；《索隱》所引原文爲今書漏去者；依《索隱》敘述推今書所漏（列國年世）；依《索隱》引文之義例推今書所漏（諸侯名諡，生卒，廢立）；今書採輯《索隱》之舛誤；災異惟記習熟數條。崔述對古本《竹書紀年》與今本《竹書紀年》兩書的考辨可歸納爲：

　　第一，古本《竹書紀年》始於夏、商、周之世，而今本《竹書紀年》始於黃帝之時。根據杜預《春秋經傳後序》的記載：「《紀年篇》起自夏、殷周，皆三代王事，無諸國別也。」而今本《竹書紀年》卻是始於黃帝，與杜預的記載不同，從而證明今本《竹書紀年》是僞造的。同時，崔述又列舉了荀勖與和嶠的觀點，他們認爲：「《紀年》起於黃帝。」崔述考證說：「然使果起黃帝，杜氏親見其書，何得謂之起自夏乎！杜氏之《序》與《春秋經傳》並傳，不容有誤。和嶠之言特出於荀勖之口，荀勖之言又僅見於《魏世家注》所引，

〔註50〕崔述：《考古續說》卷二，《竹書紀年辨僞》，見《崔東壁遺書》，第460頁。
〔註51〕崔述：《考古續說》卷二，《竹書紀年辨僞》，見《崔東壁遺書》，第460～461頁。
〔註52〕崔述：《考古續說》卷二，《竹書紀年辨僞》，見《崔東壁遺書》，第461頁。

遞相傳述，安知其不失眞？不得據此而疑《杜序》也。且又安知其非紀夏之事而追述黃帝以來，若《左傳》之於魯惠公、晉穆侯然者，而遂以爲起於黃帝乎？《晉書》亦云：『《紀年》十三篇，記夏以來。』今書之起黃帝，其非原書之文顯然可見。」〔註53〕因而，崔述認爲今本《竹書紀年》是後世人僞造的。

　　第二，古本《竹書紀年》與今本《竹書紀年》對啓、益的事迹記載不同。他指出，《史通》中引《汲塚書》的記載「益爲啓所誅」，《晉書》載有「《紀年》，益干啓位，啓殺之」，但是，今本《竹書紀年》中卻沒有相關記載，而啓二年記有「費侯、伯益出就國」，六年記有「伯益薨」。崔述由此分析道：「然則唐人所見之《紀年篇》非今書矣。且經傳稱益未有冠以『伯』者；自班固誤以益爲伯翳，後人乃有稱爲伯益者。今云伯益，則是撰書者習於近世所稱而不知秦、漢以前之語之不如是也。其非原書之文顯然可見。」〔註54〕可知，今本《竹書紀年》中的這些記載並不是原書之文。

　　第三，古本《竹書紀年》對商代都邑以及年數的記載與今本《竹書紀年》不同。《史記正義》的《殷本紀注》中引《竹書紀年》的記載：「自盤庚徙殷，至紂之滅，二百七十三年，更不徙都。」而今本《竹書紀年》卻記載都城遷了三次：「武乙三年，自殷遷於河北」，「十五年，自河北遷於沫」，「文丁元年，王即位居殷」。崔述分析道：「張氏何以謂之更不徙都？且今書盤庚於十四年遷殷，歷十五年，至二十八年而王陟，又歷十一君二百三十七年，至紂五十二年而殷亡，共三百五十二年，其年數亦不合。其非原書之文顯然可見。」〔註55〕

　　第四，今本《竹書紀年》的紀年方法與古本《古本竹書紀年》不同。古本《竹書紀年》只對王事進行記載，而不記載諸侯之事。杜預在《春秋經傳集解後序》中說：「特記晉國，起自殤叔，次文侯、昭侯，以至曲沃莊伯。曲沃莊伯之十一年十一月，魯隱公之元年正月也。」又說：「晉國滅，獨紀魏事，下至魏襄王之二十年。蓋魏國之史記也。」可見，古本《竹書紀年》在紀晉國之事時用晉紀年，在紀魏國之事時用魏紀年。《史記‧索隱》引《紀年》之文：「魏武侯二十一年，韓滅鄭，哀侯入於鄭」，「二十三年，晉桓公邑哀侯於鄭」。這與《春秋》用魯紀年的內容相同。崔述感歎道：「於他國事尚以魏紀

〔註53〕崔述：《考古續說》卷二，《竹書紀年辨僞》，見《崔東壁遺書》，第461頁。
〔註54〕崔述：《考古續說》卷二，《竹書紀年辨僞》，見《崔東壁遺書》，第461頁。
〔註55〕崔述：《考古續說》卷二，《竹書紀年辨僞》，見《崔東壁遺書》，第461頁。

之，況魏事乎！今書概以週年紀之，而晉自殤叔以後，魏自武侯以後，但旁注其元年於周王之年下，與《杜序》所言者迥異。其尤不通者，《水經注》引《紀年》文云：『惠成王如衛，命子南爲侯。』不知所謂王者，周王乎？魏王乎？其非原書之文顯然可見。」〔註56〕以周紀年記載晉、魏時事是今本《竹書紀年》爲僞書的又一例證。

第五，杜預在《春秋經傳集解後序》中說：「曲沃莊伯之十一年十一月，魯隱公之元年正月也。皆用夏正建寅之月爲歲首，編年相次。」夏、周兩種紀年的歲首不同，古本《竹書紀年》的記載要比《春秋》晚兩個月。崔述認爲，莊伯即位之年應該先於《史記》二年，其中所記的事情應早於《春秋》二月的記載。「故晉以十二月朔滅虢，而卜偃謂在『九月十月之交』；絳縣老人以周三月生，而自言爲『正月甲子』。」《左傳》也多採用晉史的記載而沒有改動，「故申生之殺，卓子之弑，《經》皆在春，《傳》皆在前年多；韓之戰，《經》在九月壬戌，《傳》在七月壬戌。然則《紀年》之文亦當如是。今書，魯隱公之元年乃莊伯之九年，與《史記》同；然則是作書者採《史記》之文，而不知其與本書之年不合也。莊伯之世仍以平王紀年，五十一年二月日食，三月王陟，與《春秋》同；然則是作書者採《春秋》之文，而不知其與本書之月不合也。其非原書之文顯然可見。」〔註57〕今本《竹書紀年》用周紀年紀本國的史事是謬誤的。

第六，崔述利用《史記·索隱》的記載，考辨出今本《竹書紀年》的原文、列國年表，以及對諸侯名謚、生卒、廢立等都有疏漏之處。首先，《史記·索隱》中引用的古本《竹書紀年》的原文卻在今本《竹書紀年》中缺佚，可證今本《竹書紀年》爲僞造。如《史記》中的《宋微子世家注》中說：「《紀年》云：『宋剔成盱廢其君璧而自立。』」《史記·趙世家》注中說：「《紀年》云：『召公子職於韓，立以爲燕王。』」這些記載在今本《竹書紀年》中都被漏掉。其次，對列國年表記載的疏漏，根據《史記·索隱》的記載來推斷，今本《竹書紀年》中有很多漏載之處。如《史記》中的《燕召公世家》注載：「王劭按，《紀年》，簡公後，次孝公，無獻公。」又載：「《紀年》，智伯滅在成公二年。」《史記·魏世家》注載：「《紀年》，魏武侯元年當趙烈侯之十

〔註56〕崔述：《考古續說》卷二，《竹書紀年辨僞》，見《崔東壁遺書》，第461～462頁。
〔註57〕崔述：《考古續說》卷二，《竹書紀年辨僞》，見《崔東壁遺書》，第462頁。

四年。」《史記・田敬仲世家》注中記有：「《紀年》，梁惠王十三年——當齊桓公十八年——後威王始見。」據此，崔述總結道：「然則列國諸侯之年與世，及智伯之滅，皆當載於此書，然後可以考而知爲何君何年，而梁惠王之十三年必有齊威王事，易見也。今書一概無之，彼司馬貞者何所據而推之歷歷如是哉？其非原書之文顯然可見。」〔註 58〕再次，根據《史記・索隱》的內容和義例來考察今本《竹書紀年》的記載，記載諸侯名謚、生卒、廢立遺漏之處很多。如《史記・燕世家》注載有：「《紀年》，成侯名載。」《史記・宋世家》注說：「《紀年》作桓侯璧兵。」〔註 59〕崔述由此分析說：「田侯剡之立，田侯午之生，皆見於《田完世家注》所引。度此書必不獨私此數人而詳之也，然則諸侯之名與謚皆當有之；生、卒、廢、立，皆當載之」，「由是推之，《紀年》之文蓋多且詳，其紀戰國之事當與《春秋》相埒。而今書乃寥寥數語，年或一事，或無事，諸侯之名謚卒年率略而不見。其非原書之文顯然可見。」〔註 60〕

第七，今本《竹書紀年》中採引《史記・索隱》中記載的部分，也有許多與原文不相符、舛誤之處，包括：「採其文而缺焉者」、「採其文而誤焉者」、「採其文而年與之異者」。「採其文而缺焉者」，如《史記・田完世家》注中說：「《紀年》，宣公五十一年，公孫會以廩邱叛於趙；十二月，宣公薨。」今本《竹書紀年》卻只記公孫之叛，不記宣公去世之事。「採其文而誤焉者」，如《史記・晉世家》注載：「《紀年》，夫人秦嬴賊公於高寢之上。」今本《竹書紀年》記爲大夫秦嬴。「採其文而年與之異者」，如《史記・韓世家》注引古本《竹書紀年》之文，魏武侯二十一年韓滅鄭，魏武侯二十三年晉桓公邑哀侯於鄭。今本《竹書紀年》的記載卻是滅鄭八年之後，才邑哀侯於鄭。崔述總結道：「不知採輯之時何以舛漏如此？然要之必非原書則較然無疑。」〔註 61〕可知，今本《竹書紀年》爲後世僞造之作。

第八，今本《竹書紀年》中對災異的記載僅是熟悉的數條。崔述認爲：「凡災異，記則當盡記之，否則概不之記。自夏、商逮西周，日食多矣，何以獨記仲康五年日食？然則是作書者見《僞尚書》之有此事，故採而錄之；其餘

〔註 58〕崔述：《考古續說》卷二，《竹書紀年辨僞》，見《崔東壁遺書》，第 462 頁。
〔註 59〕崔述：《考古續說》卷二，《竹書紀年辨僞》，見《崔東壁遺書》，第 462 頁。
〔註 60〕崔述：《考古續說》卷二，《竹書紀年辨僞》，見《崔東壁遺書》，第 462～463 頁。
〔註 61〕崔述：《考古續說》卷二，《竹書紀年辨僞》，見《崔東壁遺書》，第 463 頁。

不見經傳，故無從知之而錄之也。春秋時，日食書於《經》者亦不乏矣，何以獨記平王五十一年日食？然則是作書者因日食在春秋之初，故憶而錄之；其他不復記憶，故無暇考之而錄之業。其非原書之文顯然可見。」〔註62〕

在分析了十項證據之後，崔述感歎道：「書中舛誤缺漏如此類者尚多，逐事辨之則不勝其辨，而其淺陋亦殊不足辨，略舉數端，以見大凡。其於戰國時事，諸書所徵引咸昭然耳目間，猶且乖謬如是，況三代以上，尚有一二之可信者乎！然則此書之偽更無疑義，所以《三代考信錄》中概不之齒及也。」〔註63〕將今本《竹書紀年》判斷爲後人所偽造，這成爲崔述考辨古史的重要見解之一。

綜上所述，崔述對古史的考辨和古代文獻的考證取得了很多有價值的成就，爲後世的史學研究提供了可茲參考的文獻。由於篇幅所限，以上僅分析了代表性幾例。對於崔述所取得的史學成就，日本學者那珂通世曾給予了全面總結：「崔氏處於群迷之中，獨能建樹己說：排擊三皇之存在，羲、農之製作，五帝之世次，與夫五德終始之學說，而曰唐、虞以前之帝位，既無禪讓，亦無承繼；又曰三代王國僅限於畿內之地；成湯、文、武皆非夏、商朝臣；並斥太伯之斷髮文身；伯夷、叔齊之控馬而諫，而謂首陽窮餓並非餓死；又曰成王即位已非年幼，周公攝政，乃因成王居武王之喪；夏臺之囚，羑里之厄，皆非事實；《周易》非文王所作；《易傳》非孔子所爲；《儀禮》與《周禮》亦非出自周公之手；且謂《禮記》記也而非經；《春秋》書法非如《三傳》之所云；禘乃群廟之祭，不限於始祖，不限於王者；郊僅祀天，並無北郊；更謂孔子之事附會最多，如問禮、學琴，被拒於晏子，爲中都宰，誅少正卯，攝魯相，以蘧伯玉爲主，欲見趙簡子，疑於蒲，笑於鄭，困於陳、蔡，被拒於楚子西之類皆爲造作之事；《大學》、《中庸》非曾子、子思所作；《論語》乃弟子之弟子所記，後儒所輯；《孟子》亦非孟軻所自著；《新序》、《說苑》、《列女傳》假作最多；《逸周書》、《孔叢子》、《家語》皆爲偽書；《竹書紀年》乃魏國之史，戰國之事雖足證《史記》之誤，但今之《紀年》乃明人所作，非汲塚舊本。凡此種種，雖皆破壞之論，但書中並非盡爲破壞，亦有建設之說，只破壞多於建設而已。即在我國（日本）研究史傳之結果，因兒島高德之消失，曾高唱抹殺之聲。而向中國之迷信學者謂老子全無其人，伯夷之諫

〔註62〕崔述：《考古續說》卷二，《竹書紀年辨偽》，見《崔東壁遺書》，第463頁。
〔註63〕崔述：《考古續說》卷二，《竹書紀年辨偽》，見《崔東壁遺書》，第463頁。

諍與首陽之餓死亦無其事，或謂《周禮》乃後世之作，《易傳》非出孔子之手，則皆一般學者所不敢設想；無怪乎此書之不行於中國也。」〔註64〕其實，崔述史學研究中的「破壞之論」，才是崔述史學最爲耀眼的閃光點，體現了其價值所在。

崔述考辨古史，成就斐然，但他對於自己的業績和影響有冷靜如實的估量，在編輯和擬訂著述目錄時自我總結道：「右書三十四種，八十八卷，自名爲《薄皮繭》。『薄皮繭』者，余魏人之方言也。魏人於凡人之科名不遂，僅以舉貢終其身，與仕宦不遂，僅以州縣終其身者，皆目之爲薄皮繭。蓋蠶有強有弱，故其繭亦有厚有薄。人所樹立者淺，謂之無所成則不可，遂謂之有所成則瑣瑣不足道，故目之爲薄皮繭也。余幼受先人之教，耳提面命，無間晨夕，望其爲良臣、爲碩儒也，而余所成就者止於如是，故目之爲薄皮繭也。世之論者皆謂經濟所以顯名於當時，著述所以傳名於後世。余之意竊以爲不然，人惟胸有所見，茹之而不能茹，故不得已假紙筆以抒之，猶蠶食葉既老，絲在腹中，欲不吐之而不能耳，名不名，非所計也。謂之爲薄皮繭，稱其實矣。崔述自識。」〔註65〕敘述中既有自謙、也有抱負不得實現的感慨，更交織著憤世嫉俗的情緒。「名不名，非所計」，則表現了治史辨僞存眞、不計得失的學術責任感。

第二節　崔述先秦史考釋的局限性

崔述的先秦史研究成果頗豐，考證辨僞致細，但也存在其局限性，可從考辨依據、考辨史事、考辨史籍等方面的局限性進行考察。

一、崔述考辨依據的局限性

崔述主張崇奉堯、舜、孔子，遵奉聖人之道。他認爲應「考信於六藝」，「以維持聖經爲己任」，以儒家經典和聖人之言爲考辨的標準，最終達到昌明聖人之道的目的。當然，崔述在崇信儒家經典的同時，發現其中也有謬誤之處，他指出：「吾於《尚書》深信之，然至《呂刑》稱伯夷之播刑則吾不敢信矣。吾於《雅》、《頌》深信之，然至《閟宮》述太王之翦商則吾不敢信矣。

〔註64〕〔日〕那珂通世著、於式玉譯：《〈考信錄〉解題》，見《崔東壁遺書》，第929頁。

〔註65〕崔述：《東壁先生自訂全集目錄》，見《崔東壁遺書》，第914頁。

固因其爲衰世之文，非愼言之君子所撰，亦以所追敘者數百年或千年以前之事，傳聞失實乃理勢所常有。」〔註66〕雖然崔述認識到儒家經典之中也存在謬誤之處，但他仍主張以儒家經典和聖人之言作爲考辨古史、古書的依據，這種認識有其局限性。

　　崔述在分析作《考信錄》的目的時就明確表明是爲了維護由堯、舜至孔、孟的聖人之道，他指出：「《考信錄》何以始於唐、虞也？遵《尚書》之義也。《尚書》何以始於唐、虞也？天下始平於唐、虞故也。蓋上古之世，雖有包羲、神農、黃帝諸聖人相繼而作，然草昧之初，洪荒之日，創始者難爲力，故天下猶未平。至堯，在位百年，又得舜以繼之，禹、皋陶、稷、契諸大臣共襄盛治，然後大害盡除，大利盡興，制度禮樂可以垂諸萬世。由是炙其德，沐其仁者，作爲《典》、《謨》等篇以紀其實，而史於是乎始。其後禹、湯、文、武疊起，撥亂安民，製作益詳，典籍益廣，然亦莫不由是而推衍之。是以孔子祖述堯、舜，孟子敘道統亦始於堯、舜。然則堯舜者，道統之祖，法治之祖，而亦即文章之祖也。」至周朝衰落，百家之言開始興起，堯、舜的聖人之道也隨之逐漸衰敗，於是孔子開始訂正書籍，重新闡發聖人之道，以便傳於後世。孔子卒後，楊墨的異端之言流傳於天下，誣聖之說四起，此時孟子開始駁斥異說。孟子之後，異端誤說流佈更廣，司馬遷《史記》上溯到黃帝，譙周《古史考》、皇甫謐《帝王世紀》等書又遠溯到伏羲、神農之前。崔述分析了出現這種狀況的原因：「唐、虞以前，載籍未興，傳亦僅見，易於僞託，無可考驗，是以楊、墨、莊、列之徒得藉之以暢其邪說。唯唐、虞以後，載在《尚書》者乃可依據；而《僞孔氏古文經傳》復出，劉焯、孔穎達等羽翼之，猜度附會，而帝王之事遂茫然不可問矣。」到唐、宋之時，異端邪說已有積重難返之勢，崔述認爲：「唐、宋以來，諸儒林立，其高明者攘斥佛、老以伸正學，其沉潛者居敬主靜以自治其身心，休矣盛哉！然於帝王之事皆若不甚經意，附和實多，糾駁絕少。而爲史學者，則咸踵訛襲謬，茫無別擇，不問周、秦、漢、晉，概加採錄，以多爲勝。於是荒唐悠謬之詞，相沿日久，積重難返，遂爲定論，良可歎也！」崔述強調應遵從堯、舜、孔子的聖人之道，否則其結果只能是「不能安居粒食以生，不能相維繫無爭奪以保其生，不能服習於禮樂教化以自別於禽獸之生」。於是，崔述極爲肯定地指出：「然則堯、舜其猶天乎！其猶人之祖乎！人不可悖堯、舜，故不可悖孔子

〔註66〕崔述：《唐虞考信錄》卷二，見《崔東壁遺書》，第66頁。

也；人不可不宗孔子，即不可不宗堯、舜也。余故作《考信錄》自唐、虞始，《尚書》以經之，傳記以緯之，其傳而失實者則據經傳正之。至於唐、虞以前紛紜之說，但別爲書辨之，而不敢以參於《正錄》，既以明道統之原，兼以附闕疑之義，庶於孔子之意無悖焉爾。」〔註67〕崔述所主張的對聖人之道的崇奉和遵行雖是在當時的時代背景下做出的，但也難免其內在的局限性。

　　崔述的這種崇聖衛道思想運用於古史的考辨，致使對古史的考辨僅看其是否合於聖人之道，而不以客觀的事實爲準則，這種不以客觀事實爲依據的考辨是不足爲信的。如，崔述曾以此依據對司馬遷《史記》、劉向《新序》中記載孔子的史事進行了考辨，指出其中的不可信之處。《史記‧孔子世家》中記有：「嘗爲季氏史，料量平。嘗爲司職吏，而畜蕃息。」崔述認爲這一記載是錯誤的，他分析道：「『委』『季』，『吏』『史』四字相似，故誤；後人又妄加氏字耳。孔子豈爲季氏家臣者哉！畜牧不可以云『司職』，二字亦誤。」〔註68〕另，《新序》中記有：「魯沈猶氏旦飲其羊，飽之，以欺市人。公愼氏有妻而惡。愼潰氏奢侈驕佚。魯市鬻牛馬者善豫價。孔子爲魯司寇，沈猶氏不敢飲其羊，公愼氏出其妻，愼潰氏踰境而走，鬻牛馬者不豫價。」針對此，崔述指出：「此數事皆理之所有；然聖人盛德感人，綏之斯來，動之斯和，其化當不止此。此皆狐偃、子產輩之所能爲；縱有之，亦不足以爲聖人重。且其事不見於經傳，其有無不可知。」〔註69〕可見，崔述考辨時的依據爲是否合於聖人之道，並沒有考辨史事的眞實與否，這其實是與其主張的客觀求實的考史態度相矛盾的。

　　在強調遵循聖人之道的前提下，崔述認爲聖人所處的時勢相異，因而其對策也各不相同，他指出：「聖人所處之時勢不同，則聖人所以治天下亦異。是故二帝以德治天下，三王以禮治天下，孔子以學治天下。堯舜以聖人履帝位，故得布其德於當世，命官熙績，以安百姓而燮萬邦，天下莫不遂其生而正其命。故曰二帝以德治天下也。禹、湯、文、武雖亦皆有聖德，然有天下至數百年，其後王不必皆有德；其所恃以維持天下者，有三王所制之禮在。」又指出：「故三王之家天下也，非以天下私其子孫也；其子孫能守先王之禮，則德衰而天下有所賴以不亂。故曰三王以禮治天下也。」〔註70〕聖人在不同

〔註67〕崔述：《考信錄提要》卷下，見《崔東壁遺書》，第18頁。

〔註68〕崔述：《洙泗考信錄》卷一，見《崔東壁遺書》，第268頁。

〔註69〕崔述：《洙泗考信錄》卷二，見《崔東壁遺書》，第280頁。

〔註70〕崔述：《考信錄提要》卷下，《總目》，見《崔東壁遺書》，第19～20頁。

的時勢之下所做的對策不同，但都促進了歷史向前發展。

　　崔述強調維護聖人之道和經書的地位，主張「是非必折衷於孔、孟而眞僞必取信於《詩》、《書》，然後聖人之眞可見而聖人之道可明也。」〔註71〕在尊經崇聖的同時，崔述認爲諸子百家之言亦不可信：「大抵戰國、秦、漢之書皆難徵信，而其所記上古之事尤多荒謬。然世之士以其傳流日久，往往信以爲實。其中豈無一二之實？然要不可信者居多。乃遂信其千百之必非誣，其亦惑矣！」〔註72〕這就使得崔述在考辨古史時，只能依據經書中的記載，可用的材料很少。在先秦時代，經書除本身存在問題外，也並不是記載史事的惟一手段，還有史書、子書等材料。崔述試圖依據幾部經書將先秦史考辨清楚，是很困難的。

　　針對崔述治學的特點，國內外的後世學者也進行了詳細的分析，並給出了相應評價。國內學者包括胡適、顧頡剛、呂思勉等人。

　　胡適認爲：「崔述處處用後世儒生理想中的『聖人』作標準，凡不合這種標準的，都不足憑信。」〔註73〕又指出：「崔述的偉大成績在於他能抱定『考其先後，辨其眞僞』的宗旨一直做去。然而他究竟不能脫離他的根本出發點。他的出發點是衛道，衛聖，衛經。他又不能拋棄他理想中的聖人觀念。因爲他著書的最初動機並不是要考證古史，不過是要推翻傳說，回到古經，以存理想中的『聖人之眞』，所以他依然落在過於尊經，過於尊聖人的窠臼裏。」〔註74〕胡適認爲崔述這樣的考證是不足以讓後來學者信服的。

　　顧頡剛對崔述的「考信於六藝」提出了批評：「只有司馬遷和崔述，他們考信於《六藝》；凡《六藝》所沒有的，他們都付之不聞不問。這確是一個簡便的對付方法。但《六藝》以外的東西並不曾因他們的不聞不問而失其存在，既經有了這些東西，難道研究歷史的人可以閉了眼睛不看嗎？況且就是《六藝》裏的材料也何嘗都是信史，它哪裏可以做一個審查史料的精密的標準呢？」〔註75〕認爲崔述這種僅僅依靠《六藝》來考辨古史的做法是不可取的。

　　呂思勉曾指出：「《崔東壁遺書》，近人盛稱其有疑古之功，此特門徑偶然相合，其實崔氏考據之學，並無足稱。」同時，他認爲崔述並不是當時的治

〔註71〕崔述：《〈考信錄〉自序》，見《崔東壁遺書》，第921頁。
〔註72〕崔述：《考信錄提要》卷上，《釋例》，見《崔東壁遺書》，第5頁。
〔註73〕胡適：《胡適序》，見《崔東壁遺書》，第1042頁。
〔註74〕胡適：《科學的古史家崔述》三，見《崔東壁遺書》，第988～989頁。
〔註75〕顧頡剛：《中國上古史研究講義·自序》，中華書局，1988年，第1頁。

學名家：「崔述考證，雖若深密，然其宗旨實與宋人同，故其見解多不免於迂腐。雖能多發古書之誤，實未能見古事之眞。陳履和跋《古文尙書辨僞》，謂其於梅、閻二氏之書，皆未嘗見，其於考據，非專門名家可知。」他還對崔述治學無足稱的原因進行了分析：「崔氏所疑，雖若精審，然皆以議後世之書則是，以議先秦之書則非。何者？先秦之書，本皆如是也。崔述所疑，實甚淺顯，前人豈皆見不及此？所以不言者，以此爲先秦古書之通例，不待言也。然則崔述之多言，正由其未達古書義例耳。其能見古書闕誤，正得力於宋儒。其中最善者，爲論《洪範》闕文錯簡；然蘇子瞻已引其端，則亦非其所獨得。故謂崔氏之考據，並無足稱也。」〔註76〕可見，呂思勉對崔述考據之學的整體評價不高。

國外學者有日本學者那珂通世、內藤湖南、美國學者施耐德等人。

那珂通世指出，《考信錄》「亦非史論之盡善者。東壁唯據經以排斥傳記，據經與傳而排斥百家之說，至於經傳之可疑者尙未能十分研究也」〔註77〕。內藤湖南認爲：「他對確實可信書籍產生的根本卻沒能予以更充分地考慮。而且將《經》與《傳》相區別，認爲《經》可信而《傳》不可信的觀點也是有不充分之處的。對於《經》是如何產生的問題，崔述尙未進行研究。」〔註78〕美國學者施耐德（Laurence A. Schneider）認爲崔述是儒家原教旨主義的，他分析道：「雖然崔述的作品對顧頡剛有用，但是他斷言由於崔的原教旨主義者的砍伐，其作品的用處不大。顧說『他只是儒者的辨古史，不是史家的辨古史。』」同時，他認爲崔述「對傳統經文持批判性的評價，此爲晚清士林所周知。歷史知識的起發點必須是原有的經籍，而不是後人所加的注疏（道德知識亦然）。較接近遠古的秦漢學者，對三代盛世並不比十八世紀眞才實學之士更有見識。他的確看不起秦漢學者，因爲他們過深之偏見使他們失去洞察六經和遠古本質的能力」。他指出，在崔述看來，以前學者的過失在於：「他們未能回頭研究漢代儒學的根源——六經，反而去讀《山海經》、《呂氏春秋》或諸子。這種趨勢之進展在明朝最爲迅速，並由於科考而加速其進行，一直到最後『若六經爲藜藿，而此書爲熊掌雉膏者然。』」雖然崔述懷疑並批評了

〔註76〕 呂思勉：《論學集林》，上海教育出版社，1987年，第177～178頁。
〔註77〕 〔日〕那珂通世著、於式玉譯：《〈考信錄〉解題》，見《崔東壁遺書》，第929頁。
〔註78〕 內藤湖南著、馬彪譯：《中國史學史》，第307頁。

六經和注疏以外的歷史記述，但他卻深信六經本身的歷史，「藉著揭發覆於眞經上的層層僞史，崔更肯定他正在從事一件衛道、護聖和護經的工作」。可見，「由於崔述以其聖王見解作爲判斷史說眞僞的標準，而使他的校勘技巧（顧頡剛譽之爲『科學的』）一再地受到損害。如果他讀到一段三代聖王或孔子的記載，並發覺其所描寫的行爲『不合聖人之道』（依照崔氏的標準）時，他就斷定這段記載是僞造的。」〔註79〕這就反映出崔述史學體系中是存在內部矛盾的。從根本上看，崔述考證辨僞的局限性根源於其考辨古史時依據的標準，即以儒家經典爲標準。

二、崔述考辨史事的局限性

崔述對史事的考辨取得了很大的成就，但同時也存在失誤之處。如他相信倉頡造字、堯時已有史書，認爲「堯舜者，道統之祖，法治之祖，而亦即文章之祖也」〔註80〕。又如他受漢代以後儒者的影響，不承認周公在武王死後，曾經一度稱王。

崔述考辨的成果有些是現在還存有歧異的。如崔述對孔子誅少正卯之說的考辨。崔述之前的學者已懷疑此說，崔述亦懷疑之。他在分析《史記‧孔子世家》、《孔子家語》、《論語》中的記載後，指出：「聖人之不貴殺也如是，烏有秉政七日而遂殺一大夫者哉！三桓之橫，臧文仲之不仁不知，《論語》、《春秋傳》言之詳矣；賤至於陽虎、不狃，細至於微生高，猶不遺焉；而未嘗一言及於卯。使卯果嘗亂政，聖人何得無一言及之？史官何得不載其一事？非但不載其事而已，亦並未有其名。然則其人之有無蓋不可知。縱使果有其人，亦必碌碌無聞者耳，豈足以當聖人之斧鉞乎！春秋之時，誅一大夫非易事也，況以大夫而誅大夫乎！」〔註81〕後世學者對之表示懷疑，並且至今仍未有定論。

崔述考辨古史中也有無法考訂、沒必要考訂的史事。如崔述對共工氏之世次的考辨。《漢書‧律曆志》將共工列於神農之前。崔述指出：「《春秋傳》，共工在黃、炎後，其文甚明；劉歆泥於《呂紀》五德之說，誤以《傳》爲逆

〔註79〕〔美〕施耐德著、梅寅生譯：《顧頡剛與中國新史學──民族主義與取代中國傳統方案的探索》，（臺灣）華世出版社，1984 年，（以下版本同），第 219～220 頁。

〔註80〕崔述：《考信錄提要》卷下，見《崔東壁遺書》，第 18 頁。

〔註81〕崔述：《洙泗考信錄》卷二，見《崔東壁遺書》，第 287 頁。

數，遂以炎帝爲神農，太皞爲伏羲，因致失共工之世次耳。今既據《傳》文正其失，則共工固當次之於此。」〔註82〕又如崔述對禹之崩年、崩地也展開了考證。他認爲：「孟子稱禹薦益七年而崩，而此篇謂禹立而薦皋陶，皋陶卒，乃薦益，凡立十年而崩，則與孟子之文約略相符，其年或有所據。惟崩於會稽，未見其必然；恐係戰國之時傳流之誤，如舜之崩於蒼梧者然。但會稽，揚州地，尚非蒼梧之比。姑存之。」〔註83〕再如崔述駁斥了黃帝舉四相之說。他首先引用了《史記・五帝本紀》中的記載：「黃帝舉風后、力牧、常先、大鴻以治民。」《漢書・藝文志》中設有《風后》十三篇、《力牧》十五篇。《帝王世紀》附會此說道：「黃帝夢風吹，塵垢皆去；人執千鈞之弩，驅羊萬群。曰：『天下豈有姓風名后，姓力名牧者哉？』於是求而得之，以爲將相。」隨後，崔述分析道：「黃、炎之世，卿相之名未有見於傳者，則四人恐亦後人之託言。縱使有之，而其時未有典冊，則兵法非其所著明矣。後者，君也，風后蓋謂風國之君。固未有姓名連稱者，烏得以『風』、『力』爲姓，而『后』、『牧』爲名也哉！至垢去土爲后，人驅羊爲牧，此特後世之謎語耳，稍知文學者恥言之。而《綱目前編》、《廣輿記》皆從而採之，嘻，亦異矣！今一概不錄。」〔註84〕對這些無法考訂、不必要考訂的史事進行大量考辨，無所效應。

崔述考辨古史的一些結論在近代被推翻。如崔述認爲《尙書》的《堯典》和《禹貢》篇是夏代的原始文獻，兩篇的內容是可信的。但是，《虞夏書》中的幾篇已被當今學術界認定爲成書於戰國時期。這幾篇的文字和文風不似先秦文字、且具有大一統觀念，表明這些是後人追述的。崔述若不堅信儒學經典，這些問題也是能夠發現的。

三、崔述考辨史籍的局限性

崔述先秦史考釋的局限性之一就表現在對史籍的考辨上。如崔述對《論語》中「公山弗擾以費畔，召，子欲往」、「佛肸召，子欲往」兩章的考辨。崔述曾自述了研究《論語》的經歷，他說：「余五六歲時，始授《論語》，知誦之耳，不求其義也。近二十，始究心書理，於《公山》、《佛肸》兩章頗疑

〔註82〕崔述：《補上古考信錄》卷下，見《崔東壁遺書》，第40頁。
〔註83〕崔述：《夏考信錄》卷一，見《崔東壁遺書》，第116頁。
〔註84〕崔述：《補上古考信錄》卷上，見《崔東壁遺書》，第34頁。

其事不經，然未敢自信也。踰四十後，考孔子事迹先後，始知其年世不符，必後人所僞撰，然猶未識其所以入《論語》之由也。六十餘歲，因酌定《洙泗餘錄》，始取《論語》源流而細考之，乃知在秦、漢時傳《齊》、《魯》論者不無有所增入，而爲張禹採而合之，始決然有以自信而無疑。」〔註85〕崔述分析道，公山弗擾、佛肸都是叛臣，公山弗擾公然反叛公室，佛肸則是以家臣的地位抗拒趙簡子，孔子受到叛臣的召請而想要前往，這本身就是對聖人的侮辱，違背了崔述尊經崇聖的準則，因此他認爲「今之《論語》非孔門《論語》之原本，亦非漢初《魯論》之舊本也」〔註86〕，「不幸遇一張禹，匯合《齊》、《魯》諸本而去取之，定爲一書，當時學者以其官尊宦達，遂靡然而從之，以致諸本陸續皆亡」〔註87〕。在此基礎上，崔述進一步分析道：「佛肸之畔乃趙襄子時事。《韓詩外傳》云：『趙簡子薨，未葬而中牟畔之；葬五日，襄子興師而次之。』《新序》云：『趙之中牟畔，趙襄子率師伐之；遂滅知氏，並代，爲天下疆。』《列女傳》亦以爲襄子。襄子立於魯哀公之二十年，孔子卒已五年，佛肸安得有召孔子事乎！」〔註88〕但是，查《左傳》哀公五年的記載，記有「趙鞅伐衛，范氏之故也，遂圍中牟」，哀公五年爲孔子去世前九年。因此，《論語》中〈陽貨篇〉關於「佛肸」的記載是不可疑的，而崔述認爲其可疑的考辨結論是錯誤的，致誤的原因則是以聖人的標準揣度孔子的行爲。

關於崔述對史籍考辨的失誤，內藤湖南也曾給予了分析。他在對崔述史學研究中的不足之處進行分析時指出：「崔述的研究法，由於是根據現在的常識去推論古代的傳說，所以也常有判斷失當之處。」〔註89〕他認爲：「對於《孟子》中有關舜的話，他也出於上述相同的意思認爲是對事實的誤解，也是沒能考慮古代傳說所致。此人也像以往司馬遷考慮的那樣，認爲言必雅馴。認爲《尚書》中今文部分都是確實可信的事實，還相信《左傳》的記載最初也是屬於記錄的事實，所以當《論語》與《左傳》有所不同時，他以《左傳》爲準。從這一點上看，崔述雖也有判斷的失誤，但大體上，他那種考慮古代之事應盡量依據確實的書籍糾正其他雜說之誤的思想是出色的。」〔註90〕他

〔註85〕崔述：《洙泗考信餘錄》卷三，《論語源流附考》，見《崔東壁遺書》，第407頁。
〔註86〕崔述：《洙泗考信錄》卷二，《論語源流附考》，見《崔東壁遺書》，第284頁。
〔註87〕崔述：《洙泗考信錄》卷二，《論語源流附考》，見《崔東壁遺書》，第285頁。
〔註88〕崔述：《洙泗考信錄》卷二，《論語源流附考》，見《崔東壁遺書》，第292頁。
〔註89〕內藤湖南著、馬彪譯：《中國史學史》，第306頁。
〔註90〕內藤湖南著、馬彪譯：《中國史學史》，第307頁。

認爲崔述將本來的傳說誤當作了史實，從而導致了考辨的失誤。

　　綜上所述，崔述考辨古史所取得的成績是值得我們欽佩的，但同時也有其局限性，國內外學者都給予了分析和評價。針對學者對崔述考辨成果的批評，趙貞信爲崔述辯護道：「吾國人之論崔氏者，猶有或惡其疑古太過，自信太勇，致浸漸釀成當世抹殺古書，推翻古史之風尙；或貶其過於信經崇孔，思想不能澈底，辯證亦有未當。夫人之勝人，僅能創獲若干點，較前人未進步，決不能完全擺脫時代影響，作一概盡善之超人。承前以開後，遞變而逐蛻之歷史過程，固無有能幸免者。當乾、嘉漢學威權極盛之時代，處崔氏理學淵源極深之家庭，而有規模弘而論辯精若《考信錄》之一書出於其間，其偉大可欽崇，實無人得不表同情。」〔註91〕這一分析不無道理，對於崔述史學中存在的一些考證不精、考辨失實之處，應給予客觀的評價和實事求是的定位。

〔註91〕趙貞信：《考信錄解題》附記，見《崔東壁遺書》，第931頁。

第五章　崔述史學的思辯方法

　　崔述的疑古考辨，主要針對中國先秦史的相關史籍和所載史事，而中國先秦史的資料相對較少，許多文獻支離殘缺，不同文獻、甚至同一文獻記載歧異，若要確切考訂史實，難度甚大。這種狀況，造成無論「信古」還是「疑古」，都面臨資料不足的問題，因此，在研討先秦史的學者之中，如何對待古文獻的記述，是基本取信、還是多所懷疑？乃成為史學研究的根本態度。在直接證據同樣缺乏的條件下，對於先秦史的認識，「信古」屬於保守、戀舊的傾向，往往是在政治立場、教育傳統、主流思想的桎梏之下，缺乏不拘繩墨的獨立思考精神；「疑古」則表現為積極探索、衝破拘囿、具有不同程度思想解放的傾向。這樣，疑古考辨在史料不足、直接證據欠缺的情況下，多能發揮思維的能動性，開拓豐富多彩的思辯方法，推進獨立思考精神，啟迪後學，具備超越學術探討專題的更深廣的社會意義。崔述疑古考辨的思辯方法與其疑古的根本態度，在互動中相互促進、互為因果，因而具有豐富、深刻的特徵，值得予以深入研究。

第一節　崔述史學的邏輯思辯方法

　　崔述在考辨史事真訛、記載正誤的思維活動中，出色地遵循和運用了邏輯分析的方法。他善於發現和清理眾多古籍對同一歷史事件記載的異同，從相異的記述中對比考析，這可以稱為「異同考析法」。崔述又以其知識構成和基本的理念，作為他觀察歷史記述的推理依據，按照心目之中的常理作出對史事的可信性判斷，這可以稱為「事理推論法」。崔述在學術實踐中，又逐步

發現史事記載的多端失實，積累而形成了對於戰國之後載籍普遍皆有舛誤的整體判斷，這是一個歸納的過程，即從具體實例歸結爲一般性的命題。這種一般性命題反過來應用於對具體歷史記載的考察，則是思維的演繹進程，體現出整體認識對具體認識的指導。歸納與演繹間的不斷互動，越來越鞏固崔述疑古考辨的治史觀念，其具體的考據成就和整體的學術方向，就在歸納與演繹互動的邏輯理路中進展。

一、崔述史學的異同考析法

　　不同古籍記載先秦史事的參差不同，既促使信古史家竭力爲之彌縫，也往往被疑古學者首選爲解構古史體系的切入點。在崔述的論著內，常常將古籍記述史事或表述史事的參差、異同之處予以對比，從而得出獨到的考訂結論。這種方法包含這樣的邏輯內涵，即同一事件之記載不同，必然存在訛傳、舛誤、偏頗等足可質疑的問題。

　　例如《洙泗考信錄》卷二引《史記・孔子世家》、《孔子家語》所載誅少正卯事，崔述考辨說：《論語》、《春秋》三傳皆未言及此事，「非但不載其事而已，亦並未有其名。然則其人之有無蓋不可知。縱使果有其人亦必碌碌無聞者耳，豈足以當聖人之斧鉞乎！春秋之時，誅一大夫非易事也，況以大夫而誅大夫乎！孔子得君不及子產遠甚，子產猶不能誅公孫黑，況孔子耶！」他還引證孔子「子爲政，焉用殺」等言行，指出：「聖人之不貴殺也如是，烏有秉政七日而遂殺一大夫者哉！」〔註1〕完全否定了《史記》等書的記述。所謂「孔子殺少正卯」之事，在中國當代「批孔」思潮中曾經是個引人注目的問題，輿情靡然隨風，全失學術理性。今讀崔述之考辨結論，無論是否贊同，皆應折服於其對史籍記載的精思善疑精神。

　　崔述發現關於西周宣王事迹的記述，在《國語》與《詩經》中的記述大不相同，宛若二人之事，他指出：「余考宣王之事，據《詩》則英主也，據《國語》則失德實多，判然若兩人者；心竊疑之。久之，乃覺其故有三。」原因之一是：「詩人之體主於頌揚，然《大雅》之述文武者多實錄，而《魯頌・閟宮篇》則專尙虛詞：『荊舒是懲，莫我敢承』，僖公豈足以當之！此亦世變之爲之也。宣王之時雖尙未至是，然亦不免小事而張皇之；城方，封申，亦僅僅耳，而其詞皆若威震萬里者。是《詩》言原多溢美，未可盡信。」原因之

〔註1〕崔述：《洙泗考信錄》卷二，見《崔東壁遺書》，第287頁。

二是：「《國語》主於敷言，非紀事之書，故以『語』名其書，而政事多不載焉。然其言亦非當日之言，乃後人取當日諫君料事之詞而衍之者。諫由於君之有失道，故衍諫詞者必本其失道之事言之；非宣王之爲君盡若是，亦非此外別無他善政可書也。」原因之三在於：「古之人君，勤於始者多，勉於終者少。梁武帝創業之主，勤於庶政，而及其晚年，百度廢弛，卒致侯景之禍。唐明皇帝躬勘大難，至開元之治，而晚年淫侈，亦致祿山之患。其始終皆判若兩人。宣王在位四十六年，始勤終怠，固宜有之。故《國語》所稱伐魯在三十二年，千畝之戰在三十九年，皆宣王晚年事；而《詩》稱封申伐淮夷皆召穆公經理之，穆公，厲王大臣，又歷共和之十四年，其相宣王必不甚久，則此皆宣王初年事無疑也。且使宣王果能憂勤振作四十餘年，何至幽王之世無道十一年而遽亡其國！由是言之，《詩》固多溢美，《國語》固專記其失，要亦宣王之始終本異也。」〔註2〕這裡得出了對於周宣王的判斷，指出《國語》、《詩經》在反映史實上皆存在著片面性。

《洙泗考信錄》卷三引《史記・孔子世家》關於孔子將三千多首詩刪存爲三百零五首的記載，並且引述了唐孔穎達的懷疑、宋歐陽修和邵雍對《史記》記述的肯定。根據這些不同的見解，崔述得出孔子未曾刪詩的判斷，理由是：《論語》中提到《詩》，皆言《詩》三百，「玩其詞意，乃當孔子之時已止此數，非自孔子刪之而後爲三百也」；孔子如果刪詩，不當將周代之前和西周盛世之時詩刪除殆盡；「鄭、衛之風，淫靡之作，孔子未嘗刪也」。〔註3〕那麼孔子刪詩的標準何在呢？依據諸如此類的思辯，崔述斷定孔子並無刪《詩》之舉。同樣，他還進一步考訂孔子也未曾刪定《尚書》。孔子是否親自刪定過儒學經典，這是中國學術史上十分重要的問題，近代以來頗有否定、質疑之說，但信古者至今仍然因襲舊說，是個至今未了的公案。崔述的考辨，說理縝密，實際已經開近代相關議論之先河，顯示出一種超前的思辯與洞察力。

崔述考史的「異同考析法」，雖然也是對比史籍記載的出入之處而作出判斷，但並不等同於司馬光、錢大昕等人的史料考異，這是因爲崔述的考析有其自己的特點，他通過異同考析，總能得出史事記載不可輕信或史籍文獻不可盡信的啓示，體現了疑古治學的特點。例如他在比較《左傳》、《國語》、《史記》的古史記述中，有時肯定《左傳》的某個具體記載而否定他書，有

〔註2〕　崔述：《豐鎬考信錄》卷七，見《崔東壁遺書》，第242頁。
〔註3〕　崔述：《洙泗考信錄》卷三，見《崔東壁遺書》，第309頁。

時肯定《國語》的某個具體記述，但總和起來則是各書皆有失實之處。《洙泗考信錄》卷二引《論語》中「公山弗擾以費畔，召，子欲往」〔註4〕云云，又引用《左傳》的不同記載，判斷《論語》所云非是，孔子決不可能有輔助叛臣的念頭。至此，一般而言的史事考異已經可以圓滿結束，但崔述則導出一大段關於《論語》也不可盡信的議論：「然則《論語》亦有誤乎？曰：有。今之《論語》非孔門《論語》之原本，亦非漢初《魯論》之舊本也。」〔註5〕接著他以頗大的篇幅考述《論語》版本的因革變遷，雄辯地指出《論語》已經被後人有所淆亂。這個立足於疑古的論斷，對於傳統的思想和傳統文獻的觀念，具有不小的衝擊力量，至今仍然是個應當進行學術討論的問題。

利用文獻的文體和行文特徵判斷真偽，是宋代朱熹、吳棫就曾使用過的方法，明代胡應麟將「核之文以觀其體」〔註6〕作為文獻辨偽的八種方法之一。這種方法實際是掌握不同時代的文體特徵，將之與特定文獻予以比較，分析其異同，從而判斷文獻是否有作偽之嫌。崔述亦有以文體考辨史事的理論和實踐，他說：「唐、虞有唐、虞之文，三代有三代之文，春秋有春秋之文，戰國、秦、漢以迄魏、晉亦各有其文焉。非但其文然也，其行事亦多有不相類者。是故，戰國之人稱述三代之事，戰國之風氣也；秦、漢之人稱述春秋之事，秦、漢之語言也。」〔註7〕《考信錄》中不乏辨文體以考訂文獻的範例，例如他考辨《大學》不是曾子所作，指出：「世多以《大學》為曾子所作。朱子分『大學之道』至『未之有也』為《經》，為孔子之言，其餘為《傳》，為曾子之意而門人所記。」接著，他分析道：「《誠意章》云『曾子曰』云云，果曾子所自作，不應自稱曾子，又不應獨冠此文以『曾子曰』，朱子之說近是。然即『大學之道』以下亦殊不類孔子之言。且玩通篇之文，首尾聯屬，先後呼應，文體亦無參差，其出一人之手明甚，恐不得分而二之也。凡文之體，因乎其時，故《論語》之文謹嚴，《孟子》之文舒暢，《左傳》採之群書則文錯出不均。《大學》之文繁而盡，又多排語，計其時當在戰國，非孔子、曾子之言也。然其傳則必出於曾子。何以知之？《論語》：孔子曰『吾道一以貫之』，曾子曰『夫子之道忠恕而已矣。』今《大學》所言皆忠

〔註4〕 崔述：《洙泗考信錄》卷二，見《崔東壁遺書》，第283～284頁。
〔註5〕 崔述：《洙泗考信錄》卷二，見《崔東壁遺書》，第284頁。
〔註6〕 胡應麟：《少室山房筆叢》卷三二，《四部正訛下》，中華書局，1958年，第423頁。
〔註7〕 崔述：《考信錄提要》卷下，見《崔東壁遺書》，第15頁。

恕之事。『欲修其身者先正其心，欲正其心者先誠其意』，忠也。『欲治其國者先齊其家，欲齊其家者先修其身』，恕也。『如惡惡臭，如好好色』，忠也。『心不在焉，視而不見，聽而不聞』，以其不忠也。『有諸己而後求諸人，無諸己而後非諸人』，恕也。『所惡於上毋以使下，所惡於下毋以事上』，戒其不恕也。忠恕二言，大學之道盡矣。蓋曾子得之於孔子，而後人又衍之爲《大學》者也。故今於《曾子篇》不載作《大學》之事而仍推其意如此。」〔註8〕這裡主要是從行文風格的區別，判別《大學》成文於中古時期，而其思想見識符合於曾子，應是其門人後來追述的。

　　古代儒者多認爲《毛詩》傳自子夏，今《詩序》是子夏所作。崔述對此作出否定性的考辨，他指出：「西漢以前書未有言及《毛詩》之《序》者；惟《後漢書‧衛宏傳》言爲《毛詩》作序，則是《詩序》乃宏所作。且《序》之不合於經義者甚多，參之傳記亦多舛誤，而文詞亦不逮《論語》遠甚，其非子夏所作顯然；不過漢末魏、晉之人傳《毛詩》者借子夏名以爲重耳。後人震於其名，遂相視莫敢議，雖以朱子詳陳縷辨而人猶不信也。甚矣識古書之眞僞非易事也！」〔註9〕崔述考證《詩序》的作者不是子夏，其中就以「文詞亦不逮《論語》遠甚」作爲依據，因爲子夏是孔子學生，《論語》的文體應當與子夏的文體無太大區別，既然《詩序》差距甚大，定是後世之人借用子夏的名聲，假託其名而撰述的。

　　司馬遷在《史記》自序中提到：「左邱失明，厥有《國語》。」於是，後世儒者多認爲《國語》與《左傳》同爲一人所撰，東漢時的儒者甚至將《國語》稱爲《春秋外傳》。崔述認爲：「《左傳》之文，年月井井，事多實錄，而《國語》荒唐誣妄，自相矛盾者甚多；《左傳》紀事簡潔，措詞亦多體要，而《國語》文詞支蔓，冗弱無骨，斷不出於一人之手明甚。且《國語》，周魯多平衍，晉、楚多尖穎，吳、越多恣放，即《國語》亦非一人之所爲也。蓋《左傳》一書採之各國之史，《師春》一篇其明驗也。《國語》則後人取古人之事而擬之爲文者，是以事少而詞多，《左傳》一言可畢者，《國語》累章而未足也。故名之曰《國語》，語也者，別於紀事而爲言者也。黑白迥殊，雲泥遠隔，而世以爲一人所作，亦已異矣。」〔註10〕

〔註8〕　崔述：《洙泗考信餘錄》卷一，見《崔東壁遺書》，第 373～374 頁。
〔註9〕　崔述：《洙泗考信餘錄》卷二，見《崔東壁遺書》，第 386 頁。
〔註10〕　崔述：《洙泗考信餘錄》卷二，見《崔東壁遺書》，第 395 頁。

　　崔述從史籍的文體入手，認爲《中庸》並不是子思所作，且不是出於一人之手。他針對世傳《中庸》爲子思所作的說法提出三個可疑之處，進行反駁。可疑之一：「孔子、孟子之言皆平實切於日用，無高深廣遠之言。《中庸》獨探賾索隱，欲極微妙之致，與孔、孟之言皆不類。」可疑之二：「《論語》之文簡而明；《孟子》之文曲而盡。《論語》者，有子、曾子門人所記，正與子思同時；何以《中庸》之文獨繁而晦，上去《論語》絕遠，下猶不逮《孟子》？」可疑之三：「『在下位』以下十六句見於《孟子》其文小異，說者謂子思傳之孟子者。然孔子、子思之名言多矣，孟子何以獨述此語？孟子述孔子之言皆稱『孔子曰』，又不當掠之爲己語也。」在這三個可疑之處的基礎上，崔述總結道：「由是言之，《中庸》必非子思所作。蓋子思以後，宗子思者之所爲書，故託之於子思，或傳之久而誤以爲子思也。其中名言偉論蓋皆孔子、子思相傳之言；其或過於高深及語有可議者，則其所旁採而私益之者也。」接著，崔述指出：「《論語》所記孔子之言未有繁至數百言者，而繼絕舉廢，朝聘以時，皆天子之事，孔子之告哀公何取焉？蓋孔子之答哀公本不過十餘言，其後則撰書者推衍其說，是以『好學』之句又以『子曰』發之。近世所傳《家語》，本後人所僞撰，彼蓋不知孔子之言之於何止，故採其文逮於『擇善固執』耳。其『公曰』云云者，詞理淺陋，且增此數問，前後文義亦間隔不通，乃其所妄增無疑也。嗟夫，《中庸》之文採之《孟子》，《家語》之文採之《中庸》，少究心於文義，顯然而易見也，乃世之學者反以爲《孟子》襲《中庸》，《中庸》襲《家語》，顛之倒之，豈不以其名哉！韓子云：『然後識古書之正僞。』嗟夫，嗟夫，此固未可以輕言也！」〔註11〕此外，崔述還認爲《中庸》並非出自一人之手：「其義有極精粹者，有平平無奇者，間亦有可疑者，即所引孔子之言亦不倫。何以參差若是？其非一人所作明甚，細玩則知之矣。」〔註12〕由此可見，將不同的文體進行對比分析的方法，在考辨古史中具備相當的重要性。

二、崔述史學的事理推論法

　　崔述在考辨古史時，常常根據他所主張的事理進行推論，類似一般所言的「理證」，這本身乃是直接史料不足和記載紛紜、歧異狀況下，不得不採用

〔註11〕崔述：《洙泗考信餘錄》卷三，見《崔東壁遺書》，第 397～398 頁。
〔註12〕崔述：《洙泗考信餘錄》卷三，見《崔東壁遺書》，第 399 頁。

的考訂方法。

　　例如關於和孔子生平有關的陽貨、陽虎其人，崔述推論二者似乎並非一人。《論語‧陽貨篇》有這樣的記載：「陽貨欲見孔子，孔子不見。歸孔子豚。孔子時其亡也而往拜之。遇諸塗。謂孔子曰：『來！予與爾言。』曰：『懷其寶而迷其邦，可謂仁乎？』曰：『不可。』『好從事而亟失時，可謂知乎？』曰：『不可。』『日月逝矣，歲不我與！』孔子曰：『諾，吾將仕矣！』」《孟子》中載有：「陽貨欲見孔子而惡無禮。大夫有賜於士，不得受於其家，則往拜其門。陽貨瞷孔子之亡也而饋孔子蒸豚。孔子亦瞷其亡也而往拜之。」〔註 13〕可見，陽貨贈豚於孔子應是事實。朱熹的《論語集注》對陽貨其人記有：「陽貨，季氏家臣，名虎，嘗囚季桓子而專國政。」〔註 14〕朱熹認為，陽貨就是陽虎。

　　崔述則提出了異議，他指出：「夫虎乃季氏家臣，雖專政，未嘗為大夫，正如季氏雖專魯，亦未嘗僭稱魯侯也，孟子豈得稱虎曰大夫哉！《春秋》於虎之叛，書曰『盜竊寶玉大弓』；其奔齊也，書曰『得寶玉大弓』；而皆不書其名，其叛與奔亦略而不記，虎之身反不若弓玉之重者，所以深黜之也。縱使虎妄自居於大夫，孔子豈得遂以大夫之禮尊虎也哉！《孟子》一書蓋亦成於其門人之手，淮、泗入江之誤，先儒言之矣，安知此文之不亦類是乎！」接著，崔述分析了《論語》、《左傳》等史籍中的記載，指出：「《論語》有陽貨而無陽虎；《左氏傳》有陽虎而無陽貨。《傳》記陽虎凡數十事，獨無饋豚一事；《傳》稱陽虎凡百數十見，皆稱為陽虎，未嘗一稱為陽貨。則似乎貨自一人，虎自一人也。」他認為陽貨、陽虎似乎並非一人。他認為，《左傳》中經常將人的名字諡號寫錯，如將隨會稱為士會、范會、隨季、士季、隨武子、范武子等，將巫臣稱為屈臣、子靈，將胥臣稱為臼季、司空季子等。但是惟獨陽虎從未誤稱為陽貨，「則似乎『貨』自貨，非虎，『虎』自虎，非貨也」。崔述認為：「《孟子》書稱陽貨者一，陽虎者一；其於『歸豚』則稱為陽貨，與《論語》合，不稱為陽虎也；其於『為富不仁』，則稱為陽虎，與《春秋傳》鮑文子之言合，亦不稱為陽貨也。後之人何以知虎之即貨而貨之即虎也哉？今若以貨與虎為二人，則孟子之言了然分明，無可疑者。但經傳皆無明證，未敢驟變就說；而《論語》但云饋豚，亦不言其為大夫與否。」〔註 15〕

〔註 13〕崔述：《洙泗考信錄》卷一，見《崔東壁遺書》，第 277 頁。
〔註 14〕崔述：《洙泗考信錄》卷一，見《崔東壁遺書》，第 278 頁。
〔註 15〕崔述：《洙泗考信錄》卷一，見《崔東壁遺書》，第 278 頁。

崔述的這些推論，首先是確定不疑地認為孔子必然會堅持君臣大義的準則，以此為理據來否定陽貨與陽虎為同一人，而其推論也是從各種文獻的不同記載切入，具有上文「異同考析法」的痕跡，但理說的重點有所不同而已。因此，崔述的推理方法，實際是與其他方法廣泛結合、綜合運用的。

但主要立足於事理推論來做判斷，往往會因事理本身的弱點而影響結論的可靠性，崔述明白這種局限，故常常把推論的見解作為「存參」、「存疑」、「備考」的內容，留下進一步探討的餘地。例如《夏考信錄》卷二羅列了《國語》、《左傳》、《史記》、《周易大傳》中關於商湯滅夏戰爭之「湯放桀」的記載，而如何曰「放」、夏桀是否致死等不甚清晰。崔述推論說：「湯之伐桀，傳記皆未詳載其事。《孟子》書中有『湯放桀』之文，《國語》云：『桀奔南巢。』《史記》云：『桀走鳴條，遂放而死。』則是桀兵敗出奔，未嘗死也。《尚書大傳》亦稱：『士民奔湯，桀與屬五百人南徙。』則是桀逃於外，湯未嘗追襲之，以是謂之『放』也。雖其言未雅馴，或不能無附會，要其情形大概於理為近。姑附存之，以備參考。」〔註16〕這裡雖作出「於理為近」的推論，但仍不敢遽為定論，聲明以備參考而已。又如對《孟子》所言「文王以民力為臺為沼，而民歡樂之，謂其臺曰『靈臺』，謂其沼曰『靈沼』。」崔述對此做出推論，認為文王並無此事，孟子引《詩》常斷章取義，訛誤較多，此應武王時事。雖得出自己的結論，唯推理多而實據寡，「況《孟子》一書乃其門人所記，苟非大義所關，亦不保無語言之小誤」，故仍然「列之於存疑」。〔註17〕這些皆說明崔述雖勇於推論、善於推論，但以事理推論之際，大多不失冷靜、客觀的態度。

崔述心目之中的「事理」，超出一般常識之外，以今天的標準衡量，也有其思想上的偏頗之處，一是堅信儒學經典，二是篤信上古聖王、賢臣及孔子等人，絕對不會作出違背大仁大義的舉動。因此許多否定史籍記載的推論，都以此類理由為依據，這是未能超越其時代局限性的表現。

三、崔述史學的辯證論辯法

崔述在考辨古史、古書時，採用了辯證的論辯法，認識到事物之間的普遍聯繫和變化發展，體現出樸素辯證法的特點。正因為崔述利用樸素辯證法

〔註16〕崔述：《夏考信錄》卷二，見《崔東壁遺書》，第127～128頁。
〔註17〕崔述：《豐鎬考信錄》卷二，見《崔東壁遺書》，第175頁。

的分析方法，使其考論古史常可以往復推演、左右逢源，出現雄辯態勢。

在論及自己的著述宗旨時，崔述指出：「人之言不可信乎？天下之大，吾非能事事而親見也，況千古以上，吾安從而知之！人之言可盡信乎？馬援之薏苡以爲明珠矣；然猶有所因也。無兄者謂之盜嫂，三娶孤女者謂之搣婦翁，此又何說焉！……孟子曰：『盡信《書》則不如無《書》；吾於《武成》，取二三策而已矣。』聖人之讀經，猶且致慎如是，況於傳注，又況於諸子百家乎！孟子曰：『博學而詳說之，將以反說約也。』然則欲多聞者，非以逞博也，欲參互考訂而歸於一是耳。若徒逞其博而不知所擇，則雖盡讀五車，遍閱四庫，反不如孤陋寡聞者之尚無大失也。」〔註18〕這裡論證了疑古考辨的學術合理性，其中對於史事記載之「可信」與「不可信」、治史之「博」與「約」的關係，體現了樸素辯證法的思維特點。

崔述主張不能以己度人，他指出：「人之情好以己度人，以今度古，以不肖度聖賢。」隨後，舉例分析了一些具體史事：其一，漢代太子太傅疏廣由於年老辭位，但卻被後世誤認爲是由於趙、蓋、韓、楊之死而辭位的。他認爲：「藉使遇寬大之主，遂終已不去乎！何其視古人太淺也！」其二，劉備臨終之時託孤於諸葛亮，並說：「嗣子可輔，輔之；若不可輔，君可自取，毋令他人得之。」然而後世人卻誤以爲劉備是借這句話來堅定諸葛亮輔助嗣子的決心。崔述認爲這是肺腑之言，沒有任何欺詐和僞裝。其三，由邯鄲至武安距離六十里，山道不能行車，於是一個肥鄉的僧人開始募錢修路，給他捐錢的較少，僧人就傾其所有把路修成，但是有議論者卻蔑之以想讓人捐錢以獲利。崔述反對這種說法：「夫僧之心吾誠不知其何如，然其事則損己以利人也，損己利人而猶謂其欲損人以利己，其毋乃以己度人矣乎！」其四，崔述又舉了自己的例子，他在雲南時，爲官清廉，生活清貧，當地的百姓及官員皆知，但是家鄉之人卻不知，回鄉之後，居於山村，飲食簡單，但卻被認爲是深藏不露，不肯炫耀。在分析這些具體歷史史事的基礎上，崔述又利用樸素辯證法分析道：「故以己度人，雖耳目之前而必失之；況欲以度古人，更欲以度古之聖賢，豈有當乎！是以唐、虞、三代之事，見於《經》者皆醇粹無可議，至於戰國、秦、漢以後所述，則多雜以權術詐謀之習，與聖人不相類，無他，彼固以當日之風氣度之也！故《考信錄》但取信於《經》，而不敢以戰國、魏、晉以來度聖人者遂據之爲實也」。〔註19〕他認爲考辨古史要取信於經，而不能

〔註18〕崔述：《考信錄提要》卷上，見《崔東壁遺書》，第2～3頁。
〔註19〕崔述：《考信錄提要》卷上，見《崔東壁遺書》，第4頁。

以戰國、魏、晉時人度聖人之意爲依據。

　　崔述認爲虛言會演變爲實事。他首先總結了一句話：「戰國之時，說客辨士尤好借物以喻其意。」之後舉出「楚人有兩妻」、「豚蹄祝滿家」、「妾覆藥酒」、「東家食，西家宿」等例子，崔述認爲這些事不是眞實的：「乃漢、晉著述者往往誤以爲實事而採之入書，學者不復考其所本，遂信以爲眞有而不悟者多矣。」針對「原有是事而衍之者」，崔述以《國語》中公父文伯之卒的逐漸衍化爲例；針對「無是事，有是語，而遞衍之爲實事者」，他以《左傳》中子太叔的假設之言被衍成實事爲例。最後，崔述得出結論：「由是言之，雖古有是語，亦未必有是事；雖古果有是事，亦未必盡如後人之所云云也。況乎戰國遊說之士，毫無所因，憑心自造者哉！乃世之士但見漢人之書有之，遂信之而不疑，抑亦過矣。故今《考信錄》中，凡其說出於戰國以後者，必詳爲之考其所本，而不敢以見於漢人之書者遂眞以爲三代之事也。」〔註20〕認爲虛言演變爲實事是不斷變化發展的，這些分析都體現出崔述的樸素辯證法觀點。

　　崔述在分析古語失解後出現妄說時也運用了樸素辯證的方法。他首先表明觀點說：「戰國、秦、漢之書非但託言多也，亦有古有是語而相沿失其解，遂妄爲之說者。」他舉例說，古時「日官」稱爲「日御」，「天子有日官，諸侯有日御」，羲仲、和仲都是堯之臣，被稱之爲日御。然後，後世人誤以爲是御車的御，將羲和稱爲「日御車」，故屈原《離騷》中說：「吾令羲和弭節兮，望崦嵫而勿迫。」崔述認爲屈原的說法是支離可笑的。也有將御日理解爲浴日，《山海經》中就有「有女子名羲和，浴日於甘淵」的記載，這就是更加荒謬可笑了。崔述又舉例說，常儀是古代的賢臣，負責占月，「占」意爲占驗，「儀」的古音發作「娥」，因而《詩經》中就以其讀音與「阿」、「何」相協。但是，後世卻訛傳成「儀」就是「娥」，以爲是婦人。又將「占」字誤解爲佔據，以爲羿的妻子嫦娥竊取了長生不老藥奔向月中。此後的詞賦家都沿用這種說法，「雖不皆信爲實，要已誣古人而惑後世矣」。在分析這兩個例子之後，崔述總結道：「諸如此類，蓋不可以勝數。然此古語猶間見於經傳，可以考而知者，若夫古書已亡，而流傳之誤但沿述於諸子百家之書中者，更不知凡幾矣。大抵戰國、秦、漢之書皆難徵信，而其所記上古之事尤多荒謬。然世之士以其傳流日久，往往信以爲實。其中豈無一二之實？然要不可信者居多。

〔註20〕崔述：《考信錄提要》卷上，見《崔東壁遺書》，第4～5頁。

乃遂信其千百之必非誣，其亦惑矣！」〔註 21〕因此，崔述認爲古書、古史的記載和流傳是相互聯繫的，在流傳過程中將之訛傳或割裂是不可取的。

針對崔述的這一觀點，內藤湖南曾分析道：「堯的時代有『羲和』，崔述認爲羲和乃堯的日官這是最初眞正的事實，由於又稱爲『日御』所以應該是日官。而後世出現了誤解，將『御』理解爲御車之意，《離騷》等就有羲和止車的記載；也有理解爲御日，即浴日的，《山海經》中就有這個意思。他認爲這些都是誤解，本來羲和是占日之官，常娥是占月之官。然而，後世誤以爲常娥是婦人，這才出現了認爲她是羿之妻，盜得不死之藥逃奔入月的說法。這是因爲崔述有著凡《尙書》所載都是正確事實的觀點，所以認爲羲和乃官職是根本，後來才對此因誤解而出現了各種說法。但他沒有考慮到，這本來是傳說而後來才被當作了史實的情況。這是他對古代傳說時代的事情用後世常識予以考慮所造成的結果。」〔註 22〕

崔述用辯證的論辯法分析了儒者採讖緯之說。他指出：「先儒相傳之說，往往有出於緯書者。蓋漢自成、哀以後，讖緯之學方盛，說《經》之儒多採之以注《經》。其後相沿，不復考其所本，而但以爲先儒之說如是，遂靡然而從之。」崔述舉例說，龍負河圖、龜具洛書出自於《春秋緯》，黃帝作《咸池》、顓頊作《五莖》、帝嚳作《六英》、帝堯作《大章》都出自《樂緯》。僞書聲稱三代之祖出自於天之五帝，鄭玄據此遂將禘視爲祭天，將《小記》中的「禘其祖之所自出」解釋爲禘其始祖之所出。他歸納說：「大抵漢儒之說，本於《七緯》者不下三之一；宋儒頗有核正，然沿其說者尙不下十之三。乃世之學者動曰漢儒如是說，宋儒如是說，後生小子何所知而妄非議之！嗚乎，漢儒之說果漢儒所自爲說乎？宋儒之說果宋儒所自爲說乎？蓋亦未嘗考而已矣！嗟夫，讖緯之學，學者所斥而不屑道者也，讖緯之書之言，則學者皆遵守而莫敢有異議，此何故哉？此何故哉？吾莫能爲之解也已！」〔註 23〕崔述認爲這是由於僞書而引起的誤會。

崔述認爲不僅是秦、漢時書對春秋史事的記載多有舛誤，清代之書記載清代之事也有不少錯誤：「非惟秦、漢之書述春秋之事之多誤也，即近代之書述近代之事，其誤者亦復不少。」他引述了洪邁《容齋隨筆》中的觀點：

〔註21〕崔述：《考信錄提要》卷上，見《崔東壁遺書》，第 5 頁。
〔註22〕內藤湖南著、馬彪譯：《中國史學史》，第 307 頁。
〔註23〕崔述：《考信錄提要》卷上，見《崔東壁遺書》，第 5～6 頁。

「俗間所傳淺妄之書,所謂《雲仙散錄》、《開元天寶遺事》之屬,皆絕可笑。其一云:『姚崇,開元初作翰林學士,有步輦之召。』按崇自武后時已為宰相,及開元初,三入輔矣。其二云:『郭元振少時,美風姿,宰相張嘉貞欲納為壻,遂牽紅絲線,得第三女。』按元振為睿宗宰相,明皇初年即貶死;後十年,嘉貞方作相。其三云:『楊國忠盛時,朝之文武爭附之,惟張九齡未嘗及門。』按九齡去相位十年,國忠方得官耳。其四云:『張九齡覽蘇頲文卷,謂為文陣之雄師。』按頲為相時,九齡元未達也。此皆顯顯可信者,固鄙淺不足攻,然頗能疑誤後生也。」崔述總結道:「然則雖近代之書述前數十年之事,亦有未可以盡信者,況於戰國、秦、漢之人述唐、虞、商、周之事,其舛誤固當有百倍於此者乎!惜乎三代編年之史不存於今,無從一一證其舛誤耳。然亦尚有千百之一二,經傳確有明文,顯然可徵者。」〔註24〕可見,崔述對洪邁的說法是持肯定態度的。

崔述指出上古三代及清代都有實事被誤傳的情況:「戰國之時,邪說並作,寓言實多,漢儒誤信而誤載之,固也。亦有前人所言本係實事,而遞傳遞久以致誤者。此於三代以上固多,而近世亦往往有之。」他以晉代陶淵明《桃花源記》之記載為例,認為《桃花源記》中並沒有神仙誕妄的說法,但是唐代的韓愈在《桃源圖詩》、劉夢得在《桃源行》中都認為陶淵明所述者為神仙。到宋代的洪興祖時,才依據陶淵明的原文訂正了韓愈和劉夢得之誤,還陶淵明《桃花源記》以本真原意。崔述假設說:「向使淵明之記不幸而亡於唐末五代之時,後之人但讀韓、劉之詩,必謂桃源真神仙所居;不則以為淵明之妄言;雖百洪興祖言之,亦必不信矣,——而豈有是事哉!」崔述又列舉了一例,晉代石崇在《王明君》的《辭序》中記有:「昔公主嫁烏孫,令琵琶馬上作樂,以慰其道路之思。其送明君,亦必而也。」此處的明君即為昭君,為避晉諱,因而改名明君。之後,唐代杜子美曾用詩句歌頌昭君村說:「千載琵琶,曲中怨恨。」後世學者就開始沿用這一說法,以為琵琶是昭君出嫁時所彈的。崔述感歎道:「然此現有石崇之詞可證,少知讀書者猶能考而知之。若使此詞遂亡,後之人但見前代詩人群焉稱之如此,雖好學之士亦必皆以為實,誰復知其為烏孫公主之事者乎!」在以上兩例的基礎上,崔述不無感歎地進行了歸納:「嗟夫,古之國史既無存於世者,但據傳

〔註24〕崔述:《考信錄提要》卷上,見《崔東壁遺書》,第6頁。

記之文而遂以爲固然，古人之受誣者尚可勝道哉！故余爲《考信錄》，於漢、晉諸儒之說，必爲考其原本，辨其是非；非敢詆諆先儒，正欲平心以求其一是也。」〔註25〕通過運用樸素的辯證法，崔述考辨出上古三代與清代確有實事誤傳之事。

　　對於記憶失眞而產生的彌縫迴護之言，崔述指出：「傳記之文，有傳聞異詞而致誤者，有記憶失眞而致誤者。一人之事，兩人分言之，有不能悉符者矣。一人之言，數人遞傳之，有失其本意者矣。是以《三傳》皆傳《春秋》，而其事或互異。此傳聞異詞之故也。古者書皆竹簡，人不能盡有也，而亦難於攜帶，纂書之時無從尋覓而翻閱也。是以《史記》錄《左傳》文，往往與本書異。此記憶失眞之故也。此其誤本事理之常，不足怪，亦不足爲其書累。顧後之人阿其所好，不肯謂之誤，必曲爲彌縫，使之兩全，遂致大誤而不可挽。」他舉了幾例來佐證此觀點。其一，關於九州之名，《禹貢》中給予了詳細記載，然而《周官》中卻只有幽、幷，而沒有徐、梁，這是錯誤的，但卻宛轉迴護說：「周人改夏九州，故名互異。」同樣，《爾雅》中只有幽、營，而沒有青、梁，這也是錯誤的，但卻彌縫迴護說：「記商制也。」崔述認爲這是極爲錯誤的。其二，《春秋傳》中成公的母親稱呼聲伯的母親爲姒，伯華的妻子稱呼叔向的妻子爲姒，可見，年長的婦女與年幼的婦女都可稱呼爲姒；衛莊公在陳地娶厲媯，她的妹妹爲戴媯，孟穆伯在莒地娶戴己，她的妹妹爲聲己，可見，妹妹隨同姐姐嫁人者稱爲娣。然而，《爾雅》中卻記有：「長婦謂稚婦爲娣，稚婦謂長婦爲姒。」這是錯誤的，但卻迴護說：「長婦稚婦據妻之年論之，不以夫之長幼別也。」崔述認爲這種迴護是大誤。其三，鄭玄在注釋《禮》時，凡是《記》與《經》不同、兩種記載不同之處，必定認爲一個爲周禮、一個爲殷禮，或一個爲士禮、一個爲大夫禮。崔述認爲：「此皆不知其本有一誤，欲使兩全，而反致自陷於大誤者也！」其四，夏代太康之時，有窮的君主是羿，然而《淮南子》中記有堯時羿射日的事情，於是後人認爲羿是堯的臣子，有窮的羿襲用了射日之羿的名號。崔述認爲這是謬誤的。其五，晉文公的舅舅名爲子犯，《戴記》中記爲舅犯，或者記爲咎犯，然而《說苑》中誤以爲是平公時的人，於是後人認爲晉代有兩個咎犯，一個在文公時，一個在平公時。崔述亦不認同這種說法，他認爲：「凡茲之誤，皆顯然易見者。推而求之，蓋不可以悉數。而東周以前，世遠書缺，其誤尤多。故今爲《考

〔註25〕崔述：《考信錄提要》卷上，見《崔東壁遺書》，第7～8頁。

信錄》，不敢以載於戰國、秦、漢之書者悉信以爲實事，不敢以東漢、魏、晉諸儒之所注釋者悉信以爲實言，務皆究其本末，辨其同異，分別其事之虛實而去取之。雖不爲古人之書諱其誤，亦不至爲古人之書增其誤也。」〔註 26〕可見，崔述利用樸素的辯證方法對所分析的問題進行了理論性總結。

崔述對曲全和誤會進行了辯證分析，認爲：「後人之書，往往有因前人小失而曲全之，或附會之，遂致大謬於事理者。」崔述舉出了具體史事，如指出《春秋》記載齊桓公卒於十二月乙亥，殯於十二月辛巳，距離去世僅七天，但是後世之人卻因七天時間太長爲理由附會說其屍體產生了屍蟲。崔述感歎道：「此豈近於情理哉！前人之爲此言，不過一時失於考耳，初不料後之人引而伸之，遂至於如是也。然此猶皆前人之誤之有以啓之也，若乃經傳本無疑義，而注家誤會其意，及與他人不合，不肯自反，而反委曲穿鑿以蕲其說之通者，亦復不少。」他總結說：「凡茲之誤，其類甚多。展轉相因，誤於何底。故舉數端，以見其概。乃學者但見其說如是，不知其所由誤，遂謂其事固然而不敢少異，良可歎也！故今爲《考信錄》，悉本經文以證其失，並爲抉其誤之所由，庶學者可以考而知之，而經傳之文不至於終晦也」。〔註 27〕通過樸素的辯證分析，崔述將曲全與誤會考辨得極爲清晰。

在引用孔子「知之爲知之，不知爲不知，是知也」、「吾猶及史之闕文也」的基礎上，崔述分析道：「夫聖人豈不樂於人之盡知，然其勢必不能。強不知以爲知，則必並其所知者而淆之。是故無所不知者，非眞知也；有所不知者，知之大者也。」他認爲，清代距離二帝、三王時代已很遠，言語不相同，名物也相異，並且將竹改爲紙，更容易篡寫，相沿而傳抄，豈能保證不出現錯誤呢！他列舉了《雲谷雜記》中所記蘇子瞻二事：其一，蘇子瞻過虔州時，看到「行看鳳尾詔，卻下虎頭州」一句，其中「虎頭」就是指「虔」。董德元曾說：「虔州俗謂之虎頭城。」注者說：「虎頭，顧愷之也；愷之常州人，蓋是時先生乞居常州也。」崔述認爲這是錯誤的：「夫不知虎頭之爲虔，固其學之不廣；然天下之書豈能盡見，缺之未爲大失也。強以意度之，而屬之顧愷之，則其失何啻千里！」並總結說：「彼漢人之說經，有確據者幾何，亦但自以其意度之耳，然則其類此者蓋亦不少矣，特古書散軼，無可證其誤耳，烏在其可盡信也哉！」其二，蘇子瞻所記載的韓定辭之事，見於《北夢瑣言》。

〔註 26〕崔述：《考信錄提要》卷上，見《崔東壁遺書》，第 8 頁。
〔註 27〕崔述：《考信錄提要》卷上，見《崔東壁遺書》，第 9 頁。

崔述以此書校訂《蘇集》，其中誤以「幕客」爲「慕容」、誤以「銀筆之僻」
爲「銀筆之譬」、誤以「從容」爲「從客」、誤以「江表」爲「士表」、誤以「李
密」爲「孝密」，以致錯誤百出。他歸納說：「夫以宋人讀宋人之書，時代甚
近，宜無誤也，然其誤尚如此，況二千年以前之書，又無他書可校者乎！故
今爲《考信錄》，凡無從考證者，輒以不知置之，寧缺所疑，不敢妄言以惑世
也。」〔註28〕由此可見，以樸素的辯證法來論辯史事，在崔述考辨古史時常
被用及。

四、崔述史學歸納與演繹互動的思維模式

　　對事物的歸納概括和演繹分析，是邏輯思維的重要方式。崔述對於歷代
史籍、史事是否眞實的考辨，往往牽涉宏觀認識與微觀考察、普遍描述與具
體分析之間的關係。他運用了歸納與演繹這兩種邏輯方法互動的思維方式，
使其古史考辨不單單爲個案研討，而且具備了理論性的層次。

　　崔述在自述其治史經歷時說：

　　　　余少年讀書，見古帝王聖賢之事，往往有可疑者，初未嘗分別
　　觀之也。壯歲以後，抄錄其事，記其所本，則向所疑者皆出於傳記，
　　而經文皆可信，然後知《六經》之精粹也。惟《尚書》中多有可疑
　　者，而《論語》後五篇亦間有之。私怪其故，覆加檢閱，則《尚書》
　　中可疑者皆在二十五篇之內，而三十三篇皆無之，始知齊、梁《古
　　文》之僞；而《論語》終莫解其由。最後考《論語》源流，始知今
　　所傳者乃漢張禹匯合更定之本，而非漢初諸儒所傳之舊本也。至於
　　《禮記》，原非聖人之經，乃唐孔穎達強以經目之，前人固多言之，
　　余幼即飫聞之，更無足異者矣。由是言之，古人之書高下眞僞本不
　　難辨，但人先有成見者多耳。〔註29〕

　　這當然只是大略性的概述，但也反映出崔述是逐步發現古史記述的可
疑，即「參伍古今事迹，辨其是非眞僞。日積月聚，似少有所見」〔註30〕，
然積累增多之後，再經過研究、歸納和概括，就總結出較爲宏觀的認識，形

〔註28〕崔述：《考信錄提要》卷上，見《崔東壁遺書》，第10頁。
〔註29〕崔述：《考信錄提要》卷下，見《崔東壁遺書》，第16頁。
〔註30〕崔述：《考信錄附錄》卷一，《附錄‧上汪韓門先生書》，見《崔東壁遺書》，
　　　第476頁。

成了對於古文獻「所疑者皆出於傳記，而經文皆可信」的思想，這是崔述疑古史學的理念基礎，得自於具體治史考辨成果的歸納性邏輯思維。

《豐鎬考信錄》卷三對周文王是否曾被殷紂王囚禁於羑里等問題的考辨，保持了從具體考辨到歸納、概括的原有思路，崔述引《史記‧殷本紀》之文：「紂以西伯昌、九侯、鄂侯爲三公。九侯有女，入之紂；不憙淫，紂怒殺之，而醢九侯。鄂侯爭之強，辨之疾，並脯鄂侯。西伯聞之竊歎；崇侯虎知之以告紂，紂囚西伯羑里。西伯臣閎夭之徒求美女，奇物，善馬以獻紂，紂乃赦西伯。西伯獻洛西之地以請除炮烙之刑，紂許之。賜弓矢斧鉞，使得征伐，爲西伯。」〔註31〕而《史記‧周本紀》所述又與《殷本紀》事件情形及事由先後頗有出入。於是崔述辨析這種記載不合情理，認爲紂王如果能夠拘禁周文王，則不可能坐視其勢力壯大，用賄賂方法不足以營救。周文王若是商朝之臣，不該《詩》、《書》經典無一語言及。他考訂和梳理「紂囚文王」之說的來源和流變，引《春秋左傳》的記述「紂囚文王七年，諸侯皆從之囚；紂於是乎懼而歸之」，認爲這種說法已經荒誕，而並未將文王說成殷商之臣。後來踵事增華，愈加離譜。

> 其後《戰國策》衍之，始以文王爲紂三公而有竊歎九鄂脯醢之事；然尚未有美女善馬之獻也。《尚書大傳》再衍之，始謂散宜生、閎夭等取美馬怪獸美女大貝以賂紂而後得歸；然亦尚未有弓矢斧鉞之賜也。逮至《史記》，遂合《國策》、《大傳》之文而兼載之，復益之以「爲西伯，專征伐」之語。豈非去聖益遠則其誣亦益多，其說愈傳則其眞亦愈失乎！〔註32〕

這段論述，甚爲雄辯，已開後世「層累地造成的中國古史」思路之先河，這暫且留待後論，而崔述由此直接得出「余寧從《經》而缺之，不敢從《傳》而妄言也」〔註33〕，即「考信於六藝」，經典之外概不可盡信的總體理念。特別指斥司馬遷《史記》在記述先秦史方面的謬誤失實，爲論證司馬遷撰史的隨意發揮、自相牴牾，甚至還引述與周文王毫無關係的《史記‧孫子吳起列傳》以貶抑之：「《孫武傳》既以十三篇爲武書矣，而於臏又云『世傳其兵法』，然《贊》但稱『孫武、吳起兵法』，又似臏無書者。」〔註34〕這一篇傳記之中

〔註31〕崔述：《豐鎬考信錄》卷二，見《崔東壁遺書》，第176頁。
〔註32〕崔述：《豐鎬考信錄》卷二，見《崔東壁遺書》，第177頁。
〔註33〕崔述：《豐鎬考信錄》卷二，見《崔東壁遺書》，第179頁。
〔註34〕崔述：《豐鎬考信錄》卷二，見《崔東壁遺書》，第178頁。

記事就反覆無常、自相矛盾，豈能完全據爲信史？

　　總之，崔述對周文王的上述考辨，不僅否定了文王曾爲殷商之臣、曾被囚於羑里等具體記載，而且申明儒學經典之外眾多古籍的不可盡信，其中《史記》的記述最爲豐富而也最爲謬誤，顯示了由歸納、概括若干具體實例到形成整體學術理念的邏輯思路。《補上古考信錄》卷上、卷下對傳說更久遠的帝王予以考辨，篇名即標示「補」字，撰寫時間應當較晚，其文也同樣諳練地運用上述的邏輯思路。如卷下對炎帝以及炎帝與神農、黃帝之間關係的考辨，遍引《漢書·律例志》、《春秋傳》、《史記》、《國語》、《戰國策》、《呂氏春秋》、《月令》、《古史考》、《史記索隱》、《大戴記》等等古籍文獻的記述，指出其中不勝枚舉的荒唐誕妄、紛紜混亂、歧異矛盾和舛誤訛謬，認爲「大抵後人之說皆沿之古人而附會之，以致浸失其意」〔註35〕，總之，均無可以據信的價值。對於少暤氏的考訂，亦引述多種古籍後辨其荒唐謬誤，指出「大抵《國語》、《大戴》、《史記》本皆不足爲據；而《漢志》以爲少暤，說尤荒唐，皆由於不察前人之言而妄以意度之，是以愈轉愈誤」〔註36〕。對其他傳說中的遠古帝王，如共工、顓頊等等，皆以此思路考辨，最終歸結爲大多古籍記載的不可據信，實際上橫掃中國上古傳說的眞實性與相關文獻的可信性，強化了理性疑古的史學理念。

　　這種從具體事例的指謫上昇爲對眾多古籍記載疑辯，直至形成堅定的疑古理念，是否具備邏輯上的合理性？回答是肯定的。在邏輯學上，整體懷疑和否定的命題比整體的肯定命題，具有自然而然的邏輯優勢，例如我們即使舉出千千萬萬四條腿的桌子作證據，也不能肯定所有桌子都是四條腿，但只要舉出一張桌子是三條腿，就可以否定「桌子四條腿」的命題。對某種古籍，例如《史記》的記載，我們只要舉出其中一項重要史事出現失實或荒誕無稽，即可認爲其書不可盡信，而隨著揭出更多的同類失實之處，就會確立對其書某一方面記述不予採信的理念。既然疑古理念在邏輯上佔有很大的優勢，爲什麼在學術史上卻往往出於劣勢呢？這是因爲在保守的社會環境內，統治者的利益與守舊觀念有著天然的伴生關係，統治者的思想大多時候是佔有統治地位的思想，加之政治力量的干預和經濟利益的引導，疑古思想受到冷落、排斥或打壓就成爲中外古代史上共同的現象。因此，包括史學疑古在內的懷

〔註35〕崔述：《補上古考信錄》卷下，見《崔東壁遺書》，第39頁。
〔註36〕崔述：《補上古考信錄》卷下，見《崔東壁遺書》，第43頁。

疑精神，往往與要求進步、致力改革和革命的訴求連結在一起，如偉大革命家、思想家馬克思，也曾將「懷疑一切」作為座右銘。因此，處於信古觀念彌漫的乾嘉時期，崔述史學獨樹一幟的疑古思想，具有極為顯著的進步意義。

樹立了對於古文獻何者可信、何者疑信參半、何者多有失實的基本判斷，反過來就成為崔述審視古史記述的出發點，他從疑古的總體認識、宏觀眼光來指導具體歷史記載的考辨，則又具有邏輯演繹的特徵。例如《唐虞考信錄》卷一中記載有：

> 唐、虞之事，較諸三代尤多難考。戰國處士橫議之言，《僞書》、《僞傳》揣度附會之說，其事之失實固不待言矣，即傳記之文亦有未可概論者。……唐、虞之事惟《堯典》諸篇為得其實，《雅》、《頌》所述次之，至《春秋傳》則得失參半矣；豈非以遠故哉！雖以《論語》、《孟子》之純粹，而其稱唐、虞事亦間有一二未安者。何者？以其為後人所追記，或門弟子所言，而不皆孔、孟所自言而自書之者也。故今於《唐》、《虞》之錄尤致慎焉：必其詳審無疑，乃敢次《經》一等書之；否則寧列之「備覽」，甚或竟置之「存疑」。〔註37〕

這裡首先明確了經典中《堯典》可信、《詩經》次之、《春秋》三傳得失參半，《論語》、《孟子》亦有未安的整體認識，然後強調對具體的記載「必其詳審無疑，乃敢次《經》一等書之」，即顯示了從整體到具體的考辨理路，符合邏輯演繹的論證思路。在崔述的古史研究之中，歸納與演繹的邏輯方法實際是交叉運用、結合在一起、難以分割的，這乃是一種歸納與演繹互動的思維模式。例如上述關於周文王未為殷商之臣、未嘗囚於羑里的考辨，總的思路是從具體記載的指謫得出《史記》等書之不可據信的疑古信念，而其中有曰：「後之儒者皆謂文王親立於紂之朝，北面為臣。余獨以為不然。君臣之義，千古之大防也。文王既立紂之朝矣，諸侯叛紂而歸文王，文王當拒其歸而討其叛，安得儼然而受之！……豈非文王原未嘗立於紂之朝哉！」〔註38〕這裡有一個大前提，即周文王被認定為古聖王，絕對不可能違背君臣大義，如崔述所言：「《詩》、《書》中稱文王之德不可枚舉，且亦人所共知。」〔註39〕因為周文王有接納叛紂諸侯的事迹，所以周文王未曾為商紂之臣。按邏輯公式

〔註37〕崔述：《唐虞考信錄》卷一，見《崔東壁遺書》，第54頁。
〔註38〕崔述：《豐鎬考信錄》卷二，見《崔東壁遺書》，第176～177頁。
〔註39〕崔述：《豐鎬考信錄》卷一，見《崔東壁遺書》，第169頁。

就是：1、大前提：周文王是不會違背君臣大義的；2、與大前提相關的小前提：接納背叛殷商的諸侯不合君臣之義，而周文王有此行為；3、結論：周文王從來不是商紂之臣。此為標準的演繹式邏輯思維，在考訂其他問題時也常常出現。尤其是對於孔子，凡是與聖人形象稍有不符的歷史記述，崔述均予以否定。例如叛臣公山弗擾召孔子任職，孔子欲往之事、孔子見衛國淫亂夫人南子之事，載於《論語·雍也》篇，明顯不符合儒學提倡的政治道德，崔述認為不必因此曲為辯解，直接判定《論語》中也有被後世混入的不可信篇章，即大前提是孔子思想與行為不可能不符合儒學的倫理道德，《論語》記事之中有孔子違背這種準則的事述，因此《論語》有不可信之處，乃是後人混入的內容。這個考辨，也完成了演繹式的邏輯思辯，當然從現代的觀點來看，其思想的局限性、片面性也是十分明顯的。演繹方法的關鍵，在於大前提真正確鑿的成立，認定儒學經典的可信、認定古聖人的道德完美，以此作為考辨的大前提，是一種時代的、思想的局限與偏頗。在清乾嘉時期，這種局限性是難以克服的。

　　歸納方法與演繹方法互動性地運用，是崔述對於古史考辨的主要思維模式，這在一定程度上彌補了先秦史料不足的缺失，使考訂在有限資料的基礎上依靠思維的能動性展開。在論證進程中，這種思維模式表現出整體與具體互為驗證、宏觀與微觀往復說明的思辯特徵，顯示了既具備細緻考證、更擁有淵博知識和宏大視野的氣勢，是乾嘉時期眾多學者所不能比擬的雄辯風格，因而會給認真閱讀者以很大的智慧啟迪，具有滲入靈魂的感染力。崔述的著述在清代，固然因其疑古宗旨而被許多學者冷落、棄置，但也不乏汪廷珍等高官與陳履和等弟子的由衷讚揚及崇拜，至於近代日本與中國學者的大力推崇，則都與其雄辯的思維模式和強大的啟迪作用有關。

第二節　崔述史學的歷史分析方法

一、崔述史學的根究源流法

　　根究源流法即通過對各種記載的源流進行匯總分析，經過考辨後最終得出結論。崔述在考辨古史時，就採用了這種方法，此方法又有由源至流、由流溯源兩種思辯方式。

　　第一，由源至流思辯法。此法是通過考察事件最初的狀態，並關注其演變的過程，即由源頭是如何達到流變的，從而得出考辨結果。從以下舉例中就可窺見一斑。

　　崔述在分析炎帝非神農氏、太皡非庖羲氏時，就採用了由源至流的思辯方法。崔述從古籍中有關炎帝與神農、太皡與庖羲氏的各種記載入手，逐漸深入，探求其流變過程。他首先分析了《易傳》中的記載，肯定了庖羲、神農在黃帝之前。他又通過《左傳》中的記載，指出炎帝、太皡是在黃帝之後出現的。由此，崔述認爲：「然則庖羲氏之非太皡，神農氏之非炎帝也明矣！」〔註40〕他接著分析了《戰國策》、《國語・晉語》、《史記・五帝本紀》中的相關記載，認爲神農列於黃帝之前，但不稱爲炎帝；而炎帝列於皇帝之後，但又不稱爲神農。於是，他得出結論：「蓋自《史記》以前，未有言庖羲風姓爲龍師，神農姜姓爲火師者；亦未有言太皡畫《八卦》，作網罟，炎帝制耒耜，爲市廛者。然則庖羲氏之非太皡，神農氏之非炎帝也明矣！」〔註41〕

　　既然如此，那後世的妄說是如何出現的呢？崔述也給予了分析。他指出：「自戰國以後，陰陽之術興，始以五行分配五帝，而《呂氏春秋》採之，《月令》又述之，遂以太皡爲木，爲春，炎帝爲火，爲夏，少皡爲金，爲秋，顓頊爲水，爲冬，黃帝爲土，爲中央；然亦但言其德各有所主，不謂太皡先於炎帝，炎帝先於黃帝也。」〔註42〕之後，到西漢宣帝、元帝時期，盛行讖緯之學，「劉歆不考其詳，遂以五行相生之序爲五帝先後之序，而太皡遂反前於炎帝，炎帝遂反前於黃帝矣！」〔註43〕然而，劉歆的觀點與《易傳》、《左傳》中的記載是不符的，不是不符於名，就是不合於世次。於是，劉歆不得已認爲太皡就是庖羲氏、炎帝就是神農氏。崔述極爲感歎道：「嗚呼，有是文理也哉！」並分析道：「此皆由今溯昔，然且不用逆數，況於泛舉古帝王之沿革，乃反無故而逆數耶！」〔註44〕他認爲，之後的杜預釋《左傳》、司馬貞《史記索隱》釋《封禪書》都承襲了劉歆的說法。至此，崔述總結道：「由是言之，誤劉歆、班固者，《呂紀》，《月令》；而誤杜預，司馬貞者，歆與固也。自是以後，學者益以口耳相傳，而黃、炎之世次歷二千年遂無復有

〔註40〕崔述：《補上古考信錄》卷下，見《崔東壁遺書》，第38頁。
〔註41〕崔述：《補上古考信錄》卷下，見《崔東壁遺書》，第39頁。
〔註42〕崔述：《補上古考信錄》卷下，見《崔東壁遺書》，第39頁。
〔註43〕崔述：《補上古考信錄》卷下，見《崔東壁遺書》，第39頁。
〔註44〕崔述：《補上古考信錄》卷下，見《崔東壁遺書》，第39頁。

正之者矣！」〔註45〕進而指出：「大抵後人之說皆沿之古人而附會之，以致浸失其意。要之，自司馬遷以前，未有言炎帝、太皞之為庖羲、神農者，而自劉歆以後始有之。學者當取信於古傳記，不必斤斤焉執異端讖緯之說，後儒附會之言以自益其惑也！」〔註46〕

可見，崔述在分析此問題時，先是援引了《易傳》、《左傳》、《戰國策》、《國語・晉語》、《史記》等文獻的記載，分析了炎帝與神農氏、太皞與庖羲氏之間關係在不同時代的流傳情況，從而把問題辨別情況，由源而至流，得出合理的結論。

第二，由流溯源思辯法。此法是將所研究的對象與以前的古說進行對比研究，以古說來考證今說，從而得出合理的結論。例如，崔述對《尚書》的偽《泰誓》上、中、下三篇採集連綴古書說法的考辨即用了此方法。

崔述首先在按語中說到：「紂之無道，《尚書》言之詳矣。《牧誓》嚴而不怒，直而不絞，聖人之言也。《微子》意存規戒，指陳無隱，語曲而憂深，情切而意悲，忠臣義士之言也。《酒誥》、《無逸》、《立政》等篇，亦皆和平莊雅，無可議者。讀此《泰誓》三篇，數紂之罪，切齒腐心，矜張誇大，全無聖人氣象。聖人伐暴救民，何至於此！豈惟武王必無此言，三代以上從未有如是之言也！至其語雖皆有所本，而重複雜亂，絕無章法，即移上篇語於中篇，移中篇語於下篇，亦未見其不可。然則何所見而必分為三度言之乎！先儒之論當矣。惟是篇中所採經傳之文舛謬累累，先儒尚多有未及者。」〔註47〕認為偽《泰誓》是拼湊而成的。

接著，崔述分六步展開了具體的分析：

其一，崔述將偽《泰誓》與《孟子》、《春秋傳》、《禮記・坊記》的內容進行比對，發現「天視自我民視，天聽自我民聽」二句來源於《孟子》；「我武維揚，侵於之疆，則取於殘，殺伐用張，於湯有光」五句來自《春秋傳》；「紂有億兆夷人，亦有離德，余有亂臣十人，同心同德」四句本之於《春秋傳》，並有小改動；「予克受，非予武，惟朕文考無罪。受克予，非朕文考其罪，惟予小子無良」六句來源於《禮記・坊記》。崔述認為：「原文皆稱《泰誓》云云。雖於上下文義未甚融洽，然於理無大謬，不必深論。」〔註48〕

〔註45〕崔述：《補上古考信錄》卷下，見《崔東壁遺書》，第39頁。
〔註46〕崔述：《補上古考信錄》卷下，見《崔東壁遺書》，第39～40頁。
〔註47〕崔述：《豐鎬考信錄》卷三，見《崔東壁遺書》，第187頁。
〔註48〕崔述：《豐鎬考信錄》卷三，見《崔東壁遺書》，第188頁。

其二，崔述認爲僞《泰誓》中的「雖有周親，不如仁人。百姓有過，在予一人」，採自於《論語・堯曰》，「而不言其所引何書；玩之殊與誓詞不類。且其文本相連，兼與上下之意相屬；今割而分之，以『雖有周親』係『同心同德』下，『百姓有過』係『自我民聽』下，則於文義不屬。況六句中刪其中二句而但引首尾，亦非引書之體」。〔註49〕可知，《論語・堯曰》中並未記爲這四句採之於《尚書》，因而不能認爲是《尚書》本來就有這四句。

其三，《孟子》引《尚書》之文：「天祐下民，作之君，作之師，惟曰其助上帝，寵之四方；有罪無罪，惟我在，天下曷敢有越厥志！」然而，僞《泰誓》卻將其中的文字進行了改動，將「惟曰其助上帝」改爲「惟其克相上帝」，將「寵之四方」改爲「寵綏四方」，崔述認爲前者尚且可以改動，而後者則是不可改動的。此外，崔述指出，僞《泰誓》「又刪『惟我在天下』五字，而云『予曷敢有越厥志』，全失《孟子》之意，而語氣亦不完。且《孟子》引《泰誓》『我武維揚』，『天視自我民視』，皆稱其篇名；而此但稱『《書》曰』，亦恐非《泰誓》中語也。」〔註50〕可見，僞《泰誓》在採用《孟子》時的這些刪改，全然失去了《孟子》的本意。

其四，《左傳》中記載有萇弘對劉子說：「同德度義，《泰誓》曰：『紂有億兆夷人，亦有離德；予有亂臣十人，同心同德。』」從中可以清楚地看出，「同德度義」四字爲萇弘所說，並不是《泰誓》之句，然而僞《泰誓》將其中《泰誓》所記的四句放入中篇，又將「同德度義」放入上篇，並在此句前加「同力度德」句，崔述認爲這種做法是極爲錯誤的：「如此，則『同德』乃《孟子》『德齊』之意，而德猶不足恃，又視其義何如，不但與下『同心同德』之語不倫，失萇弘之本意；而德之與義豈容有淺深輕重之別乎？況此五句果皆出於《泰誓》，萇弘何得獨掠此一句以爲己言也！」〔註51〕僞《泰誓》將萇弘之語也採納入書，可見其誤。

其五，《左傳》中記有伍員諫吳王之語：「樹德務滋，除惡務本。」伍員並沒有指明這兩句話引自《尚書》，但僞《泰誓》卻對之稍加改動後納入書中。崔述進一步指出：「且伍員不稱『《書》云』，則非《尚書》文明矣。」〔註52〕

其六，《左傳》內記有吳公子光之語：「時哉弗可失。」而僞《泰誓》卻

〔註49〕 崔述：《豐鎬考信錄》卷三，見《崔東壁遺書》，第188頁。
〔註50〕 崔述：《豐鎬考信錄》卷三，見《崔東壁遺書》，第188頁。
〔註51〕 崔述：《豐鎬考信錄》卷三，見《崔東壁遺書》，第188頁。
〔註52〕 崔述：《豐鎬考信錄》卷三，見《崔東壁遺書》，第188頁。

將此句改動後採入書中。崔述認為：「夫武王之伐紂，以救民耳，豈富天下哉！使紂改過，或紂死而嗣君賢，武王之所深幸也。今如此言，則是武王幸紂無道，惟恐過此以往，後人改紀其政而不得滅之耳，——正與楚伯比策隨之意略同，——豈聖人之心乎！」〔註53〕

綜合以上六條，崔述把偽《泰誓》中的內容與古史籍相對比，得出結論，即偽《泰誓》是後世人拼湊偽造而成的，並非古已有之。

二、崔述史學的比擬解喻法

崔述在考辨古史時，採用了比擬解喻的方法，即在分析具體史事時舉出寓言、故事、成語，把抽象的道理極為形象、明瞭地闡發出來，從而將道理闡發清楚，達到論述效果。陳履和認為恩師崔述「善談論，往往以諧語箴俗，令人解頤；其著書亦時復如是」〔註54〕。

崔述在考辨東晉以後的偽書時就採取了比擬解喻的方法。他在分析之前，首先舉出了磁州孫某偽造古磁器之事，指出：「磁州故產磁器。有孫某者，倣古哥、定、汝諸窯之式造之。既成，擇其佳者埋地中。踰兩年，取出，市於京師、保定諸貴人家，見者莫不以為真也。由此獲利十倍。」〔註55〕接著，崔述又舉了磁州楊氏販賣煙草之事，認為：「州中鬻煙草者，楊氏最著名，價視他肆昂甚，貿易者常盈肆外。肆中物不能給，則取他肆之物，印以楊氏之號而畀之。人咸以為美；雖出重價，不惜也。」〔註56〕針對崔述的這種方法，顧頡剛認為：「這是向來的經學家所必不肯言的。這不是他的故弄滑稽，乃是他做學問的基礎建設在事實上而不是在學者的架子上。」〔註57〕

崔述在論證不考慮實而論得失時舉例說：「有二人皆患近視，而各矜其目力不相下。適村中富人將以明日懸扁於門，乃約於次日仝至其門，讀扁上字以驗之。然皆自恐弗見，甲先於暮夜使人刺得其旁小字。暨至門，甲先以手指門上曰，『大字某某』。乙亦用手指門上曰，『小字某某』。甲不信乙之能見小字也，延主人出，指而問之曰：『所言字誤否？』主人曰：『誤則不誤，但扁尚未懸，門上虛無物，不知兩君所指者何也？』嗟乎，數尺之扁，有無不

〔註53〕崔述：《豐鎬考信錄》卷三，見《崔東壁遺書》，第188頁。
〔註54〕陳履和：《崔東壁先生行略》，見《崔東壁遺書》，第945頁。
〔註55〕崔述：《考信錄提要》卷上，見《崔東壁遺書》，第10頁。
〔註56〕崔述：《考信錄提要》卷上，見《崔東壁遺書》，第10頁。
〔註57〕顧頡剛：《秦漢的方士與儒生》，上海古籍出版社，2004年，第216頁。

能知也，況於數分之字，安能知之！聞人言爲云云而遂云云，乃其所以爲大誤也。」〔註58〕崔述據此提出自己的觀點：「大抵文人學士多好議論古人得失，而不考其事之虛實。余獨謂虛實明而後得失或可不爽。故今爲《考信錄》，專以辨其虛實爲先務，而論得失者次之，亦正本清源之意也。」〔註59〕崔述利用這個寓言，展開比擬，論證了考辨古史應以辨其虛實爲主、論其得失爲輔的觀點。

崔述還引用了買菜求益這一成語，用以佐證學者爲學應寧缺毋濫。他指出：「昔人有言曰：『買菜乎？求益乎？』言固貴精不貴多也。」〔註60〕並總結道：「吾輩生古人之後，但因古人之舊，無負於古人可矣，不必求勝於古人也。《論語》所記孔子言行不爲少矣，昔人有以半部治天下者，況於其全！學者果欲躬行以期至於聖人，誦此亦已足矣。乃學者猶以爲未足，而參以晉人僞傳之《家語》。尙恨《家語》所採之不廣也，復別採異端小說之言爲《孔子集語》及《論語外篇》以益之，不問其眞與贗，而但以多爲貴。嗟乎，是豈非買菜而求益者哉！余在閩時，嘗閱一人文集，皆其所自訂者，其序有云，『異日有人增一二篇，及稱吾《外集》者，吾死而有知，必爲厲鬼以擊之！』嗚呼，爲人訂《外集》，而使天下之能文者痛心切齒而爲是言，夫亦可以廢然返矣！故今爲《考信錄》，寧缺毋濫；即無所害，亦僅列之『備覽』：寧使古人有遺美，而不肯使古人受誣於後世。其庶幾不爲厲鬼所擊也已。」〔註61〕

崔述認爲孔子不是生而知之，而是學而知之。孔子、子貢都認爲孔子不是生而知之者。孔子在《論語・述而》中說：「我非生而知之者，好古，敏以求之者也。」子貢同樣認爲：「文、武之道未墜於地，在人：賢者識其大者，不賢者識其小者；夫子焉不學！」但是，程顥、程頤的觀點卻正相反，認爲：「孔子，生而知者也；言亦由學而至，所以勉進後人也。」崔述正是針對二程的說法，進行了考辨，指出：「《論語》他章或可指爲謙己誨人之語，至《志學章》，其年自十五至七十，其進德之序自『志』、『立』、『不惑』以至於『不踰矩』，歷歷可指；若孔子果不由學而至，安能憑空撰此次第功程以欺後人耶！宰我曰：『以予觀於夫子，賢於堯、舜遠矣！』子貢曰：『自生民以來未有夫子也！』有若曰：『自生民以來未有盛於孔子也！』門弟子之推尊孔子也不遺

〔註58〕崔述：《考信錄提要》卷上，見《崔東壁遺書》，第14頁。
〔註59〕崔述：《考信錄提要》卷上，見《崔東壁遺書》，第14頁。
〔註60〕崔述：《考信錄提要》卷上，見《崔東壁遺書》，第11頁。
〔註61〕崔述：《考信錄提要》卷上，見《崔東壁遺書》，第12頁。

餘力矣，而未有一語及其生知者。孔子或存謙遜之意，門弟子必不代孔子謙
遜也。孔子自言非生知，門弟子皆不言孔子爲生知，後人去孔子二千年，何
由而知孔子之爲生知乎？《記》曰：『或生而知之，或學而知之，或困而知之；
及其知之，一也。』是故，生知與學知勞逸殊，高下不殊也。譬之於位，聖
人，天子也。生知者，生而爲天子者也；學知者，由布衣，由大夫，諸侯，
升而爲天子者也，舜、禹、湯、武王是也；不得謂生而爲天子者尊於升而爲
天子者也。然則孔子雖學知，於至聖無所損；雖生知，於至聖無所加。況孔
子惟恐人之以己爲生知，而汲汲焉自明其爲學知，後儒即姑從孔子而信其爲
學知，亦似無所害，何故必以孔子爲生知乎？孟子曰：『堯、舜，性者也；湯、
武，反之也。』性之，生知安行也；反之，學知利行也。而無一言及於孔子
者。其末章乃以孔子與湯、文王並處於『聞知』之數而堯、舜不與焉，然則
孟子之意蓋亦以孔子爲學知矣。余篤信聖人之言而不敢小有異者，且恐人之
皆以聖人爲生知而不知學知之爲功大也，故附辨於門人論贊之後。」〔註62〕
崔述對這一問題進行了詳細的考辨，其中也運用了比擬的手法，即將天子比
擬爲聖人，是生知；而由布衣、大夫、諸侯升爲天子者，如舜、禹、湯、武
王，是學知。他認爲生知與學知只是安逸與勞苦的區別，而不存在地位高與
低的區別。

　　崔述對聖人教人務求平實進行了闡發，其中就運用了比擬解喻的手法。
顏淵曾問學於孔子仁的問題，孔子回答道：「非禮勿視，非禮勿聽，非禮勿言，
非禮勿動。」仲弓同樣問了這一問題，孔子回答說：「出門如見大賓，使民如
承大祭。己所不欲，勿施於人。」崔述認爲：「所言皆視之有形而循之有迹者。
莊子、佛氏則惟談空虛，不屑實事，其論似高出於聖人之上；然措之於事，
一毫無所用之。何者？有不可以爲無，無不可以爲有，黑不可以爲白，白不
可以爲黑，此天下之定理。言無色相則有之矣，眞無色相則斷不能有。」崔
述打比喻說：「士遊於僧寺，僧見之未嘗起。一日，太守至，僧起迎之。士以
勢利譏僧，僧曰：『起是不起；不起是起。』士即持棒打僧。僧驚詰之，則曰：
『打是不打，不打是打。』僧無以對也。然則打自是打，起自是起，色自是
色，空自是空；一切歸之空虛無有，此必窮之說也。原其所以爲是說者，無
他，前人之言多而且備，循而述之則無以見其奇，故別爲大言以自高。非惟
莊子、佛氏然也，雖宋以後儒者亦往往不免焉。而世之愚者遂信以爲實，過

〔註62〕崔述：《洙泗考信錄》卷四，見《崔東壁遺書》，第 324 頁。

矣。昔有人好大言，曰：『吾嘗見一人，首際天，足際地。』應之者曰：『此何足爲大！吾嘗見有上唇際天，下唇際地者。』好大言者駁之曰：『果如是，其身於何處安放？』應之者曰：『吾亦慮其身無安放處，但見其有此大口耳。』世之好爲空虛大言以求勝於聖人之道者，皆若是而已矣。是以聖人教人惟務平實，非不能高，不可高也。」〔註 63〕崔述運用的比擬手法，使得論述的內容生動有趣起來。

值得注意的是，崔述在考辨古史中所用的比擬解喻的方法有些存在一定的邏輯問題，並且寓言故事不是信史，而是有虛構在內的。但是，這並沒有影響到崔述考辨結果的可靠性。

三、崔述的學術史視野

崔述治學具有一種宏觀的學術史視野，以疑古的立場對整個學術史的發展源流進行了梳理和細緻分析。在此框架之下，崔述對僞史、僞說的產生、衍變逐個進行了考析與辯證，並對後世出現駁雜之說的過程及原因進行了分析。

（一）崔述對古史記載致誤的宏觀考量。

崔述對學術史的發展變化及古史致誤的整個學術過程進行了考察，反映了一種學術史的宏觀視野。這在其《考信錄提要》對戰國、漢代、東晉等時期僞說、僞書的分析中得到了清晰地展現。以下僅舉兩例。

崔述從宏觀的角度通論了讀書應當有考信的意願。首先，崔述從歷史上的秦、漢、魏、晉、宋等不同朝代入手，分析認爲隨著時代的發展，識見也是不斷變化的，他指出：「顧自秦火以後，漢初諸儒傳經者各有師承，傳聞異詞，不歸於一，兼以戰國之世，處士橫議，說客託言，雜然並傳於後，而其時書皆竹簡，得之不易，見之亦未必能記憶，以故難於檢核考正，以別其是非眞僞。東漢之末，始易竹書爲紙，檢閱較前爲易；但魏、晉之際，俗尚詞章，罕治經術，旋值劉、石之亂，中原陸沉，書多散軼，漢初諸儒所傳《齊詩》、《魯詩》、《齊論》、《魯論》陸續皆亡，惟存《毛詩序傳》及張禹更定之《論語》，而伏生之《書》，田何之《易》，鄒、夾之《春秋》亦皆不傳於世。於時復生妄人，僞造《古文尙書經傳》、《孔子家語》，以惑當世。二帝、三王、

〔註63〕崔述：《論語餘說》，見《崔東壁遺書》，第 610 頁。

孔門之事於是大失其眞。學者專己守殘，沿訛踵謬，習爲固然，不之怪也。雖間有一二有識之士摘其疵謬者，然特太倉稊米，而亦罕行於世。直至於宋，名儒叠起，後先相望，而又其時印本盛行，傳佈既多，稽核最易，始多有抉摘前人之惧者。或爲文以辨之，或爲書以正之，或作傳注以發明之。蓋至南宋而後《六經》之義大著。然經義之失眞已千餘年，僞書曲說久入於人耳目，習而未察，沿而未正者尙多，所賴後世之儒踵其餘緒而推廣之，於所未及正者補之，已正而世未深信者闡而明之，帝王聖賢之事豈不粲然大明於世！乃近世諸儒類多摭拾陳言，盛談心性，以爲道學，而於唐、虞、三代之事罕所究心。亦有參以禪學，自謂明心見性，反以經傳爲膚末者。而向來相沿之誤遂無復有過而問焉者矣！」〔註64〕其次，崔述認爲人言是不可以盡信的：「周道既衰，異端並起，楊、墨、名、法、縱橫、陰陽諸家莫不造言設事以誣聖賢。漢儒習聞其說而不加察，遂以爲其事固然，而載之傳記。若《尙書大傳》、《韓詩外傳》、《史記》、《戴記》、《說苑》、《新序》之屬，率皆旁採卮言，眞僞相淆。繼是復有讖緯之術，其說益陋，而劉歆、鄭康成咸用之以說經。流傳既久，學者習熟見聞，不復考其所本，而但以爲漢儒近古，其言必有所傳，非妄撰者。雖以宋儒之精純，而沿其說而不易者蓋亦不少矣。至《外紀》、《皇王大紀》、《通鑑綱目前編》等書出，益廣搜雜家小說之說以見其博，而聖賢之誣遂萬古不白矣！」〔註65〕他在分析的過程中，從時代發展的宏觀視野進行了考論。

崔述認爲戰國時期的邪說寓言是不可信的。他在闡發虛言繁衍爲實事時，就對戰國、漢、晉等時期的時代特點進行了分析，他指出：「戰國之時，說客辨士尤好借物以喻其意」，「乃漢、晉著述者往往誤以爲實事而採之入書，學者不復考其所本，遂信以爲眞有而不悟者多矣。其中亦有原有是事而衍之者」。〔註66〕他在談及儒者採納讖緯之語時，先從漢代開始談起：「先儒相傳之說，往往有出於緯書者。蓋漢自成、哀以後，讖緯之學方盛，說《經》之儒多採之以注《經》。其後相沿，不復考其所本，而但以爲先儒之說如是，遂靡然而從之。」之後，又對鄭玄、何休等學者之語進行了評價，並分析了漢儒、宋儒的觀點：「大抵漢儒之說，本於《七緯》者不下三之一；宋儒頗有核

〔註64〕崔述：《考信錄提要》卷上，見《崔東壁遺書》，第2頁。
〔註65〕崔述：《考信錄提要》卷上，見《崔東壁遺書》，第3頁。
〔註66〕崔述：《考信錄提要》卷上，見《崔東壁遺書》，第4頁。

正，然沿其說者尚不下十之三。」〔註67〕崔述在論述雜說流行於世的原因時，也將視野放於元、明之上，認為：「自宋以前，士之讀書者多，故所貴不在博而在考辨之精，不但知幾、景盧然也。至明，以三場取士，久之而二三場皆為具文，止重《四書》文三篇，因而學者多束書不讀，自舉業外茫無所知。於是一二才智之士務搜覽新異，無論雜家小說，近世贋書，凡昔人所鄙夷而不屑道者，咸居之為奇貨，以傲當世不讀書之人。」〔註68〕可見，崔述在考辨古史之時，是以分析不同朝代的學術文化特徵為依託的，指出其間導致古史記述失誤的總體根源，反映了對於學術發展史考察的宏觀視野。

（二）崔述主張經傳記注中有不可信之處。

崔述考辨古史時雖以經為依據，其次為傳、記注，但認為經、傳、記注也是不可盡信的。如針對《孟子》中不可盡信之處，崔述認為：「經傳之文亦往往有過其實者。《武成》之『血流漂杵』，《雲漢》之『周餘黎民，靡有孑遺』，孟子固嘗言之。至《閟宮》之『荊、舒是懲，莫我敢承』，不情之譽，更無論矣。戰國之時，此風尤盛，若淳于髡、莊周、張儀、蘇秦之屬，虛詞飾說，尺水丈波，蓋有不可以勝言者。即孟子書中亦往往有之。若舜之『完廩，濬井』，『不告而娶』，伊尹之『五就湯，五就桀』，其言未必無因，然其初事斷不如此，特傳之者遞加稱述，欲極力形容，遂不覺其過當耳。又如文王不遑暇食，不敢盤於遊田，而以為其囿方七十里，管叔監殷，乃武王使之，而屬之周公，此或孟子不暇致辨，或記者失其詞，均不可知，不得盡以為實事也。蓋《孟子》七篇，皆門人所記，但追述孟子之意，而不必皆孟子當日之言；既流俗傳為如此，遂率筆記為如此。正如蔡氏《書傳》言《史記》稱朱虎、熊、羆為伯益之佐，其實《史記》但稱為益，從未稱為伯益，蔡氏習於世俗所稱，不覺其失，遂誤以伯益入於《史記》文中耳。然則學者於古人之書，雖固經傳之文，賢哲之語，猶當平心靜氣求其意旨所在，不得泥其詞而害其意，況於雜家小說之言，安得遽信以為實哉！」〔註69〕崔述將考辨的具體問題置於不同朝代、不同古籍、不同學者的視角之下，可見其視野的廣博。

崔述認為在考辨古史時應採取將經與傳記區別對待的研究方法。他認

〔註67〕崔述：《考信錄提要》卷上，見《崔東壁遺書》，第5頁。
〔註68〕崔述：《考信錄提要》卷上，見《崔東壁遺書》，第7頁。
〔註69〕崔述：《考信錄提要》卷上，見《崔東壁遺書》，第12頁。

爲：「聖人之道，在《六經》而已矣」，「《六經》以外，別無所謂道也」。可見，崔述認爲只有儒家經典才是值得信賴的。他通過分析自秦至南宋學者識見的變化，總結道：「余年三十，始知究心《六經》，覺傳記所載與注疏所釋往往與經互異。然猶未敢決其是非，乃取經傳之文類而輯之，比而察之，久之而後曉知傳記注疏之失。」並指出以往學者很少關注這一問題，「顧前人罕有言及之者；屢欲茹之而不能茹，不得已乃爲此錄以辨明之。非敢自謂繼武先儒，聊以傚愚者千慮之一得云爾。」〔註70〕他強調說：「傳雖美，不可合於經，記雖美，不可齊於經，純雜之辨然也。」〔註71〕爲了證明這一觀點，崔述還以《曲臺雜記》、《周官》等爲例，認爲《曲臺雜記》是戰國、秦、漢時期的學者所著，雖有體現聖人之意之處，但其中也有不少附會失實的內容。對於《周官》，崔述認爲此書內容雜駁，其原因是「蓋當戰國之時，周禮籍去之後，記所傳聞而傳以己意者」〔註72〕。至此，崔述感歎道：「學者遂廢《經》而崇《記》；以致周公之制，孔子之事，皆雜亂不可考。本末顛倒，於斯極矣！」〔註73〕

在編撰《考信錄》之時，崔述也遵循了將經書與傳記區別對待的方法，將編纂形式分爲八類，包括：「正文」、「補」、「備覽」、「存疑」、「附錄」、「附論」、「備考」、「存參」。「正文」是論著的主體部分，其中只有經書的文字是頂格大字，是《考信錄》的主體部分。「補」是經中未載、而不能或缺的史事，其位置爲比經之正文降一字。糾其原因，崔述認爲：「降而書者，不敢以齊於經，且懼其有萬一之失實也。」但在《洙泗考信錄》與《洙泗考信餘錄》中的「補」並未降一字，原因在於：「聖賢之事，記於經者少而見於傳記者多，不可概用降書。且傳記之作，率在百年以內，世近則其言多可信，非若帝、王之事久遠而傳聞者易失實也，故不復分之也。」〔註74〕「備覽」的設置，原因爲「其書所載之事可疑者多，而此事尙無可疑，不敢遂謂其非實也，則列之於『備覽』」。「存疑」則是「其書所載之事可信者多，而此事殊難取信，不敢概謂其皆實也，則列之於『存疑』」。至於「附錄」的設置，「其時不可詳考，而其事不容遺漏，則從其類而附載之，不敢淆其次也」。「附

〔註70〕崔述：《考信錄提要》卷上，見《崔東壁遺書》，第2頁。
〔註71〕崔述：《考信錄提要》卷上，見《崔東壁遺書》，第12頁。
〔註72〕崔述：《考信錄提要》卷上，見《崔東壁遺書》，第12頁。
〔註73〕崔述：《考信錄提要》卷上，見《崔東壁遺書》，第12～13頁。
〔註74〕崔述：《考信錄提要》卷下，見《崔東壁遺書》，第22頁。

論」設置的初衷是「其文雖非紀事而與事互相發明，則因其事而附見之，不敢概從略也」。「備考」與「存參」的設置，是由於「事雖後日之事而有關於當時之得失，言或後世之言而足以證異說之紛紜，雖不能無醇疵之異，要皆當備之以俟考，存之以相參也」。〔註75〕

至於此八種編纂形式的實際使用情況，崔述曾以《唐虞考信錄》爲例分析道：「故今於《唐》、《虞》之錄尤致慎焉：必其詳審無疑，乃敢次《經》一等書之；否則寧列之『備覽』，甚或竟置之『存疑』。至若事在不疑而時無的據，文非紀載而義足發明，則列之於『附錄』、『附論』。唯『備考』、『存參』，事或春秋，言或秦、漢，但取其可參伍相證，雖有不醇，不區別矣。其餘揣度附會之言，雜家小說之語，則概不敢列；而於前人所已駁者探之，所未駁者辨之。或其失尚小，及其言不甚爲世所信者，時亦往往從簡。非敢過爲吹求，妄行去取；誠欲袪異說之紛紜，還本來之面目，使二帝經營之次第，設施之先後，瞭然如指諸掌。蓋凡二十餘年而稿始成，而尚未知其有合焉否也。好學深思之士當必有以正其不逮也。」〔註76〕

崔述之所以十分看重經書、以經書爲標準來考辨古史，得益於劉知幾的啓發。崔述細緻分析道：「近世淺學之士動謂秦、漢之書近古，其言皆有所據；見有駁其失者，必攘臂而爭之。此無他，但狥其名而實未嘗多觀秦、漢之書，故妄爲是言耳！」接著引用了劉知幾的觀點：「秦漢之世，《左氏》未行，遂使《五經》、雜史、百家諸子，其言河、漢，無所遵憑。故其記事也：當晉景行霸，公室方強，而云韓氏攻趙，有程嬰、杵臼之事；子罕相國，宋睦於晉，而云晉將伐宋，覘其哭於陽門介夫。其記時也：秦穆居春秋之始，而云其女爲荊昭夫人；韓、魏處戰國之時，而云其君陪楚莊王葬焉；列子書論尼父，而云生在鄭穆之年；扁鵲醫療虢公，而云時當趙簡子之日；欒書仕於周子，而云以晉文如獵，犯顏直言，荀息死於奚齊，而云觀晉靈作臺，累碁申誡。或以先爲後，或以後爲先，日月顛倒，上下翻覆。古來君子曾無所疑；及《左傳》既行，而其失自顯。」〔註77〕崔述援引劉知幾《史通》的觀點反駁了秦、漢時書皆可據的說法。

由是，崔述得出結論：「由是論之，秦、漢之書其不可據以爲實者多矣，特此未有如知幾者肯詳考而精辨之耳。顧吾猶有異者，知幾於秦、漢之書紀

〔註75〕崔述：《考信錄提要》卷下，見《崔東壁遺書》，第23頁。
〔註76〕崔述：《唐虞考信錄》卷一，見《崔東壁遺書》，第54頁。
〔註77〕崔述：《考信錄提要》卷上，見《崔東壁遺書》，第6頁。

春秋之事，考之詳而辨之精如是，至於虞、夏、商、周之事，乃又採摭百家雜史之文而疑《經》者，何哉？夫自春秋之世，下去西漢僅數百年，而其舛誤乖剌已累累若此，況文、武之代去西漢千有餘年，唐、虞之際，去西漢二千有餘年，即去戰國亦二千年，則其舛誤乖剌必更加於春秋之世數倍可知也。但古史不存於世，無《左傳》一書證其是非耳，豈得遂信以為實乎！故今為《考信錄》，於殷、周以前事但以《詩》、《書》為據，而不敢以秦、漢之書遂為實錄，亦推廣《史通》之意也。」〔註78〕崔述相信經書，在經書的選擇上，以《尚書》、《詩經》為主，他曾指出：「居今日而欲考唐、虞、三代之事，是非必折衷於孔孟而真偽必取信於《詩》、《書》，然後聖人之真可見而聖人之道可明也。」〔註79〕這種觀點在一定程度上制約了崔述對史學進行考辨的結果。

（三）崔述從宏觀上泛論了考辨古史務博而不詳考的謬失。

崔述認為古人大多崇尚精深，而後世人則多崇尚博廣，時代越往後，採擇越雜亂，他分析說：「故孔子序《書》，斷自唐、虞，而司馬遷作《史記》乃始於黃帝。然猶刪其不雅馴者。近世以來，所作《綱目前編》、《綱鑒捷錄》等書，乃始於庖羲氏，或天皇氏，甚至有始於開闢之初盤古氏者，且並其不雅馴者而亦載之。故曰，世益晚則其採擇益雜也。」在此分析的基礎上，崔述舉出三個例子對之進行了佐證。他首先舉出孔子、蘇洵對管仲事跡的記載：「管仲之卒也，預知豎刁、易牙之亂政，而歷詆鮑叔牙、賓須無之為人，孔子不知也，而宋蘇洵知之，故孔子稱管仲曰『如其仁，民到於今受其賜』，而蘇氏責管仲之不能薦賢也。」又舉例說：「禘之禮，為祭其始祖所自出之帝，而以始祖配之，左氏、公羊、穀梁三子者不知也，而唐趙匡知之，故《三傳》皆以未三年而吉祭為譏，而趙氏獨以禘為當於文王，不當於莊公也。」接著又舉出一例：「漢李陵有《重答蘇武書》，陵與武有相贈之詩，班婕妤有《團扇詩》，揚雄有《劇秦美新》之作，司馬遷、班固不知也，而梁蕭統知之，故《史記》、《漢書》不載其一字，而其詩文皆見於《昭明文選》中也。」〔註80〕通過宏觀的泛論，崔述得出考史要精深、細緻的觀點。

崔述在分析考辨不考慮實而論得失時也表現出一種宏觀的學術視野。他舉例說：「《史記·樂毅傳》云：『毅留徇齊五歲，下齊七十餘城，唯獨莒、即

〔註78〕崔述：《考信錄提要》卷上，見《崔東壁遺書》，第 6 頁。
〔註79〕崔述：《〈考信錄〉自序》，見《崔東壁遺書》，第 921 頁。
〔註80〕崔述：《考信錄提要》卷上，見《崔東壁遺書》，第 13 頁。

墨未服。』是毅自燕王歸國以後，日攻齊城，積漸克之，五載之中共下七十餘城，唯此兩城尚未下也。此本常事，無足異者。而夏侯太初乃謂毅下七十餘城之後，輟兵五年不攻，欲以仁義服之：以此爲毅之賢。蘇子瞻則又謂毅不當以仁義服齊，輟兵五年不攻，以致前功盡棄：以此爲毅之罪。至方正學則又以二子所論皆非是，毅初未嘗欲以仁義服齊，乃下七十餘城之後，恃勝而驕，是以頓兵兩城之下，五年而不拔耳。凡其所論，皆似有理，然而毅初無此事也！」〔註81〕可見，在論其得失之前，要先考辨其虛實，從而達到正本清源之目的。

（四）崔述從整個學術史的視角對考辨古書的方法給予了分析

崔述指出唐、虞、三代、春秋、戰國、秦、漢、魏、晉各有其文字和行事特點：「戰國之人稱述三代之事，戰國之風氣也；秦、漢之人稱述春秋之事，秦、漢之語言也。《史記》直錄《尚書》、《春秋傳》之文，而或不免雜秦、漢之語；《僞尚書》極力摹唐、虞、三代之文，而終不能脫晉之氣：無他，其平日所聞所見皆如是，習以爲常而不自覺，則必有自呈露於忽不經意之時者。少留心以察之，甚易知也。」崔述舉出宋代一例：「宋時，有與其從兄子訟析貲者，幾二十年不決。趙善堅以屬張淏。訟者云：『紹興十三年，從兄嘗鬻祖產，得銀帛楮卷若干，悉輂而商；且書約，期他日復置如初。』淏曰：『紹興三十年後方用楮幣，不應十三年汝家已預有若干；汝約僞矣！』由是其訟遂決。此豈非自呈露於忽不經意之時者乎！」〔註82〕

崔述認爲學者的文風是受當時時代影響的，漢代人喜好談論讖緯，晉代人崇尙排偶，這對當時的文風都產生了一定影響。他分析道：「是知僞託於古人者未有不自呈露者也。考古者但準是以推之，莫有能遁者矣。然而世之學者往往惑焉，何也？一則心粗氣浮，不知考其眞僞；一則意在記覽，以爲詩賦時文之用，不肯考其眞僞；一則尊信太過，先有成見在心，即有可疑，亦必曲爲之解，而斷不信其有僞也。」〔註83〕這就概況了學者產生疑惑的原因。

綜上所述，崔述在考辨古史時所採用的異同考析法、事理推論法、辯證論辯法、歸納與演繹互動的思維模式、根究源流法、比擬解喻法等，對開展史學研究是十分有益的，給我們很多的啓發，值得後世人學習及傚仿。

〔註81〕崔述：《考信錄提要》卷上，見《崔東壁遺書》，第 14 頁。

〔註82〕崔述：《考信錄提要》卷上，見《崔東壁遺書》，第 15 頁。

〔註83〕崔述：《考信錄提要》卷上，見《崔東壁遺書》，第 15 頁。

第六章　崔述史學的傳播和影響

　　崔述成學受了中國自古以來的疑古思想的影響，如孔穎達、朱熹、歐陽修等學者的某些觀點就曾對其史學產生了影響，尤其是受歐陽修的影響最大。如崔述曾引用歐陽修之語辨《毛詩》釋《昊天有成命篇》「成王」之非、引用歐陽修之文駁斥《大戴記‧帝系篇》之說、引用歐陽修在《帝王世次圖序》中的大量記載批駁了古帝王出於一祖之說等等。崔述讚賞並引用過孔穎達、朱熹、歐陽修的觀點和主張，也曾對孔穎達、朱熹進行了批評，而對歐陽修的批評則尤其少。崔述史學受到了前人疑古思想的影響，同時，他的疑古主張也對後世產生了較大影響。

　　崔述史學的傳播和影響可分為對日本和對中國兩方面。崔述史學與日本有很大的淵源，不僅表現在崔述的史學價值在近代被發現是源於日本，還表現為崔述的疑古思潮在日本學術界產生了重大影響。崔述史學對國內的研究風氣以及近代「古史辨派」也產生了一定的影響。崔述的著作得以流傳，得益於其弟子陳履和，1824 年陳履和把崔述的部分遺書刊印出來，但在崔述逝世後百餘年的時間，其人其書都被埋沒於歷史的故紙堆中，其價值並未引起學術界的重視；而被近代學者所認識和研究則是起於日本。

第一節　崔述史學在日本的傳播和影響

一、崔述史學在日本的傳播

　　十九世紀的日本處於江戶幕府時代，當時的日本學者就已開始注意到崔

述的史學。據中山久四郎〔註1〕介紹，考證學家北靜廬〔註2〕在其 1845 年刻成的《梅園日記》〔註3〕卷四中記載有讀《東壁遺書‧商考信錄》的經歷。此後，1920 年，學者諸橋轍次〔註4〕在中國留學，曾與中國學者曾廣鈞〔註5〕交遊，他們在談話過程中，談及崔述的《讀風偶識》。諸橋轍次問道：「清儒東壁有《讀風偶識》之著。以史實爲據，多據古人注疏。高見以爲何如？」曾廣鈞回答說：「崔東壁見識頗有可取處。」〔註6〕

日本學者對崔述的瞭解始自李元度的《國朝先正事略》。李元度《國朝先正事略》中收錄有陳履和的《崔東壁先生事略》一文，文中記載了《考信錄》的內容，內藤湖南就曾對於崔述在日本被發現的過程分析道：「即便在日本，地方大學者中也有崔述的崇拜者。他之所以在日本也得到信服，主要是因爲《國朝先正事略》中比較相信地記載了他的情況，而且大體摘要了他的觀點，因而引起了日本人的注意。從德川時代起就有這種熱心的信服者，他的書在日本有很多抄本。據我所知內藤恥叟先生就因爲從《先正事略》知道了《考信錄》而尋得，很早就讀過此書。狩野博士將在北京得到的《崔東壁遺書》殘本出示於那珂博士之後，那珂博士終於得到完整本並予以出版。那珂博士曾專注於崔述之說。最近中國學者也開始注意了，現在崇拜者也很多。崔述歿於嘉慶十一年。他是並非雜治博覽，但能以有限的知識利用較好的研究法治古史的學者。」〔註7〕可見，內藤恥叟曾有從《先正國朝事略》中讀過崔述《考信錄》的經歷。

二十世紀初期的日本正處於社會變革時期，資本主義經濟得到不斷髮展，政治上出現了思想啓蒙運動，思想上出現了疑古思潮。這一思潮產生於

〔註1〕 中山久四郎（なかやま　きゅうしろう，1874～1961），東洋史學家，文學博士。
〔註2〕 北靜廬（きた－せいろ，1765～1848），本姓鈴木，名愼言（ちかのぶ），江戶時代後期的國學者，著有《梅園日記》、《靜廬俗考》等。
〔註3〕 參見《日本隨筆大成》，1976 年第 3 期。
〔註4〕 諸橋轍次（もろはし　てつじ，1883～1982），日本神田人，畢業於東京高等師範。1918 年初到中國，曾見到蔡元培等學者。1919 年至 1921 年在中國留學，與康有爲、章炳麟、胡適等學者交往。著有《諸橋轍次著作集》、《詩經研究》、《儒學的目的和宋儒的學問》等。
〔註5〕 曾廣鈞（1866～1929），字重伯，號皈庵，又號伋安，祖籍湖南衡陽，曾國藩長孫，光緒十五年進士，授翰林院編修，其詩驚才豔麗，被梁啓超譽爲「詩界八賢」。
〔註6〕 李慶編注：《曾廣鈞和諸橋轍次的筆談（1920 年）》，見《東瀛遺墨：近代中日文化交流稀見史料輯注》，上海人民出版社，1999 年，第 160 頁。
〔註7〕 內藤湖南著、馬彪譯：《中國史學史》，第 308 頁。

二十世紀十至二十年代，它的產生促使了疑古史學的出現。日本疑古史學，經歷了一個由那珂通世、三宅米吉到白鳥庫吉，再到津田左右吉、內藤湖南的發展過程。

　　那珂通世〔註8〕對崔述及其著述的接觸始自二十世紀初。三宅米吉〔註9〕曾回憶道：「明治三十六年，通世校訂《崔東壁先生遺書》，加以句讀，收爲《史學會叢書》而出版。此書初爲狩野直喜所贈；通知讀之，深悅著者議論之高明精確，更求此書之完備，遂熟讀而校訂之。又就此書發表意見，《史學雜誌》第13編第7號所載《考信錄解題》即是也。」〔註10〕可見，那珂通世對崔述及其著述的接觸最初始自狩野直喜〔註11〕。隨後，三宅米吉又分析了狩野直喜是如何得到崔述遺著的，他在《文學博士那珂通世君傳》中作了記載，在1900年之前，日本書部省的狩野直喜在中國留學，並結交了文廷式、俞樾等人。義和團運動時，狩野直喜在北京當時的亂勢下，將遺經樓刊的《崔東壁遺書・考信錄》25卷拿走，後帶到日本。〔註12〕另外，據狩野直禎《狩野直喜博士年譜》記載，狩野直喜曾於1900年4月至8月在北京遊學，並購買了崔述的遺著。〔註13〕雖然這兩種說法互有出入，但可以確定的是，狩野直喜將《崔東壁遺書》帶往日本，並贈予那珂通世。那珂通世讀後對崔述的考論極爲讚賞，並意欲重新翻印，於是在《史學雜誌》第11編第12號上發表論文，傳達此意。內藤湖南當時是大阪《朝陽新聞》的記者，已藏有《崔東壁遺書》。1901年他看到那珂通世要在日本刊印《考信錄》的消息後，發現該文所記載的崔述遺書的目錄與自己所收藏的有很大的不同，於是撰寫了《讀書偶筆》一文，對崔述以及他所收藏的《崔東壁遺書》進行了介紹，並表明願意借出抄本給那珂通世，意欲促成崔述著述的完整刊印。

〔註8〕　那珂通世（なか　みちよ，1851～1908），歷史學家、文學博士，最早提出了「東洋史」的概念。

〔註9〕　三宅米吉（みやけ　よねきち，1860～1929），近代日本歷史學家、中國史專家、教育家。

〔註10〕三宅米吉述、黃子獻譯：《那珂通世校訂〈東壁遺書〉》，原刊於北平師範大學《史學叢刊》第二期，見《崔東壁遺書》，第1077頁。

〔註11〕狩野直喜（かの　なおき，1868～1947），號君山，日本中國學中的實證主義的先驅，開創了「京都支那學」。其研究理念、方法論等構成的「狩野體系」是日本中國學實證主義學派的重要組成部分。

〔註12〕參見三宅米吉：《文學博士那珂通世君傳》，《文學博士三宅米吉著述集》上卷，（東京）目黑書店，1929年。

〔註13〕狩野直禎：《狩野直喜博士年譜》，《東方學》1971年8月第42輯，第28頁。

　　1902 年 7 月，那珂通世發表了《考信錄解題》〔註 14〕一文，認爲崔述《考信錄》在日本的傳播有利於日本瞭解中國的古代文化，其中就記載有：「讀中國經傳子史百家之書，鑒定其新舊，甄別其眞僞，皆難望之於我國人；今幸賴此書，得省其勞。總之，東壁之所排斥者爲俗傳，爲僞書，爲異端邪說，爲後儒之誤謬；其所言者爲古傳，古書，聖人之道。聖人之道暫置不論，若就古書古傳更加以研究，於明瞭吾西鄰古代文化之眞相，必勞少而功多；故此書爲我國史學家所不可闕之良書也。陳履和之所謂『必有眞知』者雖難望於其國人，若行之於吾國，又何待乎『百年之久』哉！」〔註 15〕可見，《考信錄》在日本被重視是有其時代原因的。那珂通世發表《考信錄解題》之後，東京高等師範學校也以《崔東壁遺書》爲漢史、漢文教科書，內容有《三代考信錄》、《洙泗考信錄》、《孟子事實錄》等。〔註 16〕此後，那珂通世又於 1903～1904 年將陳履和所刻《崔東壁遺書》進行排印、點校，刊刻出版了崔述著述的第一個標點本──《崔東壁先生遺書》五十五卷，在日本學術界產生了一定的影響。如 1909 年白鳥庫吉的《支那古傳說的研究》一文始倡導「堯舜禹抹殺論」之疑古思潮，就受到崔述的影響和啓發。那珂通世對崔述史學的重視與研究，也使得崔述的史學在被淹沒一百餘年後，重新彰顯於世。就如劉師培所說：「崔氏既歿，其書不顯。近歲日人那珂通世復刊其遺書，閱者始稍眾。」〔註 17〕自此，中國先秦史研究成爲那珂通世研究的方向之一。此時在日本的劉師培將這些訊息傳回中國，引起胡適、錢玄同、洪業等人的興趣。

　　三宅米吉對崔述的才學十分看重，曾寫過一篇評論──《那珂通世校訂〈東壁遺書〉》，認爲崔述的學術主張與日本著名學者本居宣長〔註 18〕相似，指出：「崔述專據經典以斷定支那古代之事實，殆與日本闡明古典之本居宣長相似。宣長之《古事記傳》排中古儒佛之僻見，闡明古典之眞義；崔述之《考

〔註 14〕 那珂通世：《考信錄解題》，原刊於日本《史學雜誌》第 13 篇第 7 號，見《崔東壁遺書》，第 926～930 頁。

〔註 15〕 〔日〕那珂通世著、於式玉譯：《〈考信錄〉解題》，見《崔東壁遺書》，第 930 頁。

〔註 16〕 〔日〕中山久四郎著、連清吉譯：《清朝考證學風與近世日本》，（臺北）《中國文哲研究通訊》2000 年第 10 卷第 2 期，第 1～2 頁。

〔註 17〕 劉師培：《崔述傳》，見《崔東壁遺書》，第 948 頁。

〔註 18〕 本居宣長（もとおりのりなが，1730～1801），號芝蘭、舜、中衛，伊勢松阪人，日本復古國學的集大成者。他通過注解《古事記》、《源氏物語》等日本經典文史古籍，提倡日本民族固有的情感「物衰」，以抵禦儒學。

信錄》亦斥古來百家之異說曲解，發揮古傳之眞面目。其議論精確，超絕支那古今之儒家者流。但當時不廣傳於學者間，僅得少數人之景仰，以之比較日本國學之隆興，可知清代學界之頹弊已久矣！」〔註 19〕由此，王元化推論說：「日本推重崔述，可能給予胡適及古史辨派一定影響。」〔註 20〕

在那珂通世、三宅米吉的影響之下，白鳥庫吉〔註 21〕開始接觸並研究崔述的史學，爲其日後疑古思潮的出現提供了契機。日本疑古史學始自白鳥庫吉「堯舜禹抹殺論」的提出。他的史學主張受到了中國文化的影響，他在上千葉中學時的校長是那珂通世，英文曾受教於三宅米吉。這對他產生了很大的影響，使他逐步對東洋史、中國史產生了興趣，並對《崔東壁遺書》、《廿二史箚記》等著作印象深刻。可見，白鳥庫吉的疑古思想應該在一定程度上受到了那珂通世的影響。

二、崔述史學對日本的影響

日本的疑古思潮在日本學術界佔有重要的地位，經歷了從那珂通世到白鳥庫吉、再到津田左右吉的發展過程。崔述的疑古史學對日本的學術風氣產生了潛移默化的影響。

日本學者重野安繹、白鳥庫吉和津田左右吉的疑古思想的產生就受到了崔述疑古思想的影響。「日本學者對於《考信錄》則五體投地的信服。」〔註 22〕在日本最早將崔述的遺著刊刻成書的就是那珂通世。1903 年，那珂通世點校出版了《崔東壁先生遺書》四冊，之後，崔述的學說在日本流傳更廣，影響也更大。如那珂通世在對朝鮮古史、重野安繹在對《太平記》等的研究上表現出的疑古思想，正是受到了崔述的啓發和影響。

重野安繹〔註 23〕是白鳥庫吉的老師，他以清代考據學的實證方法對《太

〔註 19〕三宅米吉述、黃子獻譯：《那珂通世校訂〈東壁遺書〉》，見《崔東壁遺書》，第 1077 頁。

〔註 20〕王元化：《思辨錄》，上海古籍出版社，2004 年，第 287 頁。

〔註 21〕白鳥庫吉（しらとり　くらきち，1865～1942），千葉縣人，日本歷史學家、東洋史奠基人，開創了日本東洋史文獻學派，致力於北方民族、朝鮮史、西域史、中國神話等方面的研究。被稱爲日本近代東洋史學界的「太陽」。

〔註 22〕黃現璠：《回憶中國歷史學會及越裳、象郡位置的討論——悼念中外景仰的史地權威顧頡剛先生》，見《顧頡剛先生學行錄》，中華書局，2006 年，第 77 頁。

〔註 23〕重野安繹（1827～1910），字士德，號成齋，薩摩（今鹿兒島）人。日本著名

平記》進行懷疑和考辨。白鳥庫吉受重野安繹的影響，利用中國古籍對朝鮮的古史、堯舜禹三代的眞實性進行考辨，對傳說進行抹殺與否定。白鳥庫吉的疑古思想來自於崔述，他從其老師那珂通世處接觸到崔述的疑古、辨僞、考信之學，遂大爲讚賞，這爲白鳥庫吉走上疑古之路提供了啓發和契機。

崔述的疑古史學對白鳥庫吉的影響是持續不斷的。1905 年之後，白鳥庫吉逐步開始對《古事記》、《日本書紀》這兩部日本最爲古老的典籍展開懷疑，認爲這兩部書的記載是傳說，而不是史實。之後，白鳥庫吉又將目標放在對堯、舜、禹的質疑上，提出了著名的「堯舜禹抹殺論」。白鳥庫吉的疑古思想又進一步教授給其弟子，影響不斷擴大。津田左右吉對《古事記》與《日本書紀》的懷疑得自其師那珂通世的啓示，也與崔述疑古思想的影響密切相關。白鳥庫吉「堯舜禹抹殺論」對堯舜禹的懷疑、津田左右吉對《古事記》與《日本書紀》的質疑都反映出一種疑古思想，這是在崔述疑古思想影響下，與西方蘭克學派史學理念相結合的結果。

內藤湖南曾對中國古代文化給予了充分的重視，指出：「日本書化是東洋文化、中國文化的延長，是和中國古代文化一派相承的，所以，要想知道日本書化的根源，就必須先瞭解中國文化。今天講歷史只講日本的歷史，而不瞭解以前中國的事情，那麼，對於日本書化的由來就什麼都不知道了。」〔註 24〕他強調了中國文化對日本書化的重要性。

內藤湖南在《支那史學史》中說：「他（崔述）在日本有信徒，那大多是由於《國朝先正事略》中較詳細地記載了崔述之事，摘錄了他的學說的概要，引起了日本人的注意之故。從德川時代就有熱心的信徒，他的書在日本有很多抄本。據我所知，內藤恥叟先生（1826～1902）等，通過《先正事略》而知《考信錄》，求其書，早就讀過。狩野博士在北京得《崔東壁遺書》殘本以示那珂博士，那珂博士遂得其完本出版。那珂博士專推崇崔述之說。最近，引起了中國的學者注意，新近的崇拜者非常多。」〔註 25〕可見，崔述的史學在日本有過廣泛的傳播，對於日本史學的近代化發展功不可沒。

總之，崔述疑古史學在日本的傳播，對日本疑古思潮的產生和發展起到

史學家、詩人。有《成齋文集》、《成齋遺稿》。
〔註 24〕 〔日〕內藤湖南著，儲元熹、卞鐵堅譯：《日本書化史研究》，商務印書館，1997 年，第 12～13 頁。
〔註 25〕 〔日〕內藤湖南：《內藤湖南全集》第十一卷，（東京）築摩山房，1969 年，第 393～394 頁。

了促進作用，有助於日本史學近代化、現代化的轉型。研究崔述的史學，對於理清中日近代以來史學的發展脈絡，對於全面審視日本史學發展的內外動因，有著十分重要的意義。

三、日本學者對崔述史學的評價

崔述史學在日本逐漸被重視之後，一部分日本學者開始著手研究崔述的學術。隨著研究的逐漸深入，一些日本學者形成了自己對崔述史學的認知，並闡發了對崔述史學的評價。

內藤湖南認爲《考信錄》是幾乎不受當時漢學影響的：「崔述的《考信錄》是一部幾乎不受當時盛行之漢學，即許、鄭之學影響的著述，雖說並非對漢學全然不知，但其研究方法中確與其沒有任何類似之處，或說更像是受到了宋學、朱子學著作的啓發。不過，關於《尙書》，看來他見過《四庫全書》，知道《提要》的觀點，通過《提要》也知道閻若璩的《古文尙書疏證》，還知道毛奇齡的《古文尙書冤詞》等。但是並沒有像當時治漢學的許、鄭之學學者那樣，治小學且在注疏上傾注精力。其原因之一，大概在於此人身爲鄉下知事，而見不到很多書籍所致吧。雖有不夠博學的缺點，但是頭腦很敏銳。」同時，他分析了崔述治學的思想基礎：「其學問方法據他說是從三十歲左右才開始想到的，作爲其思想的基礎是：首先相信那些經書中確實的部分。即在經書中，《尙書》今文、《詩》、《春秋左傳》、《論語》可信，三《禮》中《儀禮》的某些部分可信，說是周公之作則不可信，不看重《周禮》、《禮記》，戰國以來諸子雜說更不採用。他認爲越是隨著世紀越下移，越是有種種學說的產生，漢魏以後出現僞書，事實眞相就越發不清。至南宋出現了各種經義之書，其中空理道學流行，動輒像禪學那樣不注意事實的眞相，他就是以這種觀點作爲研究根底的。在讀唐宋以後的史書或野史小說時，他一定對眞正的事實在世傳之間出現了哪些錯誤，從後世的事實對其路徑進行了思考，將此應用於古史事實並作出了判斷。《考信錄》全部爲三十六卷，其範圍起自上古、三代，以《洙泗考信錄》、《孟子事實錄》論及孔、孟事迹，在此基礎上加以可作爲參考者，以成三十六卷。書的最前面是《考信錄提要》二卷，上卷即《釋例》，其中主要記述了研究法的原則。這實在是顯示了此人的頭腦敏銳，最值得參考。」〔註26〕

〔註26〕內藤湖南著、馬彪譯：《中國史學史》，第304頁。

　　針對《考信錄‧釋例》的內容，內藤湖南用大篇幅詳細闡發道：「《釋例》中，首先總論了讀書當考信之意。提出自古以來隨著學問的變遷事實也在受到不斷地誤解的主張。認爲大體來說，見得多則錯誤少，見得少則錯誤多。所以那種一見某種事實就由於自己所見甚少而勉強套用在自己所知道的某個被認爲存在於當時的人物身上，而認定其就是那一事實之中心人物的做法是最應當排斥的。還說，不見於經書且又不似其人者不可信。例如凡聖人賢人之事中若有不類聖人賢人的話，即便有所流傳亦不必信。其次，又說不宜以己度人，以今度古，以不肖度聖賢。此即導致其不信戰國秦漢以來雜說的原因。蓋戰國時期的遊說之士之中多流行借物喻事之風，而其所喻又不必就是事實。誤以此爲事實的情況出現於漢晉以後。還有，就是雖然確有其事，但有傳承之誤者亦不可信。又如緯書之所述亦不可信。很多人因爲秦漢書籍近古，就認爲其說必有所據而信其爲眞，其實秦漢書籍中互爲矛盾者頗多，所以並不能認爲一定就是事實。因此，殷周以前之事以《詩》、《書》爲據，秦漢以後的書則不足爲據，對於漢晉以後的觀點要看其根據，若其根據確實的話則可信。另外，傳記中由於傳聞的不確實，或記憶的不準確是會有誤的。例如『九州』之名在《禹貢》裏很詳細，但在《周禮》中卻有所不同，因此有人認爲這是周人改變了夏時的九州。再如，由於《爾雅》的『九州』又與以上這些說法不同，所以有人認爲這是指殷的制度。但對此問題，他認爲《禹貢》的『九州』是正確的，其他皆誤。鄭玄注《禮》時，遇有《經》與《記》相異，以及兩《記》相異者，就注一是周禮，一是殷禮，或者就注一是士之禮，一是大夫之禮。然而，在一方有誤的情況下，由於對雙方都希望有所肯定，最終反而是自己出錯。還有一種由於傳記文中的傳聞相異，最終錯將雙方的傳聞一同載入的情況。例如，一說周公代武王祈死，一說周公代成王祈死。前說出自《尚書‧金縢》，後說來自《戰國策》，其實這本是一件事而誤爲兩件事。值得一提的是，這一觀點雖是崔述依據宋人王應麟《困學紀聞》的闡述，但是崔述並沒有作爲宋人的觀點明確引用。這種以一事載爲兩事的情況往往存在於傳記中，而且有時還會有所載雙方都非事實的情況。另外，還有後人的書中希望爲前人小的錯誤作辯護，更加重了錯誤的情況。孔子曰：知之爲知之，不知爲不知，吾猶及史之缺文也。一般來說，對於戰國時期的異端思想，因爲是異端，根據正確經典的觀點是可以區別的，所以還容易辨別。然而戰國以後，由於異端之說與經典混雜而難以辨別，所以有必要區分

這兩種觀點。至後世則附會各種異說以爲古書的觀點，這是有害於聖人之道的。王安石以《周禮》之法向人民課以重稅的做法就屬於這種情況。又如，經傳文中也往往有言過其實的地方，《孟子》批評《尚書·武成》，認爲聖人以至仁討伐不仁時，像『血流漂杵』那樣的事是不可能的。《孟子》中往往有這類話。說舜濬井建廩，未稟告父母而娶女，雖然這也許是有所依據的，但畢竟還是在流傳之中被加上了修飾的結果吧。還說《孟子》七篇是其弟子撰寫的，未必就是孟子的原話。還說《傳》雖美不可與《經》合，《記》雖美不可齊於《經》。此人是將《詩》、《書》與《禮記》予以明確區別的。另外，他還很反對宋學將《大學》、《中庸》與《論語》、《孟子》等同的做法。在其他方面，他的議論中還有著相當有趣的譬喻。燕的樂毅討伐齊時，五年間攻下齊國七十餘城，剩下的只有莒和即墨二城，這是事實。但是對這一事實，後世有的學者卻褒獎他一口氣攻陷七十餘城之後，五年不戰而擬以仁義降服齊國；又有人認爲停止五年間戰爭不再攻擊，而留下此二城乃樂毅之罪；更有人說樂毅從一開始就未考慮過仁義，因爲攻陷七十餘城以勝利自豪，用了五年尚未得二城而歸於失敗。這些觀點都是不瞭解基本事實所發的議論。就好比說有兩個近視眼的人，相互誇耀自己的視力。一次偶然的機會，某人欲掛匾額於門上，二人相約次日一同去看匾額之字，驗證誰的眼力好。可二人唯恐自己看不見，所以都預先使人去看過那些字了。於是，二人前往那門，甲說匾額上寫著哪些哪些字，乙也說是怎樣怎樣的字。主人說二人所云雖然都是事實，但是那匾額實際上尚未掛出呢。像這樣對並非事實的問題大加議論的情況很多。首先是要搞清楚事實的虛實，然後再議論其得失。古之帝王聖賢的情況也如此，由於流傳之中有信有僞，所以有必要進行判斷。於是他自己著《考信錄》。以上就是《釋例》的大要。」〔註27〕

　　最終，內藤湖南對崔述讚揚道：「自古以來中國研究古代之事的學者中，像他這樣有著明快議論的人還沒有過。總之，這可以說是古代史研究的啓蒙時代的人物，他將宋代學者所考慮過的問題予以了更加精密的思考。無論如何，這是以一種既非史學方法，亦非漢學的方法所進行的思考，其中有著相當可取的理論。雖說他以《左傳》爲可信，但又能很有頭腦地指出《左傳》中所存在的矛盾和重複之處。例如《左傳》中記載鄢陵之戰時晉的韓厥追趕鄭伯，曰不可再度羞辱國君而停止追趕；當時晉的郤至也同樣追趕鄭伯，曰

〔註27〕　內藤湖南著、馬彪譯：《中國史學史》，第304～306頁。

傷國君則如施刑罰而停止了追趕。記載了二人類似的情況，他認爲這是同一件事分爲了二人之事，所以可以判斷其中必有一方是傳聞有誤，他的判斷緻密而得當。」〔註28〕內藤湖南對崔述的評價甚高而不失準確，這是至今中國學者都應當認眞參考、值得汲取的論斷。

岡崎文夫〔註29〕於 1909 年 9 月在京都帝國大學文科大學攻讀史學科，內藤湖南當時在校擔任教授。在內藤湖南的影響下，岡崎文夫開始將研究的方向逐漸從中國近世史轉變爲中國古代史。岡崎文夫對崔述開展了一些研究，並發表了《崔述對於禪讓之見解》〔註30〕一文，文中首先分析了崔述在日本受歡迎的原因，他指出：「苟分學者治學傾向爲求博識與求知識之統一兩派，則崔述蓋屬後者。此崔述學風所以比較上在日本特受歡迎也。」此外，還對崔述在禪讓方面的見解進行了考辨，並提出了批評意見。他認爲：「崔氏之說蓋出於孟子。孟子爲徹底之民意論者，以爲天命即由民意表現之；崔氏承孟子流風，更依古代制度而加說明，此其價值所在。其推論上古部族獨立狀態，在當時中國學者中，確可稱卓識矣。然爲說明堯之攝政，因而假定非常之時，而欲自其中發見堯之聖心，無乃不近乎理！〔註31〕他在文末強調：「夫既拯古帝王於宗教之迷霧中，而顧加堯、舜以不可思議之『聖心』，豈非更陷於杳茫乎！又解《尚書》『受終於文祖』之文，以爲既有受則必有授之者，遂興權宜之說。其言雖巧，然去古帝王之眞意愈遠。諸如此類之似合理而非合理之解釋，殊難使吾儕首肯也。」〔註32〕由此可見，崔述的治史風格與學術見識在日本是大受讚許的。

第二節　崔述史學在國內的傳播和影響

崔述史學成爲中日兩國學術交流的橋梁。除了上述的崔述史學對日本學

〔註28〕內藤湖南著、馬彪譯：《中國史學史》，第 307 頁。

〔註29〕岡崎文夫（おかざき　ふみお，1888～1950），字煥卿，號櫻洲，富山縣人，日本東洋史學家，曾師從內藤湖南。著有《魏晉南北朝通史》、《支那史概說》等書。

〔註30〕岡崎文夫著、周一良譯：《崔述對於禪讓之見解》，原刊於《支那史》1926 年第 4 卷第 3 號，見《崔東壁遺書》，第 1078～1079 頁。

〔註31〕岡崎文夫著、周一良譯：《崔述對於禪讓之見解》，見《崔東壁遺書》，第 1078 頁。

〔註32〕岡崎文夫著、周一良譯：《崔述對於禪讓之見解》，見《崔東壁遺書》，第 1079 頁。

風及學者的影響外，日本對崔述史學的研究又得以回傳給中國。至於顧頡剛
等學者的疑古主張是否受到了日本的影響，學術界目前尚無定論，也無證據
可尋。但可以肯定的是，當時的疑古學風以及「疑古辨派」或多或少地受到
了崔述疑古史學的影響。

一、崔述史學在國內的傳播

　　從學術交流的角度來看，日本的疑古思潮在一定程度上受到了崔述史學
的影響，而二十世紀初中國的疑古思潮以及學者對崔述的研究同樣也受到了
日本學者的啓發和影響。

　　中國近代較早介紹和研究崔述的學者當屬劉師培，他曾留學日本，在瞭
解日本研究崔述情況的基礎上，撰寫了《崔述傳》一文，對崔述的生平與遺
著進行了介紹。之後，胡適、顧頡剛等學者也相繼在日本學者那珂通世的啓
示下，開始關注崔述及其《考信錄》，先後訪問了崔述的故里、撰寫發表了崔
述的年譜與傳記、校訂出版了《崔東壁遺書》。

　　胡適、錢玄同、顧頡剛等學者對崔述遺著的發現及研究始自日本學者的
介紹以及清代學者對崔述的關注。美國學者施耐德就曾指出：「胡適顯然是由
章學誠的著述中知道崔述和他潛在的價值。當顧頡剛埋首校點崔的選集時，
同時胡適於一九二三年在一篇文章——科學的古史家崔述——中，介紹這位
現代疑古者的開山祖。」〔註33〕認爲胡適和顧頡剛對現代疑古的開山者崔述
幾乎同時進行了關注，並展開了研究工作。顧頡剛、胡適、錢玄同之間保持
著信件往來，並曾多次提到崔述及其著述。這些信件往來以及顧頡剛的日記
中就可窺見一斑。

　　對於研究崔述一事，首先是由顧頡剛提出的。顧頡剛第一次接觸崔述及
其遺著是在李元度《國朝先正事略》中，其中收錄了陳履和撰寫的《崔東壁
先生事略》〔註34〕一文，他曾回憶說：「約莫在我十二、三歲時，我在家中
找出了一部殘缺的李元度所著的《國朝先正事略》，其中殘缺的是『名臣』，
完全的是『儒林、文苑』，這正好投合我的胃口，就放在臥室裏，得暇即翻
覽。其中有《崔東壁先生事略》一篇，說他著有《補上古考信錄》、《唐虞考

〔註33〕〔美〕施耐德著、梅寅生譯：《顧頡剛與中國新史學——民族主義與取代中國
　　　　傳統方案的探索》，第 105 頁。
〔註34〕李元度著、易孟醇點校：《國朝先正事略》卷三六，第 1008～1014 頁。

信錄》、《夏考信錄》、《商考信錄》、《豐鎬考信錄》、《洙泗考信錄》，把西周以前的歷史和孔子個人的歷史，作出了細密的考辨，於是大量的《傳》、《記》中許多失眞的記載給他一掃而空了。這豈不是一件大塊事！但是這部偉大的著作，直到我大學畢業時還沒有看見，因爲它的流行量太小了。」〔註 35〕1920 年 12 月 15 日，顧頡剛在給胡適的信中就曾提到崔述及其著述：「清代人辯證古史眞僞的，我知道有二大種而都沒有看過：一是崔述的《東壁遺書》，一是林春溥的《竹柏山房叢書》。先生那裡有麼？如果考證精確，也可列在《國故叢書》裏頭。」〔註 36〕信中提及還未找到此書，並問胡適是否有此書。1920 年 12 月 18 日，胡適給顧頡剛回信說：「崔述的《東壁遺書》我沒有。林春溥的《竹柏山房叢書》我有全部。你要看，可以拿去看。此兩書中，只有關於考證古史的部分可以抽出。崔氏書有日本人那珂通世的新式圈點校印本，可惜此時不易得了。我已託人尋去。」〔註 37〕隨後，胡適於1921 年 1 月 24 日給顧頡剛去信，告知己經尋得《崔東壁遺書》，信中說：「近日得崔述的《東壁遺書》，（還不是全書，乃是《畿輔叢書》本，只有十四種，但《考信錄》已全，）覺得他的《考信錄》有全部翻刻的價值，故我決計將此書單行，作爲《國故叢書》的一種。此書我一二日內可看完。今先送上《提要》一冊。此爲全書最精采之部分，你看了便知他的書正合你的『僞史考』之用。但他太信經，仍不澈底。我們還須進一步著力。」〔註 38〕可見，胡適在託人於日本尋找此書的同時，也積極設法找到並點校《畿輔叢書》本，以期早日出版。

在胡適設法找尋崔述遺著的同時，顧頡剛也開始積極多方搜尋。顧頡剛於 1921 年 1 月 25 日致信給胡適：「《考信錄》這部書，我想看了好久了，到琉璃廠問了兩回，書易得而價不能出，所以至今還沒有看見。先生說這書有全部翻刻的價值，我想有暇時到先生處看看，如我的力量能彀標點的，等我《辨僞三種》做完了之後便接下去。等這部書做完了，再標點《孔子改制考》。」〔註 39〕1921 年 1 月 28 日，胡適在給顧頡剛的回信中說：「《考信錄》在清代

〔註 35〕顧頡剛：《我是怎樣編寫〈古史辨〉的》，《古史辨》第一冊，上海古籍出版社，1982 年，（以下版本同），第 6～7 頁。
〔註 36〕顧頡剛：《告擬作〈僞書考〉跋文書》，《古史辨》第一冊，第 14 頁。
〔註 37〕胡適：《告擬作〈僞書考〉長序書》，《古史辨》第一冊，第 15 頁。
〔註 38〕胡適：《告得〈東壁遺書〉書》，《古史辨》第一冊，第 19 頁。
〔註 39〕顧頡剛：《論僞史及僞書叢刊〉書》，《古史辨》第一冊，第 20 頁。

要算一大奇書，你肯任標點，那是極好的了。我想此書太多，不必重抄，可即用《畿輔叢書》本點讀。我當再買一部供此用，因我此部已被我批點過了。《考信錄》甚多使人失望處，你看了便知。但古今來沒有第二個人能比他的大膽和辣手的了。以後，你的『偽史考』即可繼此而起，把他的判斷再細細判斷一回。……送上《考信錄》二三四五冊。」〔註40〕顧頡剛回憶說：「我和胡適、錢玄同等經常討論審理古史和古書中的眞偽問題，那時我們就靠了書店主人的幫助，找到了這部《崔東壁遺書》。」〔註41〕

　　在尋到《畿輔叢書》本的《考信錄》之後，顧頡剛就開始迫不及待地研究起來。1921 年 1 月 31 日，顧頡剛致信胡適說：「《考信錄》已讀兩冊，大快。他雖但疑史傳雜說而仍信經，令人不滿意，但經到底少，史傳雜說則很多，他把難的地方已經做過一番功夫，教我們知道各種傳說的所由始了，由此加功，正是不難。我覺得在偽史裏很可歸納出許多例來。」〔註42〕「日本刻本如買到，我的標點便可事半功倍了。」〔註43〕顧頡剛還在這一天的日記裏寫道：「寫適之先生信。到參考室編《粵雅堂叢書》目簡完。立《偽史例》一冊。覽《唐虞考信錄》。」〔註44〕

　　胡適於 1921 年 1 月 30 日前後致信顧頡剛說：「玄同先生信五頁，論崔述書，附上，請看了還我。我現正在物色陳刻全本。日本刻本，我明天去託人訪求。」〔註45〕在這封信中，胡適將錢玄同給自己的信轉發給顧頡剛，所附信題爲《玄同先生與適之先生書》，信中說：「你說崔東壁是二千年來的一個了不得的疑古大家，我也是這樣的意思。我以爲推倒漢人迂謬不通的經說，是宋儒；推倒秦漢以來傳記中靠不住的事實，是崔述；推倒劉歆以來偽造的《古文經》，是康有爲。但是宋儒推倒漢儒，自己取而代之，卻仍是『以暴易暴』，『猶吾大夫崔子』。崔述推倒傳記雜說，卻又信《尚書》、《左傳》之事實爲實錄。康有爲推倒《古文經》，卻又尊信《今文經》，——甚而至於尊信緯書。這都未免知二五而不知十一了！（或者竟是『明足以察秋毫之末而不見

〔註40〕　胡適：《自述古史觀書》，《古史辨》第一冊，第 22～23 頁。
〔註41〕　顧頡剛：《我是怎樣編寫〈古史辨〉的》，《古史辨》第一冊，第 9 頁。
〔註42〕　顧頡剛：《論偽史例書》，《古史辨》第一冊，第 28 頁。
〔註43〕　杜春和等編：《胡適論學往來書信選》，河北人民出版社，1998 年，第 1025
　　　　頁。
〔註44〕　顧頡剛：《顧頡剛日記》第一卷，（臺北）聯經出版事業公司，2007 年，（以下
　　　　版本同），第 95 頁。
〔註45〕　胡適：《轉致玄同先生論崔述書》，《古史辨》第一冊，第 27 頁。

興新』。）言繼起而干他們之蠱的，我以爲足下頗具此資格。若足下做上幾年『仿泰西新法，獨出心裁的新國故黨』，我敢預言必大有造於國故界也。想足下具有同情？道光二年陳履和刻的《東壁遺書》，才是全璧。日本史學會鉛印本（四巨冊），就是翻陳本，加上句讀和引號，做上索引。此部最佳，但此時恐買不到。」〔註46〕錢玄同在信中對那珂通世所刊行的崔述遺著情況很瞭解，由此可以推論，錢玄同在 1906 年至 1910 年在日本早稻田大學留學期間，有可能就翻閱過那珂通世的《崔東壁遺書》。1921 年 5 月 30 日，胡適致信顧頡剛：「傳聞之不可靠，大率皆然。崔述的《考信錄提要》論此最痛快。……崔述以『打破沙鍋紋（問）到底』自豪，眞不容易！」〔註47〕他對崔述摒棄傳聞、追求事實眞相的做法給予了讚揚。

同時，顧頡剛還在繼續找尋崔述的遺著。1921 年 11 月 7 日，顧頡剛在日記中寫道：「買《考信錄》。」〔註48〕但這次買的《考信錄》僅是《正錄》二十卷。1923 年 3 月 25 日，顧頡剛致信胡適說：「《東壁遺書》，我前年買到了半部，去年借了商務書館的那珂通世圈點本，叫人鈔全，又照他圈點。現在只要修正他的圈點，並加上標號，便可出書。」〔註49〕1923 年 5 月 27 日，顧頡剛在日記中寫道：「校對《考信錄》，以便商館一部隨時可還。」〔註50〕1925 年 8 月，顧頡剛在《初編校勘記原序》中說：「本書點印既竣，始在適之先生處見嘉慶二年四月陳氏映薇堂刻本。」〔註51〕1926 年 11 月，「石屏張春暉先生訪得《行略》原版，重印以貽予。」〔註52〕張春暉尋訪到嘉慶二十三年所刊刻的《崔東壁先生行略》的原版，並交給顧頡剛。1928 年 2 月 27 日，顧頡剛寫信給胡適說：「《東壁遺書》，先將道光本奉上，其嘉慶本因校對關係，只得稍遲幾天。」〔註53〕1928 年 3 月，顧頡剛在《二編校勘記原序》中指出：「予之初讀東壁書也，但見適之先生所購《畿輔叢書》

〔註46〕錢玄同：《轉致玄同先生論崔述書》，《古史辨》第一冊，第 27～28 頁。

〔註47〕耿雲志、歐陽哲生：《胡適書信集》，北京大學出版社，1996 年，（以下版本同）第 290～291 頁。

〔註48〕顧頡剛：《顧頡剛日記》第一卷，第 180 頁。

〔註49〕耿雲志主編：《胡適遺稿及秘藏書信》第 42 冊，黃山書社，1994 年，（以下版本同）第 216 頁。

〔註50〕顧頡剛：《顧頡剛日記》第一卷，第 362 頁。

〔註51〕顧頡剛：《崔東壁遺書·後編》，上海亞東圖書館，1936 年，（以下版本同）第 36 頁。

〔註52〕顧頡剛：《附錄》，見《崔東壁遺書》，第 939 頁。

〔註53〕耿雲志主編：《胡適遺稿及秘藏書信》第 42 冊，第 350 頁。

本耳。其後在北京書肆中買到道光本，亦僅《正錄》二十卷。逾年，輾轉在滬上，假得日本那珂氏點本，乃得雇工寫補以成完書。又逾年，亞東圖書館囑標點此書，即以是半刊半寫者為底稿。那珂氏之校點雖據道光時定本，亦曾搜得嘉慶刻本，故往往有校語。然疏略殊甚，非特別顯著者悉不錄焉。既移錄其校文，聞適之先生又得嘉慶本，因往借取。……去夏遊杭州，忽在坊間睹一書，顏曰《東壁先生書鈔》，驚而檢之，蓋嘉慶二年本而未經重刻抽換者，於諸本中為最早。」〔註54〕1932 年 1 月，趙貞信在《初刻本校勘記·總敘》中說：「最早顧頡剛先生看見胡適之先生得到的那部初刻本，就做成了兩卷校勘記，交給亞東去付印。後來他自己在杭州買到了一部初刻本，和適之先生本有很多地方不同，因把印成的校勘記抽出，重做了一遍。去年見了燕京大學圖書館所藏的一部初刻本。」〔註55〕

此外，自 1920 年始，胡適與日本友人、狩野直喜的弟子青木正兒就一直保持著書信來往，學術交流頻繁。以下即為兩位學者有關崔述的信件。1921 年 2 月 4 日，胡適致信青木正兒〔註56〕說：「又有一事奉託：我想叫我的學生們『整理』（這裡我們新流行的一個字，例如『整理國故』）崔述的《東壁遺書》，預備出一個『新式標點的』本子。聽說日本史學會曾出了一部《東壁遺書》的『點讀加引號』的本子，校刻的很好。不知此本還可求得嗎？我寄上日幣貳拾圓，請你費神託舊書店去替我找一部。價如不夠，請你告我。如有餘，請暫收存。」〔註57〕1921 年 2 月 17 日，青木正兒寫信告訴胡適，告知《東壁遺書》沒有尋訪到。〔註58〕1921 年 5 月 19 日，胡適又致信青木正兒，其中說：「《東壁遺書》的事，我盼望你不要過於急急尋找。你的熱心與厚意是我十分感謝的。」〔註59〕可見，青木正兒為胡適進行崔述史學的研究提供了搜尋資料的幫助，而崔述在中國再次被重視，主要還要歸功於胡適與那珂通世的推動。

因此，崔述在近代中國被重新重視，胡適、錢玄同、顧頡剛等諸位先生功不可沒。錢穆曾分析道：「初，胡君適之自海外歸，唱為新文化運動，舉世

〔註54〕　顧頡剛：《崔東壁遺書·後編》，第 37～38 頁。
〔註55〕　顧頡剛：《崔東壁遺書·後編》，第 1 頁。
〔註56〕　青木正兒（1887～1964），號迷陽，日本著名漢學家，文學博士，畢業於京都帝國大學，師從於狩野直喜，著有《中國文藝論藪》、《中國近世戲曲史》等。
〔註57〕　耿雲志、歐陽哲生：《胡適書信集》，第 272 頁。
〔註58〕　參見耿雲志《胡適與青木正兒來往書信二十七通》，《胡適研究叢刊》第 1 輯。
〔註59〕　耿雲志、歐陽哲生：《胡適書信集》，第 287 頁。

奔走響應惟恐後。胡君於古今人多評騭，少所許，多所否，顧於東壁加推敬，爲作長傳，曰《科學的古史家崔述》。流佈僅半篇，未完稿，然舉世想見其人，爭以先睹遺書爲快。胡君友錢君玄同，主廢漢字爲羅馬拼音，讀東壁書，自去其姓而姓疑古，天下學人無不知疑古玄同也。而最以疑古著者曰顧君頡剛：顧君爲胡君弟子，亦交遊於錢君，深契東壁之治史而益有進，爲《古史辨》，不脛走天下；疑禹爲蟲，信與不信，交相傳述。三君者，或仰之如日星之懸中天，或畏之如洪水猛獸之泛濫縱橫於四野，要之，凡識字人幾於無不知三君名。『推倒一世豪傑，開拓萬古心胸』，於三君乎見之。」〔註60〕同時，他指出三位先生的功績可與崔述的弟子陳履和等肩：「東壁以百年前一老儒，聲名闇淡，乃留遺此數十種書，得身後百年如三君者之推挹，一旦大顯於天下。其遇合之奇，較之當日陳舉人之叩門拜樞，抱遺書而去者，其爲度越又何如耶？」〔註61〕錢穆表彰了胡適、錢玄同、顧頡剛三位學者對發現及傳播崔述的貢獻。

二、崔述史學對國內的影響

　　崔述史學對清代學風影響不大，直到民國時期，才對學界的疑古風氣產生了較大影響。崔述史學對近代「古史辨派」的影響頗大，下面就進行簡要分析。

　　「古史辨派」即「疑古派」，美國學者施耐德曾對近代中國的「疑古派」下過定義：「所謂『疑古派』指對群經正統解釋表示異議，甚而懷疑經文的眞實性，並斷言經文是僞造的學者。」〔註62〕這個表述揭示了近代疑古學者將儒學經典也一併質疑的時代特點，但整體上並不確切，疑古的要點在於質疑先秦歷史的體系，而不在於求證經典之文出於僞造。顧頡剛是近代研究崔述史學的專家，他不僅編訂出版了《崔東壁遺書》，而且曾在《古史辨》中多次提及崔述及其著述，他讀到崔述的著述是在發表自己古史疑辯論文之前，這足以證明崔述史學對顧頡剛學術的影響。

　　顧頡剛在《古史辨》中描述了自己在讀到《東壁遺書》時的激動心情：「崔述的《東壁遺書》整理古代史實，刊落百家謬妄，這是我以前讀《先正

〔註60〕錢穆：《錢穆序》，見《崔東壁遺書》，第 1046～1047 頁。

〔註61〕錢穆：《錢穆序》，見《崔東壁遺書》，第 1047 頁。

〔註62〕〔美〕施耐德著、梅寅生譯：《顧頡剛與中國新史學──民族主義與取代中國傳統方案的探索》，第 100 頁。

史略》時知道的，但這部書卻沒有見過。十年一月中，適之先生買到了，送給我看。我讀了大痛快。尤其使我驚詫的，是他在《提要》中引的『打破沙鍋問到底』一句諺語。『你又要「打碎烏盆問到底」了！』這是我的祖母常常用來禁止我發言的一句話；想不到這種『過細而問多』的毛病，我竟與崔先生同樣地犯著。我弄了幾時辨偽的工作，很有許多是自以爲創獲的，但他的書裏已經辯證得明明白白了，我眞想不到有這樣一部規模弘大而議論精銳的辨偽的大著作已先我而存在！我高興極了，立志把它標點印行。可是我們對於崔述，見了他的偉大，同時也見到他對缺陷。他信仰經書和孔孟的氣味都嫌太重，糅雜了許多先入爲主的成見。這也難怪他，他生長在理學的家庭裏，他的著書的目的在於驅除妨礙聖道的東西，辨偽也只是他的手段。但我們現在要比他進一步，推翻他的目的，作徹底的整理，是不很難的；所難的只在許多制度名物及細碎的事迹的研究上。在這上面，他已經給與我們許多精詳的考證了，我們對於他應該是怎樣地感謝呢！」〔註 63〕可見，顧頡剛已經牢牢地將自己與崔述關聯起來，認爲自己與崔述有著共同的思路，但應衝破崔述的思想局限，作出更徹底的古史考辨。

　　之後，顧頡剛就開始著手點校崔述的遺著，他回憶說：「過去的二年裏頭，我的惟一的大工作是標點《東壁遺書》。因爲它牽涉的古書太多，古書的解詁有許多地方史極難捉摸的，所以費去了我的很多的時間。」〔註 64〕顧頡剛分析了自己走先秦史辨偽道路的契機：「整理國故的呼聲倡始於太炎先生，而上軌道的進行則發軔於適之先生的具體的計劃。我生當其頃，親炙他們的言論，又從學校的科學教育中略略認識科學的面目，又因性喜博覽而對於古今學術有些知曉，所以能夠自覺地承受。古史古書之偽，自唐以後書籍流通，學者聞見廣博，早已致疑；如唐之劉知幾、柳宗元，宋之司馬光、歐陽修、鄭樵、朱熹、葉適，明之宋濂、梅鷟、胡應麟，清之顧炎武、胡渭、毛奇齡、姚際恒、閻若璩、萬斯大、萬斯同、袁枚、崔述等人都是。不過那些時代的學術社會處於積威的迷信之下，不能容受懷疑的批評，以致許多精心的創見不甚能提起社會的注意，就是注意了也只有反射著厭惡之情。到了現在，理性不受宗教的約束，批評之風大盛，昔時信守的藩籬都很不費力地撤除了，許多學問思想上的偶像都不攻而自倒了。加以古物出土愈多，時常

〔註 63〕顧頡剛：《自序》，《古史辨》第一冊，第 45～46 頁。
〔註 64〕顧頡剛：《自序》，《古史辨》第一冊，第 55～6 頁。

透露一點古代文化的眞相，反映出書籍中所寫幻相，史使人對於古書增高不信任的意念。」〔註65〕在先秦史辨僞的過程中，顧頡剛開始尋找和研究以前學者的辨僞成就，「所有由顧頡剛在《辨僞叢刊》中復活的學者，沒有一個比崔述更名不經傳，也沒有任何一位受到更多的優遇和尊敬。由於他廣泛而卓越的批評思想，動人的文體，和士大夫階層對他的漠視，使崔述成爲入學人館的最佳人選」〔註66〕。可見，崔述的史學受到了顧頡剛的格外重視。

　　同時，顧頡剛告誡後學不要因循和遵奉其觀點，要用批判的眼光看待崔述的史學，他說：「我們自有古文字學、古文法學、古器物學、古歷史學等等直接去整理《詩經》、《毛傳》固要不得，就是《三家詩》也是《毛傳》的『一丘之貉』，又何嘗要得！至於我們爲要瞭解各家派在歷史上的地位，不免要對於家派有所尋繹，但這是研究，不是服從。我很怕別人看了我表章鄭樵、崔述諸人的文字，就說我做了他們的信徒而來反對毛公、鄭玄，所以現在在此附帶聲明一句：我對於鄭樵、崔述諸人決無私愛；倘若他們的荒謬有類於毛公、鄭玄，我的攻擊他們也要和對於毛公、鄭玄一樣。希望讀者諸君看了我的文字也作這等的批判，千萬不要說『承你考辨得很精細，我有所遵循了』這一類話！」〔註67〕唯有這樣，才能推動史學研究的持續發展。

　　顧頡剛所提出的「層累地造成的中國古史」說也受到了崔述的影響，因爲崔述在根究源流的考訂中，已經揭示了史事記述越到後來越踵事增華的現象。顧頡剛曾在1923年兩次寫信給錢玄同，並最終提出了「層累地造成的中國古史」說。1923年2月25日，顧頡剛寫信給錢玄同說：「我想做的文是《層累地造成的中國古史》。」他接著分析道：「我以爲自西周以至春秋初年，那時人對於古代原沒有悠久的推測」，「東周的初年只有禹，是從《詩經》上可以推知的；東周的末年更有堯舜，是從《論語》上可以看到的」，「從戰國到西漢，僞史充分的創造，在堯舜之前更加上了多少古黃帝」。因此，他總結道：「這些意思如果充分的發揮，準可著成數十卷書。古代的史靠得住的有幾，崔述所謂『信』的又何嘗是信！」〔註68〕1923年4月27日，顧頡剛致錢玄同的信中說：「我二年以來，蓄意要辯論中國的古史，比崔述更進一步。崔述的

〔註65〕顧頡剛：《自序》，《古史辨》第一冊，第78頁。
〔註66〕〔美〕施耐德著、梅寅生譯：《顧頡剛與中國新史學——民族主義與取代中國傳統方案的探索》，第105頁。
〔註67〕顧頡剛：《自序》，《古史辨》第一冊，第82頁。
〔註68〕顧頡剛：《與錢玄同先生論古史書》，《古史辨》第一冊，第61～66頁。

《考信錄》確是一部極偉大又極細密的著作，我是望塵莫及的。我自知要好好的讀十幾年書，才可追得上他。」於是，經過細緻地分析，顧頡剛提出了在學術界轟動一時的「層累地造成的中國古史」說。他首先大膽提出了自己的設想：「我很想做一篇《層累地造成的中國古史》，把傳說中的古史的經歷詳細一說。這有三個意思。第一，可以說明『時代愈後，傳說的古史期愈長』。如這封信裏說的，周代人心目中最古的人是禹，到孔子時有堯舜，到戰國時有黃帝神農，到秦有三皇，到漢以後有盤古等。第二，可以說明『時代愈後，傳說中的中心人物愈放愈大』。如舜，在孔子時只是一個『無為而治』的聖君，到《堯典》就成了一個『家齊而後國治』的聖人，到孟子時就成了一個孝子的模範了。第三，我們在這上，即不能知道某一件事的真確的狀況，但可以知道某一件事在傳說中的最早的狀況。我們即不能知道東周時的東周史，也至少能知道戰國時的東周史；我們即不能知道夏商時的夏商史，也至少能知道東周時的夏商史。」〔註69〕

　　施耐德在論及崔述對顧頡剛的影響時，分析了顧頡剛「層累說」提出的初衷與過程：「因為崔述寫成《考信錄》是有特殊的價值觀念作為激因的──也就是維護孔子以尊敬，而顧頡剛準備摧毀這個觀念。顧既不願肯定也不願為儒家的準則辯護，他把史實性的重任加之於經，並且要求經提出證據，證明其對遠古的敘述不只是傳說而已。於是顧氏開始試著對三代盛世擁護者之理論發展，作了一番探索。此外，鄭樵的著述使他想到，崔述的偽史分層理論或許也可用之於通俗傳說（以源出於經者為限）。再加以推敲使之趨於洗練。上述研究證實了崔述的風氣說是實用的。早期傳說在日後產生的各種變化大多歸因於社會及政治形態的改變，或與這些改變有關。顧頡剛在成功的初步探測下，很自信地將崔述的論點補充說明如下：一、時代愈後，傳說的古史期愈長。二、時代愈後，傳說中的中心人物愈放愈大。三、時代離我們越近，假託的古史知識上溯得越遠。早期的文獻不詳細，後期所說的古史知識越多。比上述感想更進一步的看法來自顧的早期試驗，那就是切身地意識到傳統中國史學之特性。也就像後來他所寫的那樣，對孔子來講『古時只有代表人物，而沒有史。』顧的試驗直接地教導他，儒家的歷史傳統主要係肇端於製造典型的道德批評，和建構正當及不正當之社會、政治行為的原型。由於史學家（儒家的）一心貫注於固定的範例，所以進行的過程、改變、和

[註69] 顧頡剛：《與錢玄同先生論古史書》，《古史辨》第一冊，第60頁。

發展——顧稱爲『演進』——在儒家歷史觀點中毫無地位可言。」〔註70〕

顧頡剛的「層累地造成的中國古史」說在崔述的著述中就可尋到原型和出處。崔述在其遺著中提出這樣的說法：「大抵古人多貴精，後人多尙博；世益古則其取捨益愼，世益晚則其採擇益雜」，「後人之學遠非古人之所可及：古人所見者經而已，其次乃有傳記，且猶不敢深信，後人則自諸子百家，漢、唐小說，演義，傳奇，無不覽者」。〔註71〕又指出：「世近則所聞詳；學深則所記多。此必然之理而無可疑者也。然吾嘗讀《尙書》，孔子之所序也，乃僅斷自《堯典》以下。其後五百餘年，有司馬遷，其學不逮孔子遠甚，而所作《史記》乃始於黃帝。至司馬貞，又後於遷者近千年，其學亦益不逮，乃爲遷補《本紀》又始於伏羲氏，前於黃帝者千數百年。下至於明，世益晚，其人如王世貞、鍾惺輩，學亦益陋，而其所作《綱鑑捷錄》等書乃反始於開闢之初，盤古氏之時。是何世益遠，其所聞宜略而反益詳；學益淺，其所記宜少而反益多哉？蓋世近則其考之也易，而學深則其辨之也精，夫是故僞者不能以亂正，而其書自不能不略且少。世益遠則僞者益多而亦益難辨，學益淺則益不能辨其爲正與僞，而視《六經》、《三傳》、諸子百家、齊東野語、漢人小說，均之爲可信矣；如是，而欲其書之不詳且多，其勢固不能也。」〔註72〕他在《補上古考信錄》中說：「夫《尙書》但始於唐、虞，及司馬遷作《史記》乃起於黃帝，譙周、皇甫謐又推之以至於伏羲氏，而徐整以後諸家遂上溯於開闢之初，豈非以其識愈下則其稱引愈遠，其世愈後則其傳聞愈繁乎！且《左氏春秋傳》最好稱引上古事，然黃、炎以前事皆不載，其時在焚書之前，不應後人所知乃反詳於古人如是也。」〔註73〕崔述提出的「其識愈下則其稱引愈遠，其世愈後則其傳聞愈繁」的觀點，意指後世學者在研究古史時，人爲主觀地僞造了古史。這種觀點除了在《考信錄提要》中多次提到外，還在《補上古考信錄》、《唐虞考信錄》、《夏考信錄》、《考信別錄》等篇章中有所涉及。崔述這些主張對顧頡剛「層累地造成的中國古史」說的提出起到了啓發作用。

誠如劉墨所言，顧頡剛的「層累地造成的中國古史」說「雖然是在現代學術的語境下產生的，然而卻可以在崔述那裡找到部分源頭」，「崔述疑古，

〔註70〕〔美〕施耐德著、梅寅生譯：《顧頡剛與中國新史學——民族主義與取代中國傳統方案的探索》，第221～222頁。

〔註71〕崔述：《考信錄提要》卷上，見《崔東壁遺書》，第13頁。

〔註72〕崔述：《無聞集》卷三，《〈曹氏家譜〉序》，見《崔東壁遺書》，第707頁。

〔註73〕崔述：《補上古考信錄》卷上，《開闢之初》，見《崔東壁遺書》，第28頁。

目的不在於取消經的尊嚴位置；顧頡剛疑古，不但剝得更深，而且還要研究那一層一層的『皮』是怎樣堆砌起來的。崔述雖然努力於識破經典中的破綻，然而他卻堅信經書中的可信成分，並且不會離開經書的觀點，因為他認為離開經書，就不會對歷史進行有效的批判，而且對於他來說，做學問的責任就在於保護並捍衛聖人們傳下來的經書中的可信部分。但是在顧頡剛那裡，經學的尊嚴已經不復存在，而『層累地造成』的觀念，不但使他超越了姚際恒。也超越了崔述以及康有為。」〔註74〕

　　在治史方法上，顧頡剛對崔述也進行了繼承和發揚。顧頡剛認為崔述從小就養成了好的習慣：「因為崔述從小就有分析的習慣，所以分得出各種事態的層次，懂得各家學說的演化。他覺得一種學說不是突然出現的，所以要尋出它的前後左右的關係。這樣一來，就是很亂的材料，也就會瞭解它的秩序。」〔註75〕顧頡剛曾論述了自己治史方法：「我們現在要把這些材料加以分析，看哪些是先出的；春秋以上有多少，戰國以下有多少。再看春秋以上的材料，在戰國時是怎樣講，在秦漢時是怎樣講，而這些材料的真實意義究竟是怎樣？以前人的解釋，對的若干，錯的若干？這些工作做完的時候，古史材料在書籍裏的已經整理完工了。那時的史學家，就可以根據了這些結論，再加上考古學上的許多發見，寫出一部正確的《中國上古史》。」〔註76〕對比崔述的治史理念，可知崔述對於顧頡剛的影響。顧頡剛此後所作的一些論文，就是用這種方法對古史事的流變進行考辨的，如《秦漢統一的由來和戰國人對於世界的想像》、《五德終始說下的政治和歷史》等。

　　施耐德在總結顧頡剛對崔述史學的研究時說：「顧頡剛在一九二一年至二五年間，花了很多時間搜集崔述的作品，準備經過校點供『一般的』讀者閱覽。一再延誤之後，終於一九三六年發行了由顧編輯的七本一套的《崔東壁遺書》。這是《辨偽叢刊》中最重要的成就，也是對顧頡剛古史研究最具影響力的巨著。」〔註77〕

　　總之，崔述對近代疑古學風的興起及古史辨派的產生都起到了一定的影響。有些學者更進一步指出：「崔述可說是開民國以來疑古派的風氣之先。顧

〔註74〕劉墨：《現代國學思潮與人物》，團結出版社，2009年，第140頁。
〔註75〕顧頡剛：《崔東壁遺書序》，見《崔東壁遺書》，第61頁。
〔註76〕顧頡剛：《古史辨》第三冊，《自序》，第5頁。
〔註77〕〔美〕施耐德著、梅寅生譯：《顧頡剛與中國新史學——民族主義與取代中國傳統方案的探索》，第106頁。

頡剛的『層累地造成的古史』說，即脫胎於此。」〔註78〕

三、國內學者對崔述史學的評價

　　崔述史學在當時之世就並未受到重視，前文已詳細論述。待崔述去世之後，其史學在整個十九世紀就更加備受冷落。但在清代還是有極少的學者對他給予了關注，對他的評價不一，毀譽參半，有的學者對之讚揚，有的學者對之排斥，甚至攻擊其部分學術主張。以下擬從清代、民國時期兩個時間段就學者對崔述史學的評價進行探析和總結。

　　有的學者認為，在整個十九世紀中，只有鴉片戰爭時期愛國詩人張維屏在其所編《國朝詩人徵略》中對崔氏有過讚許，此後便一直消沉無聞。現在看來，這種說法未免失於片面。

（一）積極評價
第一，清代學者對崔述史學的品評。

　　從清代始，就有學者對崔述及其著述給予了較高的評價，其中，除了上文已述的崔述弟子、好友對其的推崇之外，還有一些學者如汪廷珍、劉大紳、蕭元桂、楊道生、唐鑒、張維屏、郭夢星、陳澧、劉老恭、曹衡姬、劉雲、成詢等人，也同樣讚揚了崔述的史學。

　　道光二年（1822），崔述去世六年後，在陳履和的請求下，學者顧蓴〔註79〕將陳履和刊刻的《三代考信錄》交給汪廷珍〔註80〕。汪廷珍在讀後尤為喜悅：「僕受而讀之，不覺躍以起，忭而舞，曰，嗟乎，當吾世而竟有先得我心者乎！既復取其書，反覆讀之。」之後，又找到並閱讀了崔述的《考信錄提要》以及其他各《考信錄》，「見其考據詳明如漢儒，而未嘗墨守舊文而不求夫心之安也；辨析精微如宋儒，而未嘗空執虛理而不核夫事之實也。舉凡

〔註78〕辛立：《崔述——大膽疑古　嚴謹考證》，見瞿林東、楊牧之編《中華人物志》，中華書局，1988年，第361頁。

〔註79〕顧蓴（1766～1832），字希翰，一字吳羹，號南雅，江蘇吳縣人，嘉慶七年進士，官至通政副使，詩文風格高雅，善書法，曾講學於五華書院講學、北京金臺書院，著有《南雅詩文抄》。

〔註80〕汪廷珍（1757～1827），字玉粲、瑟庵，號玉爛，卒諡文端，江蘇山陽（今淮安）人，乾隆五十四年（1789）進士，仕乾隆、嘉慶、道光三朝，官至禮部尚書，協辦大學士，著有《實事求是齋詩遺文集》、《均課士錄》等。曾為《考信錄》作序。

僕平日所疑不能明者，無不推極至隱，得其會通。然後知先生志大而學正，識高而心細，洞然有以見古聖賢之心於千載之上而不忍使邪說詖論得而淆之；其書爲古今不可無之書，其功爲世儒不可及之功也！」〔註81〕於是，汪廷珍爲《考信錄》寫了序。同時，他還對崔述的史學給予了評價：「夫曲高和寡，先生固嘗言之，是書之行，吾不敢必觀者皆能知而信之；然而彝倫必不容斁，聖賢斷不可誣；斯文未喪，心理相同，當時來世當必有心悅誠服如大令，躍起忭舞，傾倒而不能已如僕者，斷斷如也！」〔註82〕但是，值得注意的是，汪廷珍只是贊同崔述的部分史學觀點，如湯、武放伐等，對崔述的史學瞭解和研究仍不夠全面。

　　劉大紳〔註83〕不僅仰慕崔述的史學，而且作爲陳履和的朋友，他感歎自己未能及時得知崔述的研究成果，並成爲崔述的弟子，他說：「然竊計海樓之師先生也爲乾隆五十七年壬子，而紳之友海樓也爲乾隆六十年乙卯；海樓之爲先生弟子也四年矣，受書數種矣，海樓曾不一爲紳言之。使海樓一爲紳言之，則自乙卯以至丙子先生卒之日且二十年，紳雖老且愚，尚能負笈及先生之門，此二十年中豈不當與海樓共爲先生弟子哉！將毋海樓私其師而不欲公之於世耶？抑豈當時有於先生疑之謗之者，故海樓不敢復以語人耶？不然，則是海樓知紳之老且愚，不足與聞先生之道也。今雖得讀先生之書，而紳益老且愚矣，是不能無憾於海樓也。」〔註84〕劉大紳認爲陳履和是1792年拜崔述爲師的，而他與陳履和交友始於1795年。劉大紳假設如果當時陳履和令他瞭解崔氏的史學，他也有可能成爲崔述的弟子。可見，劉大紳對未能成爲崔述的弟子而倍感遺憾。

　　蕭元桂〔註85〕曾署理金華知府，時值陳履和在浙江東陽作知縣，是陳履和的上司。前文已論述，陳履和在去世之後，蕭元桂爲其料理了後世，並爲其募捐，送其家屬返回雲南家鄉。道光六年（1826），蕭元桂爲崔述的遺著作

〔註81〕汪廷珍：《〈考信錄〉序》，見《崔東壁遺書》，第923頁。
〔註82〕汪廷珍：《〈考信錄〉序》，見《崔東壁遺書》，第923～924頁。
〔註83〕劉大紳（1747～1828），字寄庵，號潭西，雲南晉寧人。乾隆三十七年進士。曾在山東新城、曹縣等地任知縣，勤政愛民，被譽爲「劉青天」。後以母老歸，以詩文教授於鄉里。著有《寄庵詩鈔》、《寄庵文鈔》、《劉寄庵文錄》等。
〔註84〕劉大紳：《崔東壁先生行略跋》，見《崔東壁遺書》，第945～946頁。
〔註85〕蕭元桂，字芬圃，又字鏡巖，建陽人，嘉慶十三年（1908）進士，曾作《崔東壁先生遺書序》。

序，即《〈崔東壁先生遺書〉序》，其中就給予崔述遺著以很高的評價：「是書黜百家之妄，存列聖之眞，誠古今不可無之書。」〔註86〕

　　楊道生〔註87〕曾任金華府學訓導，他在道光六年爲崔述遺著所作的題詞中，對此書成書的背景與取得的成就進行了概括，詞中說：「群言淆亂千百禩，東壁先生慨然起。慨自楊、墨誣聖言，重以七雄權詐士，漢興傳記紛紛出，雜採其書昧厥旨。讖緯之說以入經；黃老之言以入史。陵夷至於晉、宋間，以僞入眞情益詭。自是厥後科目興，引據但誇鴻富爾！非無有宋諸名儒，就中剔抉亦無幾。況自考亭是正後，經籍相沿敢復訾！先生早歲稟庭訓，歷涉艱劬志不弛。小試一邑無足爲，退而著書益矻矻。上探疏仡至循蜚，下溯豐、岐迄泗水。中間卦畫及詩篇，政典皇皇《書》與《禮》。道有孔、孟不知餘；學無漢、宋惟其是。百家傳說質諸經，不經之經斷以理。積五十年先志成，自謂談、遷、彪、固比。噫嘻習俗競科名，撫拾陳言徒靡靡；自非崛起昌黎公，世人那識子輿氏！」〔註88〕此題詞較爲客觀地總結和分析了崔述其人與遺著的內容，爲後世人認識和瞭解崔述提供了可供參考的資料。

　　唐鑒在《大名崔先生學案》中認爲崔述「泛覽群書，鉅細不擇，而一反求之於《六經》，以考古帝王聖賢行事之實」〔註89〕。

　　清代詩人張維屛〔註90〕曾師從汪廷珍，他很驚訝於汪廷珍對崔述著述的評價，在其《松心日錄》中說：「吾師不輕許可，而於是書心折如此。」〔註91〕他讚許崔述道：「二百年來，考據之學盛矣，然大都就制度名物辯論之，未有合唐、虞、三代聖君賢臣之事迹而考究之者。東壁先生積三十年之心力，成《考信錄》諸書。每事必究其原；每書必覈其實。歷代史傳無不覽，而義必以經爲宗；諸家論說靡不觀，而理必以聖爲準。斥異端之謬妄，不欲使聖賢受誣於後人；抉僞書之欺蒙，不欲使名教致淆於雜說。孔子謂『多聞

〔註86〕蕭元桂：《〈崔東壁先生遺書〉序》，見《崔東壁遺書》，第924頁。
〔註87〕楊道生，字仁甫，號干村，德清人，嘉慶九年（1904）舉人，官至金華府學訓導。
〔註88〕楊道生：《〈崔東壁先生遺書〉題詞》，見《崔東壁遺書》，第924頁。
〔註89〕唐鑒：《大名崔先生學案》，見《崔東壁遺書》，第1064頁。
〔註90〕張維屛（1780～1859），字子樹，號南山，別號松心子，晚號珠海老漁，廣東番禺人，道光二年（1822）進士，清代著名詩人，與黃培芳、譚敬昭並稱「粵東三子」。著有《松心詩集》《松心文抄》、《聽松廬詩抄》、《松心十錄》等，輯有《國朝詩人徵略》。
〔註91〕張維屛：《崔述》，見《崔東壁遺書》，第1066頁。

愼言』，孟子謂『博學反約』，先生當之無愧矣。」〔註92〕

郭夢星〔註93〕對崔述不附會前人之說的做法大加讚賞，他認爲崔述「生平讀書得聞，即獨抒己見，不附會前人。於九經各有心得」〔註94〕。崔述敢於發表前人所未發或者與前人相悖的觀點，郭夢星認爲一些觀點「雖與先儒相悖，細繹之亦非絕無義理者」〔註95〕。

陳澧〔註96〕在其《東塾讀書記》中分析了崔述在《豐鎬考信錄》中對《尙書》治法的記載，指出：「澧謂崔氏讀經而有心於治法，非復迂儒之業，良足尙也。」同時認爲：「聖人刪定《尙書》，存盛治之文以爲法，存衰敝之文以爲鑒，學者皆當熟玩也。凡讀經皆當如是也。」〔註97〕可見，陳澧認同崔述重視治法的觀點，主張讀經的人都應該從《尙書》中吸取治法的經驗，從而達到經世的目的。

劉老恭認爲崔述的遺著「傳於世，可謂考據之至矣。乃其詩直追唐人，多警句」〔註98〕，肯定了其考據成就。而喬松年〔註99〕則從細節入手，以「古公亶父」爲例，認爲崔述對「古公亶父」的看法是極爲允妥的，他說：「『古公亶父』，『古公』非其稱也。『亶父』三字當連文如『公劉』耳。『古』者，猶言『昔公亶父』。不可以『古公』相連。此崔東壁說，極允。」〔註100〕

在《遺書》的《考信附錄》部分，曹衡姬、劉雲、成詢等學者的題詞表達出了他們對崔述著述的看法。曹衡姬〔註101〕爲《洙泗考信錄》題詞道：「考據詳明，推勘周至，眞必傳之書也。」〔註102〕劉雲〔註103〕在讀了崔述的著述

〔註92〕 張維屏：《崔述》，見《崔東壁遺書》，第1072～1073頁。

〔註93〕 郭夢星，字西垣，濰縣（今濰坊）人，道光二十六年（1846）進士，著有《千窗隨筆》、《尚書小箚》等。

〔註94〕 郭夢星：《〈論〉〈孟〉別解》，見《崔東壁遺書》，第1073頁。

〔註95〕 郭夢星：《〈論〉〈孟〉別解》，見《崔東壁遺書》，第1073頁。

〔註96〕 陳澧（1801～1802），字蘭甫，又字蘭浦，祖籍浙江紹興，後移居廣東，清代教育家，著有《歷代選舉考》、《朱子勸學語》、《東塾讀書記》等。

〔註97〕 陳澧：《〈尚書〉中之治法》，見《崔東壁遺書》，第1074頁。

〔註98〕 劉老恭：《崔氏詩人》，見《崔東壁遺書》，第1074頁。

〔註99〕 喬松年（1815～1875），字鶴儕，山西徐溝（今山西清徐）人，清朝重臣，曾任工部主事、蘇州知府、常鎭通海道、兩淮鹽運使、江蘇布政使、安徽巡撫、河東河道總督等職，著有《蘿藦亭札記》等。

〔註100〕 喬松年：《「古公亶父」》，見《崔東壁遺書》，第1074頁。

〔註101〕 曹衡姬，字阿周，大名人。

〔註102〕 曹衡姬：《題詞》，見《崔東壁遺書》，第478頁。

後，大爲感歎道：「聖人，人知尊之。經傳，人知讀之。讀之而不知考之，尊之而不敢議之，遂致聖人之眞，聖人之正，混於附會僞託之辭者，幾二千年矣。夫聖如日月，豈陰霾浮雲之所可得而損之者哉！但世人之目爲陰霾浮雲之所蔽而不得瞻其皜皜之象，究於日月何虧焉！今吾崔子，具卓識，出雄辨，博覽群書，互參考證，發爲議論，其意諄諄，其言侃侃，撥盡附會僞託之辭，能使數千百年之蔽於陰霾浮雲之日月若忽浴咸池而初出也，其洗濯聖德爲何如哉！其維持聖道爲何如哉！如余之鄙陋，安能識此書，又安敢評此書。但既讀此書，胸中自有此一段愚意，不禁而爲之言耳，非敢爲譽也。」〔註104〕他認爲崔述對古史的辨僞是值得肯定和彰顯的。崔述的外甥成詢也曾對其著述極爲崇拜，他指出：「此書之辯論剖析，無堅不破，無疑不搜，固可徵其學博心細識超理明矣。至於筆力之清醒，則又天才之過人者也。吾舅學問有餘而功名不足，或者天將命以辯論古史乎？」同時認爲：「此書專重辯論，逐一細剖，是尚不足以絕後儒之惑乎！」〔註105〕可見，成詢認爲崔述辯論古史成就斐然，他甚至反問說這是上天的安排，認爲此書辯論細緻，此書一成即可杜絕後世學者的疑惑。

綜上，在清代雖有一些學者注意到了崔述及其遺著，並給予了積極肯定的評論，但這只是零星的記載，並沒有引起學術界足夠的重視，眞正令崔述史學彰顯於中國的，是在之後的民國時期。

第二，民國時期史家對崔述史學的評價。

進入民國之後，日本學者的重視使得崔述的史學在中國重新受到重視，隨著一些學者將崔述及其史學從日本傳播回國，又引起了國內研究崔述史學的熱潮，包括梁啓超、劉師培、羅振玉、胡適、錢玄同、顧洪等在內的學者逐漸開始研究崔述及其著述，彰顯了崔述史學對近代史學的影響。同時，學者們對崔述及其遺著給予了新的評價。

劉師培對崔述史學的辨僞求眞給予了肯定和表彰，他講到：「述生乾嘉間，未與江、戴、程、淩相接，而著書義例則殊途同歸。彼以百家之言古者多有可疑，因疑而力求其是。淺識者流僅知其有功於考史；不知《考信錄》一書自標界說，條理秩然，復援引證佐以爲符驗，於一言一事必鉤稽參互，

〔註103〕劉雲，字從龍，魏人。
〔註104〕劉云：《題詞》，見《崔東壁遺書》，第478頁。
〔註105〕成詢：《題詞》，見《崔東壁遺書》，第478頁。

剖析疑似，以求其眞，使即其例以擴充之，則凡古今載籍均可折衷至當，以去僞而存誠。則述書之功在於範圍謹嚴，而不在於逞奇炫博。雖有通蔽，然較之馬氏《繹史》固有殊矣。近人於考證之學多斥爲煩蕪；若人人著書若崔述，彼繁蕪之弊又何自而生哉！」〔註106〕劉師培認爲崔述史學的辨僞求眞是通過自標界說、引證充分、辯論細緻實現的，這也正是崔述史學逐漸彰顯於世的原因所在。

蔡元培也同樣讚揚了崔述實事求是的精神：「當吾國史學考古學尙未革新之時，而有崔東壁氏，舉秦以前之史實，參互比較作《考信錄》，因其可疑者而疑之，因其可信者而信之。雖間有證據不周之點，然其實事求是之精神，則至今猶新。」〔註107〕他認爲，崔述的史學瑕不掩瑜，其實事求是的精神歷久彌新，繼續流傳於後世。蔡元培還對顧頡剛的工作給予了肯定，指出顧頡剛「費十五年之力，標點是書，並搜集一切與崔氏有關係之材料，使讀其書者有知其人之樂，其足以傳播崔氏實事求是之精神，更無疑矣」〔註108〕。

楊鍾羲〔註109〕對崔述的《考信錄》給予了肯定，他認爲崔述「肆力著書，以經爲主，辨傳注，闢異說。精神所注，尤在《考信錄》一書。」〔註110〕

蛤笑肯定了懷疑和徵實在學術研究中的重要性，他指出：「天下學問之途，皆始以懷疑而繼以徵實。惟能懷疑也，故能獨開異境而不爲前人成說之所牢籠。惟能徵實也，故能獨探眞詮而不爲世俗浮說之所蒙蔽。因懷疑而徵實，因徵實而又懷疑，愈轉愈深，引人入勝，新理之所以日出不窮也。」〔註111〕認爲懷疑和徵實兩者是相互影響和促進的。在這種認識的基礎上，他對崔述的史學給予了肯定和讚揚：「大名崔東壁先生，嘉、道以來懷疑學派之巨子也。當宋學方昌之日，獨悟其論古之失眞。所著《考信錄》，自上古以迄戰國，記事纂言，祛非存是，其大旨所存，謂不當持後世之情狀以例

〔註106〕劉師培：《崔述傳》，見《崔東壁遺書》，第949頁。
〔註107〕蔡元培：《亞東圖書館新印顧頡剛標點本〈崔東壁遺書〉題詞》，見《崔東壁遺書》，第1042頁。
〔註108〕蔡元培：《亞東圖書館新印顧頡剛標點本〈崔東壁遺書〉題詞》，見《崔東壁遺書》，第1042頁。
〔註109〕楊鍾羲（1865～1940），字子勤，號梓勵，又號雪橋、雪樵等，原名鍾廣，戊戌政變後改名鍾羲，諡文敬。近代著名學者。先隸滿洲正黃旗，乾隆間改爲漢軍正黃旗。光緒十五年（1889）進士，曾任襄陽、淮安、江寧知府，著有《八旗文經》、《雪橋詩話》等。
〔註110〕楊鍾羲：《知非集》，見《崔東壁遺書》，第1076頁。
〔註111〕蛤笑：《史學兩蔽與〈考信錄〉》，見《崔東壁遺書》，第1077頁。

古人。斯眞唐、宋至今所不敢發之議論矣！所未至者，則以上所言兩蔽之未除，故有見之已到而不敢盡言者。篳路藍縷之初，未有不如是者。補苴罅漏，張皇幽渺，固不能無待於後賢矣。」〔註112〕

徐世昌在《大清畿輔書徵》中對崔述的史學評價道：「述博極群書，不爲空談無補之學；自上古唐、虞以來，凡經、傳、子、史、傳記、雜說，悉爲考究眞僞異同，裒成巨帙。學者宗之。」〔註113〕可見，他對崔述的學術是極爲欣賞和佩服的。

作爲近代新史學的開創者，梁啓超的學術研究曾受到了崔述的影響，他認爲：「東壁墨守斯義，因取以名其書。經書以外隻字不信。《論語》、《左傳》，尙擇而後從，《史記》以下更不必論。彼用此種極嚴正態度以治古史，於是自漢以來古史之雲霧撥開十之八九。其書爲好博的漢學家所不喜。然考證方法之嚴密犀利，實不讓戴、錢、段、王，可謂豪傑之士也。」〔註114〕除了讚揚崔述的學問，梁啓超還在許多具體的學術觀點上都與崔述相似，尤其表現在辨僞學的研究方面。他曾在《古書眞僞及其年代總論》第三章中談及辨僞學，指出在乾隆時代「出了一位名聲很小的辨僞大家，就是著《考信錄》的崔述，他把春秋以後諸子百家傳說的古事，一件一件的審查辨別那是眞的，那是假的，使得古史的眞相不致給傳說遮蔽。他雖然專辨僞事，卻也不能不順帶辨僞書。他雖然迷信《五經》、《論語》、《孟子》，卻也不能不疑其一小部分。他辨僞的方法，除了『考信於《六藝》』以外，還有許多高妙的法門。他解釋作僞的原因，能殼求得必要的條件。求其是他那種處處懷疑，事事求眞的精神，發人神智，實在不少。他的遺書，百年來看見的人很少；最近才有人發揚刊佈，使史學界發生很大的影響。」〔註115〕從中可以看出，梁啓超認同了崔述對近代史學的貢獻和影響。

梁啓超對崔述的《考信錄》也大加讚揚：「其尤嚴正簡潔者，則崔東壁（述）的《考信錄》。此書雖非爲辨僞而作，但他對於先秦的書除《詩》、《書》、《易》、《論語》外幾乎都懷疑；連《論語》也有一部分不相信。他的勇氣眞可佩服。」〔註116〕同時認爲《考信錄》「考證三代史事實最謹嚴，宜一瀏覽，以爲治古史

〔註112〕蛤笑：《史學兩蔽與〈考信錄〉》，見《崔東壁遺書》，第1078頁。
〔註113〕徐世昌：《崔述》，見《崔東壁遺書》，第915頁。
〔註114〕梁啓超：《中國近三百年學術史》，東方出版社，1996年，第305頁。
〔註115〕梁啓超講、姚名達等記：《辨僞學的發達》，見《崔東壁遺書》，第1085頁。
〔註116〕梁啓超：《辨僞書》，見《崔東壁遺書》，第1082頁。

之標準」〔註 117〕，「實最重要之參考書」〔註 118〕。

　　胡適對崔述的史學主張和追求眞理的精神給予了讚揚，他說：「崔述的『考信』態度是道地的科學精神，也正是道地的科學方法。他最痛恨『含糊輕信而不深問』的惡習慣。他一生做學問，做人，聽訟，都只是用一種精神，一種方法，——就是『細爲推求』，——就是『打破沙鍋問到底』。他要我們凡事『問到底』，他要我們『爭』，要我們『訟』，要我們遇事『論其曲直』。他要我們『觀禮欲其無成見』，遇事『細爲推求』，『歷歷推求其是非眞僞』。這都是科學家求眞理的態度。這個一貫的態度是崔述留給我們的最大的遺訓。」〔註 119〕他在《科學的古史家崔述》一文中說：「我深信中國新史學應該從崔述做起，用他的《考信錄》做我們的出發點；然後逐漸謀更向上的進步。」〔註 120〕同時，他指出：「新史學的成立須在超過崔述以後。」〔註 121〕因此，胡適認爲崔述的求眞求是的態度是留給後世的寶貴禮物。施耐德則注意到了另一層面的問題：「胡適是照通常的方式頌揚崔述，他卻積極進行一個值得注意的問題。胡在對崔述作一般評價的過程中，試圖把崔『安置』在與漢學和宋學都有關係的地方；他主要想表明，這兩個學術傳統之間並無多大區別。漢學與宋學的考據校勘方法同出一源，也都接受朱熹學術思想的影響。胡適認爲『漢學』只是清儒造出來和宋儒作戰的無意義、分畛域的標記而已。這兩大學術傳統的基本相似點，說明了那推崇朱子的崔述和那攻擊朱子最厲害的毛奇齡、戴震，同是一條路上的人。胡適堅決認爲，實際上，『他們都是接近朱熹，而很不接近毛公、鄭玄！』根據胡適所說，崔述之所以能超出其他漢學家，並使他成爲『科學家』者，是崔述在校勘儒家經籍時，其方法乃：推翻秦漢百家言以直接回到六經。」〔註 122〕可見，胡適在研究崔述的過程中，試圖將崔述與朱熹及其學派聯繫在一起，使得崔述考證的徒勞之處得以規避。

　　江俠庵在爲崔述遺著作序時，肯定了崔述的疑古之學：「嘉慶以後，考證之學漸衰。同時有崔東壁崛起，用考證的疑古，撰成《考信錄》諸書，爲斯

〔註 117〕梁啓超：《〈考信錄〉》，見《崔東壁遺書》，第 1085 頁。
〔註 118〕梁啓超：《〈史記〉讀法》，見《崔東壁遺書》，第 1084 頁。
〔註 119〕胡適：《胡適序》，見《崔東壁遺書》，第 1046 頁。
〔註 120〕胡適：《科學的古史家崔述》，見《崔東壁遺書》，第 953 頁。
〔註 121〕胡適：《科學的古史家崔述》，見《崔東壁遺書》，第 953 頁。
〔註 122〕〔美〕施耐德著、梅寅生譯：《顧頡剛與中國新史學——民族主義與取代中國傳統方案的探索》，第 105～106 頁。

學派之開祖，所謂豪傑之士者非耶！（其所爲至者，以孔、孟之書爲尺度而較量他書，未能澈底，此則時代爲之也。）近十餘年來，其學大昌，風靡中、東學界，漸知考正經籍爲之學之先決問題，由是整理國故之聲高唱入雲矣。」〔註123〕但他同時指出，在中國雖然有王國維、羅振玉、章炳麟、梁啓超、胡適之、顧頡剛等人從事整理國故的工作，卻與雍正、乾嘉時期的考證派相差甚遠。

顧頡剛在通讀《考信錄》後給出了很高的評價：「崔述研究了一世的古代史，運用司馬遷『考信於六藝』的方法，以經書裏的記載來駁斥諸子百家裏的神話和傳說，做成了這部不朽的巨著——《考信錄》。他以爲後世所傳的古史，大半是戰國諸子所假造的，主張信史起自唐、虞，唐、虞以上便不甚可稽考了。我們今日講疑古辨僞，大部分只是承受和改進他的研究。」〔註124〕可見，崔述的《考信錄》在一定程度上對史學的近代化起到了啓示作用。施耐德曾指出：「顧在自序中認爲必須標明，儘管他讚揚諸如崔述、鄭樵之類的學者，他實在並非他們的弟子，對他們也並未特別的尊敬。即使如此，顧仍然是他們最勤奮而直率的倡導者；因爲他們對國學運動之裨益，他受惠於鄭、崔諸人者頗多。」〔註125〕

錢穆於1935年底在北平爲《崔東壁遺書》作序，序中說：「主於尊經而爲之考信，以堯、舜、禹、湯、文、武、周公、孔、孟爲古史之骨幹，此崔書之要旨也。然古史果若是乎？曰，不然，堯、舜、禹、湯、文、武、周公、孔、孟之傳統載於《六經》，傳之儒家，而《六經》之結集，儒家之獨尊，其事始於漢，中衰於魏、晉，復於唐而定於宋，未必遽爲古史之眞也。漢武立《五經》博士，罷黜百家，兩漢四百年利祿之途在是，而學術亦在是；宋人以經義試進士，迄元、明、清勿革，千年來之利祿在是，而學術亦在是；合乎是者謂之正學，背乎是者謂之邪說。雖有一二大儒雜出乎其間，未嘗以學問牟祿利，而其所以爲學者卒亦無以大異乎朝廷之功令。崔氏之書，蓋亦是也。」〔註126〕同時，他總結了崔述的學術命運：「東壁之學傳矣而不廣，存矣而不著，浮沉淹沒於書海之底者又百年，乃迄於今而始大顯。」〔註127〕

〔註123〕江俠庵：《〈先秦經籍考〉序》，見《崔東壁遺書》，第1092頁。
〔註124〕顧頡剛：《崔東壁遺書序》，見《崔東壁遺書》，第60頁。
〔註125〕〔美〕施耐德著、梅寅生譯：《顧頡剛與中國新史學——民族主義與取代中國傳統方案的探索》，第107頁。
〔註126〕錢穆：《錢穆序》，見《崔東壁遺書》，第1047頁。
〔註127〕錢穆：《錢穆序》，見《崔東壁遺書》，第1046頁。

並指出就是崔述本人也沒有料到自己學術的命運：「崔氏之書固一本乎儒家《六經》堯、舜、禹、湯、文、武、周公、孔、孟之見以爲之者，乃未顯於當身而忽行於今日，此又遇合之奇之不爲崔氏所逆料者也。」〔註128〕此外，錢穆還高度評價了顧頡剛對崔述的介紹和研究：「我國史之重光，文化之更新，國運之轉步，胥將於顧君之鄭重介紹此書於國人者發之端。」〔註129〕甚至將國史、文化、國運都與之聯繫在一起，可見他對崔述史學的肯定和讚揚。

民國之後，新中國成立後的學術界對崔述的研究在上文已有論述，此處不再贅述。

（二）消極評價

除了學者對崔述史學的讚揚和肯定之外，還出現了一些批評意見。

康有爲就曾給予崔述及其著述這樣的評價：「吾中國號稱古名國，文明最先矣。然《六經》以前無復書記：夏、殷無徵，周籍已去，共和以前不可年識。秦、漢以後，乃得詳記。而譙周、蘇轍、胡宏、羅泌之流乃敢於考古，實其荒誕，崔東壁乃爲《考信錄》以傳信之，豈不謬哉！夫三代文教之盛，實由孔子推託之故，故得一孔子而日月光華，山川焜耀。然夷考舊文，實猶茫昧；雖有美盛，不盡可考焉。」〔註130〕他認爲古代史籍的缺乏致使古代史事無從徵實，崔述的著述也未能完全正確地反映歷史的眞實面貌。

唐鉞在分析楊朱學說流派的基礎上，批評崔述所謂「楊氏之學盛行於戰國，甚於墨氏，何以其書不傳於後，而班、馬皆不知有此一家學乎？」〔註131〕的觀點太過武斷，並分析了武斷的原因：「崔氏所以如此武斷，乃由於懷著排斥『異端』的偏見。他私淑孟軻，痛惡楊、墨，所以要把儒家以外的一切『邪說』都歸諸楊、墨二氏。似墨子有書，不好隨便周納，乃把一切都委罪於楊朱。……抱這種門戶之見來治史，要求得眞事實恐怕不容易。有趣的事是：楊朱死了幾百年而受誣於僞撰《列子》的人，再過了一千多年又受誣於『考信』的崔述。爲我『何預人事』，而死後還遭一再的糟蹋，甚矣

〔註128〕錢穆：《錢穆序》，見《崔東壁遺書》，第1051頁。
〔註129〕錢穆：《錢穆序》，見《崔東壁遺書》，第1052頁。
〔註130〕康有爲：《上古茫昧無稽考》，見《崔東壁遺書》，第1076頁。
〔註131〕崔述：《孟子事實錄》卷下，《孟子所辯多楊、墨之說》，見《崔東壁遺書》，第430頁。

古人之難做也！」〔註132〕認爲崔述把楊、墨視爲異端的想法是不可取的。

梁啓超在對崔述及其《考信錄》進行讚揚的同時，也提出了批評意見。他說：「吾中國號稱古名國，文明最先矣。然《六經》以前無復書記：夏、殷無徵，周籍已去，共和以前不可年識。秦、漢以後，乃得詳記。而譙周、蘇轍、胡宏、羅泌之流乃敢於考古，實其荒誕，崔東壁乃爲《考信錄》以傳信之，豈不謬哉！」〔註133〕他認爲崔述的著述記載了一些荒誕之說，這種傳訛的做法是不可取的。

錢穆認爲崔述的古史研究存在這樣的弊病：「崔氏之於古史，有信之太深者，亦有疑之太勇者。」〔註134〕他具體分析了出現這種情況的原因：「崔氏深信經傳，常以『曾謂聖人而有是』之見遇之，此我所謂其信古太深也；而結果所至，遂不得不並經傳而疑之，此我所謂其疑古太勇也。」〔註135〕同時指出：「是則崔氏之病在於所信之過狹，其弊遂陷於所疑之過多也。」〔註136〕因此，錢穆總結道：「夫崔氏所疑未必是，即古說之相傳未必非。」〔註137〕

羅振玉在與王國維討論學術得失時，曾談及崔述及其《考信錄》，他主張復古，對崔述的疑古頗有微詞。他在 1912 年致王國維的論學書中說：「尼山之學在信古，今人則信今而疑古，國朝學者疑《古文尚書》，疑《尚書孔注》，疑《家語》，所疑固未嘗不當，及大名崔氏著《考信錄》，則多疑所不必疑矣，至於晚近，變本加厲，至謂諸經皆出僞造，至歐西哲學，其立論多似周秦諸子，若尼采諸家學說賤仁義、薄謙遜、非節制，欲創新文化以代舊文化，則流弊滋多。方今世論益歧，三千年之教澤不絕如線，非矯枉不能返經，士生今日，萬事不可爲，欲拯此橫流，捨反經信古未由也。公年方壯，予亦未至衰暮，守先待後，期與子共勉之。」〔註138〕他認爲，崔述《考信錄》中的一些辨疑是沒有必要的。

錢玄同對崔述的學術也十分重視，他曾指出：「我覺得宋以來有四個大學

〔註132〕唐鉞：《楊朱的學派》，見《崔東壁遺書》，第 1092 頁。
〔註133〕梁啓超：《上古茫昧無稽考引言》，見《崔東壁遺書》，第 1076 頁。
〔註134〕錢穆：《錢穆序》，見《崔東壁遺書》，第 1048 頁。
〔註135〕錢穆：《錢穆序》，見《崔東壁遺書》，第 1049 頁。
〔註136〕錢穆：《錢穆序》，見《崔東壁遺書》，第 1049 頁。
〔註137〕錢穆：《錢穆序》，見《崔東壁遺書》，第 1049 頁。
〔註138〕羅振玉：《海寧王忠愨公傳》，見羅繼祖主編《王國維之死》，廣東教育出版社，1999 年，第 6 頁。

者，本來都是可以有大成就的，因爲被『經』罩住了，以致大蒙其害。四人者，朱熹、顏元、章學誠、崔述是也。」〔註139〕可見，他在肯定崔述的同時，也指出其學術中的根本缺陷，即以「經」爲出發點。

　　針對一些學者對崔述史學的質疑和否定，胡適也指出：「今日的新史學確已有超過崔述的趨勢，所以有人說『崔述時代已過去了』，這也並不是過分的話。」〔註140〕但同時，他仍然堅持自己的觀點，認爲崔述的史學還是極具價值的，只不過是受到了當時時代的局限：「崔述是一百多年前的史家，他當然要受那個時代的思想學術的限制，他的許多見不到的地方，都是很可以原諒寬恕的。他的永久價值並不在這一些隨時有待於後人匡正的枝節問題。崔學的永久價值全在他的『考信』的態度，那是永永不會磨滅的。我在十四年前說的『先須要跟上崔述』，也正是要跟上他的『考信』的態度。」〔註141〕

　　顧頡剛指出了崔述治學的弊病，認爲崔述「究竟是生長在理學的家庭裏的，所以他雖敢打破傳記諸子而終不敢打破經，他對古帝王、聖賢的神聖的地位依然表示其崇拜。因此崔述的最大的弊病，就是他爲古聖賢護善。他雖說『就事論事，未嘗有人之見存』，但他終忘不了幾個聖賢」〔註142〕，「他根本的誤處，是信古史系統能從古書中建立起來，而不知古書中的材料只夠打破古史系統而不夠建立古史系統」〔註143〕。此外，顧頡剛對於崔述的著述也提出兩點不滿意之處：「第一點，他著書的目的是要替古聖人揭出他們的聖道王功，辨偽只是手段。他只知道戰國以後的話足以亂古人的眞，不知道戰國以前的話亦足以亂古人的眞。他只知道楊墨的話是有意裝點古人，不知道孔門的話也是有意裝點古人。所以他只是儒者的辨古史，不是史家的辨古史。第二點，他要從古書上直接整理出古史迹來，也不是妥穩的辦法。因爲古代的文獻可徵的已很少，我們要否認偽史是可以比較各書而判定的，但要承認信史便沒有實際的證明了。崔述相信經書即是信史，拿經書上的話做標準，合的爲眞，否則爲偽，所以整理的結果，他承認的史迹亦頗楚楚可觀。但這在我們看來，終究是立腳不住的：因爲經書與傳記只是時間的先後，並沒有截然不同的眞偽區別；假使在經書之前還有書，這些經書又要將做傳記了。」

〔註139〕錢玄同：《論〈詩〉說及群經辨偽書》，《古史辨》第一冊，第52頁。
〔註140〕胡適：《胡適序》，見《崔東壁遺書》，第1044頁。
〔註141〕胡適：《胡適序》，見《崔東壁遺書》，第1044頁。
〔註142〕顧頡剛：《崔東壁遺書序》，見《崔東壁遺書》，第63頁。
〔註143〕顧頡剛：《崔東壁遺書序》，見《崔東壁遺書》，第64頁。

他接著給出了解決的辦法和研究的方向：「我們想在既沒有『經書即信史』的成見，所以我們要辨明古史，看史迹的整理還輕，而看傳說的經歷卻重。凡是一件史事，應當看他最先是怎樣的，以後逐步逐步的變遷是怎樣的。我們既沒有實物上的證明，單從書籍上入手，只有這樣做才可得一確當的整理，才可盡我們整理的責任。」〔註 144〕錢穆曾總結了顧頡剛學術對崔述史學的繼承和揚棄：「日懷疑，日辨偽，日考信，此顧君深有取於崔書者也；日儒術，日《六經》，日堯、舜、禹、湯、文、武、周公、孔、孟，此顧君之未必有取於崔書者也。然嘗試取顧君書而讀之，凡其所辨，大要仍是儒術之與《六經》，堯、舜、禹、湯、文、武、周公之與孔、孟焉。故疑，可也，信，可也，考而辨之，無不可也，要之治古史不能不通儒術，不能不知經義，不能不牽連而及於堯、舜、禹、湯、文、武、周公、孔、孟，則固顧君之所不能大異於崔書者也。」〔註 145〕

最後，顧頡剛認為在傳承崔述學術的同時，要勇於摒棄其謬誤之處，並敢於超越他：「東壁無論有什麼不對的地方，都是由於時代的關係。至於在辨偽史上，他總已導我們的先路了，他已經用了四十年的力量，篳路藍縷以開道路，使我們易為功了。只要好的方面我們能追攀他，壞的方面我們敢違背他，善於做他的『後者』，竟他未竟之功。所以我們如果善學崔東壁，就應當超過崔東壁！」〔註 146〕於是，顧頡剛在崔述學術的基礎上，將古史的考辨更加系統化，形成「古史辨」派，並提出「層累地造成的中國古史」說。

顧洪在《崔述對故事之取捨態度》中對崔述的辨偽進行了批判：「戰國時人言堯、舜與言桀、紂，只是方向的不同，並非質量（放大的倍數）的不同。崔述只是要保存好的一方面的擴大之量，而推翻壞的一方面的擴大之量及足以損壞好的擴大量者。他用聖道王功的眼光看，固應如此。現在我們用民俗學的眼光看，則不但好的要保存，即壞的亦要保存。若用歷史學的眼光看，則不但壞的要推翻，即好的亦要推翻。《考信錄》以高陽、高辛之才子置入備覽，以帝鴻、少昊之不才子置入存疑，亦是信其好的，疑其壞的。『譽堯非桀』，原是戰國人同樣的態度，崔氏只把『非桀』一方面駁了，卻忘記了『譽堯』一方面。譽堯一方面不但沒有駁，反而以為的真，所以他的辨偽

〔註 144〕顧頡剛：《與錢玄同先生論古史書》，《古史辨》第一冊，第 59～60 頁。
〔註 145〕錢穆：《錢穆序》，見《崔東壁遺書》，第 1051 頁。
〔註 146〕顧頡剛：《崔東壁遺書序》，見《崔東壁遺書》，第 64～65 頁。

是畸形的辨偽。」〔註147〕

　　王元化總結了學者對崔述史學的不同態度：「《崔東壁遺書》上海古籍於一九八三年出版，十六開本，千餘頁，精裝成巨帙，雖捧讀唯艱，但檢索甚便。書前有王煦華協助顧頡剛所寫長序，約數萬言。此序爲顧氏晚年重要論文，述其學術思想甚詳。崔著清時影響不大，觀遺書尾所附清時諸儒之評騭可知。『五四』後，疑古思潮日熾，由胡適倡導，顧氏以十年心血將崔著整理出版。錢穆序中可見其對崔著之委婉微諷。崔述以疑古辨偽爲顧氏所重。據顧氏云，古史研究即在辨偽與造偽（或成偽）之爭。以懷疑精神探究古史本無可非議，但以辨偽規範古史，則未免過於簡單。蓋如此難免胸中橫亙先入之見，所見莫非偽書。倘再率爾斷案，則其弊尤甚。如崔述曾斷『老子之言皆楊朱之說』，雖顧氏亦謂此說『毫無根據，自嫌鹵莽』。」〔註148〕

　　最終，崔述的史學得以流傳並彰顯於後世得益於顧頡剛的推動。「崔述及其《遺書》，由於顧頡剛的推挹，才能昌明於世，並爲本世紀二十年代至四十年代古史大辨析起了催化作用，形成了『古史辨派』。」〔註149〕由於時代的局限性，崔述在進行古史考辨時，「囿於封建的傳統觀念，在考辨古史之時，往往爲古聖賢曲護；加之信古太深，疑古太勇，間有證據不周或互相牴牾之處」〔註150〕。時至今日，隨著考古文物的發掘和解讀、現代科技方法的運用和更新，使得研究古史的條件比崔述時大爲改進，但崔述在當時條件下取得如此的成就，實屬不易。崔述獨樹一幟，不計得失，勇於思辯，將治史求實視爲宗旨，不阿世、不隨風的學術精神，至今對史學研究者仍具有極大的鼓舞和啓迪作用。

〔註147〕顧頡剛著、顧洪編：《顧頡剛學術文化隨筆》，中國青年出版社，1998 年，第261 頁。
〔註148〕王元化：《思辨錄》，上海古籍出版社，2004 年，第 177 頁。
〔註149〕洪波：《論崔述及其〈遺書〉》，《杭州大學學報》1987 年第 1 期，第 132 頁。
〔註150〕洪波：《論崔述及其〈遺書〉》，《杭州大學學報》1987 年第 1 期，第 131 頁。

餘　論

　　崔述一生致力於疑古、辨僞、考信之研究，對先秦歷史事迹與歷史載籍
予以深入地考辨，揭發無數誤記、訛傳與誣妄之說，表現出理性的疑古學風。
崔述以疑古爲出發點的歷史考據，多從不可信的角度對古史記載予以考辨。
他認爲：「戰國之時，邪說並作，寓言實多，漢儒誤信而誤載之，固也。亦有
前人所言本係實事，而遞傳遞久以致誤者。」〔註1〕崔述自稱：「今爲《考信
錄》，不敢以載於戰國、秦、漢之書者悉信以爲實事，不敢以東漢、魏、晉諸
儒之所注釋者悉信以爲實言，務皆究其本末，辨其同異，分別其事之虛實而
去取之。」〔註2〕這表現出深切的實事求是理念。但由於時代的局限，崔述的
疑古之學尊崇儒學經典，並將之作爲疑古、辨僞、考信的依據。

　　崔述史學取得的成就源自於其良好的文化環境。學者治學，離不開一定
的文化環境。而從個體角度來看，每個學者即使處於同一時代，其治學的宏
觀、微觀文化環境也不盡相同，甚而差距巨大。學者個人的治學環境，實際
是其社會地位、人脈關係、家世背景、本人學術特點與當時社會學風等等因
素相互糾合的綜合體現。以明末清初的學者黃宗羲（1610～1695）、顧炎武
（1613～1682）、王夫之（1619～1692）等三大思想家爲例，他們皆恪守遺民
身份，一生不仕清朝，大致處於相似的宏觀社會背景之下，然而王夫之與黃、
顧二人的治學環境大相徑庭。黃、顧二人講學、遊學，弟子眾多，著述流行，
學術名聲當時即顯赫於世，且與清朝爲官的文人、學者結交甚廣，甚至晚輩
戚屬即爲清朝達官。對於清廷辦理之事如纂修《明史》，也予以一定程度的參

〔註1〕　崔述：《考信錄提要》卷上，《釋例》，見《崔東壁遺書》，第7頁。
〔註2〕　崔述：《考信錄提要》卷上，《釋例》，見《崔東壁遺書》，第8頁。

與、合作。因此黃宗羲、顧炎武治學的大、小環境，均屬良好，基於精心探討，取得學術成就與著作傳世，皆若順水行舟。王夫之則拒不剃髮，避入深山，潛心著述，只有家人及不多的學生與之接觸，生活也需學生輩接濟與照顧。但王夫之以堅韌的治學毅力，撰寫了大量學術著作，思想認識水平達於時代巔峰，卻不顯於當世，生前僅刻印詩集一種，後仍佚失。幸而子孫後代敬謹保存其著述，陸續有所刻印，使王夫之學術漸為人知，至清同治年間，經曾國藩兄弟對王氏著述的廣行搜集、著力表彰，刻印《船山遺書》行世，方聲名大顯。對比黃宗羲、顧炎武，王夫之治學的有利條件只有一個很狹小的文化環境，全憑超乎尋常的學術意志和精密深湛的思考來彌補條件的不足，取得豐碩成果。但著述是否可以傳世，仍頗具風險，有待於大環境的嬗變。因此，雖然都是以明朝遺民自居，黃宗羲、顧炎武經營了一個較大空間的文化環境，而王夫之則自安於在很小的文化環境內刻苦治學。

至乾嘉時期，清朝社會的政治、文化背景已經發生了很大改變，但學者治學的宏觀、微觀文化環境問題依然存在，只是具有新的特點而已。崔述的治學境遇甚至比不上批評考據學風、專攻史學理論的章學誠。將崔述的治學歷程與同時代的章學誠予以對比，更能夠將學者所處文化環境的問題明晰地展現出來，對於學術史的研討具有啟示作用。

章學誠（1738～1801），字實齋，清代乾嘉時期史學理論家，同時在方志學、目錄學（校讎學）理論上頗有創樹。撰有《文史通義》、《校讎通義》等等，所謂「通義」，是屬於理論性層次的問題，其治學特點在於作理論探討，而不善於具體史事的細緻考證，這與當時強勁的考據學風似乎格格不入。如艾爾曼就指出：「章學誠認識到自己的學說和考據學派的學術風氣針鋒相對。因此，他有關史學和史料編纂學性質的論著一直受到冷遇，直到 20 世紀才因內藤虎次郎和胡適的注意引起重視。18 世紀，不是章學誠，而是考據專家錢大昕，才是公認的著名歷史學家。章未受到同時代學術主流派的注意，他對時代確實未產生過影響。」〔註3〕但實際情況並不盡然，從胡適、姚名達撰著、訂補的《章實齋先生年譜》中可以看到，章氏不僅得到朱筠、梁國治、畢沅等達官顯宦的賞識，也獲得一般官員如馮廷丞、周震榮、裴振、陳奉茲等人的多種幫助和接濟。章學誠考中進士，得自梁國治的選拔、提攜，進士的功名和地位無疑給章氏提供了很大的文化活動空間。章氏與錢大昕、王念孫、

〔註3〕 〔美〕艾爾曼：《從理學到樸學》，江蘇人民出版社，1995 年，第 47 頁。

邵晉涵等學界名流多有交遊，其中與邵晉涵的友情尤深。由周震榮鼎力推動、畢沅聘用章學誠主持編纂《史籍考》，在當時就是引人注目的學術大事件。特別是一生多次被聘請纂修各地方志，乃章學誠得以在史學理論上有所創樹的主要因素。〔註4〕由此可見，乾嘉時期對於章學誠的學術研究而言，不是十分嚴重的逆境，胡適為章氏「抱不平」說：「那班『擎〔襞〕績補苴』的漢學家的權威竟能使他的著作遲至一百二十年後方才有完全見天日的機會，竟能使他的生平事迹埋沒了一百二十年無人知道。」〔註5〕這講得有些言過其實，而移用來描述崔述的境遇，倒比較貼切。

　　崔述僅僅中舉，而會試中屢屢落榜，這一點上已經遜色於章學誠。更值得注意的是，他既不像章學誠及許多學者那樣在官員門下做幕賓，也不謀求纂修方志之類的社會文化活動，不結交學界名流與時賢。加之治學的疑古考據宗旨，所受冷遇和排斥遠遠大於不搞考據的章氏。對於自己著述「傳與不傳，聽之時命，非我所能預計者矣」的感歎，固然表達了堅定治學的決心，但同時也從主觀上放棄了在治學環境改善上的經營。有陳履和做出刊刻其著述的無私奉獻，實乃萬幸，但即使如此，百年間的埋沒無聞，也遠比章學誠嚴重，沒有近代思想文化的全面轉型，崔述學術思想的價值和意義是很難得到社會普遍認同的。直到1903年，日本學者那珂通世才發現了崔述的著作，將陳履和刻本進行整理、排印，在日本「始漸知其可注意」〔註6〕。隨後，劉師培、胡適等人開始撰寫文章，介紹崔述生平及著作，他在古史辨偽方面的貢獻才逐漸傳佈於中國學界。顧頡剛自二十世紀二十年代至八十年代，投入頗大精力和功力，搜集、整理和補訂出版《崔東壁遺書》，收入所有可資研究參考的相關資料，對其學術思想予以熱烈地闡揚、表彰，方使崔述立於清代第一流大學者之林。通過研討崔述治學成就與文化環境之間的關係，可以得出以下幾點關於學術史研究的理論性啓示：

　　第一，學者之成學，必然有其相應的宏觀文化環境及微觀文化環境。探析重要學者所處的不同文化環境，應當作為中國學術史研究的重要關注點。這種研究應當深入、具體，細緻考察特定學者個人所處的宏觀、微觀不同範圍的文化環境。

〔註4〕　詳見喬治忠：《章學誠的史學創見與修志實踐的關係》，《南開學報》1988年第4期，第78～79頁。
〔註5〕　胡適：《章實齋先生年譜‧胡序》，商務印書館，1933年，第1頁。
〔註6〕　趙貞信：《考信錄解題‧附記》，見《崔東壁遺書》，第930頁。

第二，學術事業是社會文化的精粹部分，具有頑強的發展潛力。具有真才實學、優秀撰著的學者，即使一時不能獲得良好的宏觀文化環境，也往往可以構建出一個較小的支撐環境，使之終有成就，崔述就是一個很好的例證。

第三，歷史上的不少學者，在致志於學術的同時，往往進行改善自身所處文化環境的社會活動，這有時雖難免謀求名利之嫌，但只要以治學為本，見識精到，即可以予以適當的理解和同情。

第四，歷史上確實有一些學者，專心治學，成就卓然，但不善於或不屑於經營與擴展其所處的文化環境，於是雖有著述留存，但仍被埋沒、塵封。學術史、文化史的研究應當予以發微闡幽，使之顯見於世，特別是對於民間從事偏僻學術門類研究而確有成就者，要投入人力做深入調查。崔述的史學成就在近代被中日史學家所發現、表彰，從而彪炳於清代史學史，就是一個典型的範例。

對崔述史學觀點的讚揚，這裡不再多論，而對崔述的批評，則有責其疑古原則不算徹底、不應將儒學經典視為必信的古籍；也有嫌其疑古太過、力欲維護傳統史學的古史系統。這兩種批評態度和出發點是大不相同的。一般而言，批評崔述篤信儒學經典，責備其思想局限性者，立論方向正確，值得參考，而維護舊史學系統以抨擊疑古者，多顯示一種守舊的史學傾向，值得警戒和剖析。

崔述的史學思想到底是「疑古不夠」還是「疑古過頭」？兩種相反的說法不能不辨。前已論述，崔述不敢懷疑儒學經典，反而將之作為考信的依據，今天看來確有局限，而且這種局限是全局性宏觀性的。認為崔述疑古疑得不夠，是有道理的，總體上可以這樣評論，但這主要歸於時代性的局限而不能苛責崔述本人，因為他已經走在同時代諸多學者的前面。崔述所懷疑古史記載的具體事例，也有可能出現訛誤，被他懷疑過的具體事項，也有可能後來證明是可信的。但一則這樣的實例不會過多，二則這些細微偏差不能等同於整個理念的偏差，因此指責崔述「疑古過頭」是偏激的。

崔述畢竟是距今一百多年前的古代史學家，以現代的學術水平衡量其史學思想的局限性以及具體結論的是否確當，都不乏可以指謫之處，關鍵在於這種勇於考古疑辯的治學風格，在清代是否具備思想進步的意義？在現代史學的學科建設中是否仍然需要保持和提倡？這才是研究和評論崔述史學亟需解決的學術問題。學術界當今有「走出疑古時代」的主張，也有前引「中國

近代以來缺乏一場更大規模的疑古思潮，以完成對上古史舊體系的清掃」的論斷，筆者的看法是認同於後者的。

　　崔述著述被近代學者所認識和研究起於日本，在日本學術界產生了重大影響，對日本疑古思潮的產生和發展起到了推動作用，促進了日本史學近代化的轉型。崔述史學在中國，對近代「古史辨派」的影響頗大，對20世紀前期的「古史辨派」學者有所啓發、有所裨益。顧頡剛告誡後學要用批判的眼光看待崔述的史學，顧頡剛所提出的「層累地造成的中國古史」說也受到了崔述的影響，在崔述的著述中可尋到原型和出處，顧頡剛在治史方法上對崔述也進行了繼承和發揚。因此，崔述史學在中國，對近代疑古學風的興起及「古史辨派」的產生都起到了一定的影響，爲一場史學近代化的革命性運動增加了活力。

　　崔述的史學，在日本和中國的近代史學發展中，都起到積極、進步的促進作用，其學術價值和思想價值不可否定，清代的諸多歷史家，就其在中日史學界造成的震撼性影響而言，尚無一人可以與崔述相比。所以史學界理應對崔述的史學成就和史學思想做更加深入、客觀的研究，準確評價他的思想在清乾嘉時期的進步意義和時代制約下的局限性。迄今爲止，這項學術研究還有很大的空間未得開發，史學界的時賢應當共同努力。

參考文獻

一、史料類

1. 〔清〕丁申:《武林藏書錄》,上海:古典文學出版社,1957。
2. （漢）司馬遷:《史記》,北京:中華書局,1959。
3. 〔清〕張之洞著、范希曾補正:《書目答問補正》,上海:上海古籍出版社,1983。
4. 〔清〕崔述撰、顧頡剛編訂:《崔東壁遺書》,上海:上海古籍出版社,1983。
5. 《清實錄》,北京:中華書局,1985～1987。
6. 〔元〕馬端臨:《文獻通考》,北京:中華書局,1986。
7. 《清史列傳》,北京:中華書局,1987。
8. 〔宋〕陳振孫:《直齋書錄解題》,上海:上海古籍出版社,1987。
9. 〔清〕趙翼:《甌北集》,上海:上海古籍出版社,1997。
10. 〔清〕趙爾巽:《清史稿》,北京:中華書局,1998。
11. 〔清〕江藩、方東樹:《漢學師承記》,北京:三聯書店,1998。
12. 《續修四庫全書總目》,濟南:齊魯書社,1999。
13. 〔清〕紀昀等:《四庫全書總目》,四庫全書文淵閣本。
14. 〔清〕崔述撰、〔日〕那珂通世校點:《崔東壁先生遺書十九種》,北京:北京圖書館出版社,2007。

二、著作類

（一）涉及崔述的著作

1. 劉汝霖:《崔東壁年譜》,北京:北平文化學社,1928。

2. 姚紹華：《崔東壁年譜》，臺灣：商務印書館，1973。

3. 邵東方：《崔述與中國學術史研究》，北京：人民出版社，1998。

4. 邵東方：《崔述學術考論》，桂林：廣西師範大學出版社，2009。

5. 吳量愷：《崔述評傳》，南京：南京大學出版社，2001。

（二）主要史學史及有關著作

1. 〔日〕三宅米吉：《文學博士三宅米吉著述集》，東京：目黑書店，1929。

2. 鄭鶴聲：《中國史部目錄學》，北京：商務印書館，1930。

3. 梁啓超：《中國歷史研究法補編》，上海：商務印書館，1933。

4. 胡適：《章實齋先生年譜·胡序》，上海：商務印書館，1933。

5. 楊鴻烈：《史學通論》，長沙：商務印書館，1939。

6. 魏應麒：《中國史學史》，上海：商務印書館，1947。

7. 柳詒徵：《國史要義》，上海：中華書局，1948。

8. 胡應麟：《少室山房筆叢》，上海：中華書局，1958。

9. 梁啓超：《古書眞僞及其年代》，北京：中華書局，1962。

10. 金毓黻：《中國史學史》，北京：中華書局，1962。

11. 〔日〕內藤湖南：《內藤湖南全集》，東京：築摩山房，1969。

12. 朱傑勤：《中國古代史學史》，鄭州：河南人民出版社，1980。

13. 張舜徽：《中國古代史籍校讀法》，上海：上海古籍出版社，1980。

14. 吳澤主編：《中國史學史論集》，上海：上海人民出版社，1980。

15. 古國順：《清代尚書學》，臺灣：文史哲出版社，1981。

16. 杜維運：《與西方史家論中國史學》，臺灣：臺灣東大圖書公司，1981。

17. 顧頡剛編著：《古史辨》，上海：上海古籍出版社，1982。

18. 劉節：《中國史學史稿》，河南：中洲書畫社，1982。

19. 〔日〕宇野哲人著、馬福辰譯：《中國近世儒學史》，北京：中國文化大
學出版社，1982。

20. 王重民：《中國善本書提要》，上海：上海古籍出版社，1983。

21. 趙制陽：《詩經名著評介》，臺灣：學生書局，1983。

22. 倉修良、魏得良：《中國古代史學史簡編》，哈爾濱：黑龍江人民出版社，
1983。

23. 吳澤、楊翼驤主編：《中國歷史大辭典·史學史卷》，上海：上海辭書出
版社，1983。

24. 張孟倫：《中國史學史》，蘭州：甘肅人民出版社，1983（上冊）、1986
（下冊）。

25. 李宗侗:《中國史學史》,北京:中國友誼出版公司,1984。

26. 張舜徽主編:《中國史學家傳》,遼寧:遼寧人民出版社,1984。

27. 〔美〕施耐德著、梅寅生譯:《顧頡剛與中國新史學——民族主義與取代中國傳統方案的探索》,臺灣:華世出版社,1984。

28. 吳澤主編:《史學概論》,合肥:安徽教育出版社,1985。

29. 尹達主編:《中國史學發展史》,鄭州:中州古籍出版社,1985。

30. 甲凱:《史學通論(含中國史學史)》,臺灣:學生書局,1985。

31. 支偉成:《清代樸學大師列傳》,長沙:嶽麓書社,1986。

32. 趙吉惠:《歷史學概論》,西安:三秦出版社,1986。

33. 張舜徽:《中國古代學者百人傳》,北京:中國青年出版社,1986。

34. 王汎森:《古史辨運動的興起》,臺灣:允晨文化實業股份有限公司,1987。

35. 楊翼驤:《中國史學史資料編年》一、二、三冊,天津:南開大學出版社,1987、1994、1999。

36. 趙光賢:《中國歷史研究法》,北京:中國青年出版社,1988。

37. 王餘光:《中國歷史文獻學》,武漢:武漢大學出版社,1988。

38. 蔣善國:《尚書綜述》,上海:上海古籍出版社,1988。

39. 《民國叢書》編輯委員會編:《中國文學批評史》,上海:上海書店出版社,1989。

40. 吳澤主編:《中國近代史學史》,南京:江蘇古籍出版社,1989。

41. 蕭黎主編:《中國歷史學四十年》,北京:書目文獻出版社,1989。

42. 周朝民、莊輝明、李向平:《中國史學四十年》,南寧:廣西人民出版社,1989。

43. 張舜徽主編:《中國史學名著題解》,北京:中國青年出版社,1990。

44. 唐鑒:《國朝學案小識》,濟南:山東友誼書社,1990。

45. 李元度著、易孟醇點校:《國朝先正事略》,長沙:嶽麓書社,1991。

46. 胡逢祥、張文建:《中國近代史學思潮與流派》,上海:華東師範大學出版社,1991。

47. 彭明輝:《疑古思想與現代中國史學的發展》,臺灣:臺灣商務印書館,1991。

48. 喬治忠:《清朝官方史學研究》,臺北:文津出版社,1994。

49. 陳其泰:《中國近代史學的歷程》,鄭州:河南人民出版社,1994。

50. 孫欽善:《中國古文獻學史》,北京:中華書局,1994。

51. 耿雲志主編:《胡適遺稿及秘藏書信》(第 42 冊),合肥:黃山書社,1994。

52. 〔美〕艾爾曼：《從理學到樸學》，南京：江蘇人民出版社，1995。

53. 〔臺〕林慶彰主編，汪嘉玲、游均晶、侯美珍編輯：《乾嘉學術研究論著目錄（1900～1993）》，臺北：中研院文哲所，1995。

54. 蔣俊：《中國史學的近代化進程》，濟南：齊魯書社，1995。

55. 喬治忠、姜勝利：《中國史學史研究述要》，天津：天津教育出版社，1996。

56. 錢仲聯主編：《中國文學家大辭典》，北京：中華書局，1996。

57. 梁啓超：《清代學術概論》，北京：東方出版社，1996。

58. 梁啓超：《中國近三百年學術史》，北京：東方出版社，1996。

59. 白壽彝總主編：《中國通史》，上海：上海人民出版社，1996。

60. 吳懷祺：《中國史學思想史》，合肥：安徽人民出版社，1996。

61. 王學典：《二十世紀後半期中國史學主潮》，濟南：山東大學出版社，1996。

62. 耿雲志、歐陽哲生：《胡適書信集》，北京：北京大學出版社，1996。

63. 〔日〕內藤湖南著，儲元熹、卞鐵堅譯：《日本書化史研究》，北京：商務印書館，1997。

64. 錢穆：《中國近三百年學術史》，北京：商務印書館，1997。

65. 姜勝利：《清人明史學探研》，天津：南開大學出版社，1997。

66. 王樹民：《中國史學史綱要》，北京：中華書局，1997。

67. 劉師培：《劉申叔遺書》，南京：江蘇古籍出版社，1997。

68. 顧頡剛著、顧洪編：《顧頡剛學術文化隨筆》，北京：中國青年出版社，1998。

69. 杜春和等編：《胡適論學往來書信選》，石家莊：河北人民出版社，1998。

70. 漆永祥：《乾嘉考據學研究》，北京：中國社會學科出版社，1998。

71. 嚴耕望：《治史三書》，瀋陽：遼寧教育出版社，1998。

72. 陳其泰：《史學與中國文化傳統》，北京：學苑出版社，1999。

73. 瞿林東：《中國史學史綱》，北京：北京出版社，1999。

74. 羅繼祖主編：《王國維之死》，廣州：廣東教育出版社，1999。

75. 李慶編注：《東瀛遺墨：近代中日文化交流稀見史料輯注》，上海：上海人民出版社，1999。

76. 路新生：《中國近三百年疑古思潮研究》，上海：上海人民出版社，2001。

77. 馮天瑜主編：《中華文化辭典》，武漢：武漢大學出版社，2001。

78. 戴維：《詩經研究史》，《史學派崔述的〈詩經〉研究》，長沙：湖南教育出版社，2001。

79. 楊翼驤：《學忍堂文集》，北京：中華書局，2002。

80. 朱維錚：《中國經學史十講》，上海：復旦大學出版社，2002。

81. 吳懷祺主編、王記錄著：《中國史學思想通史・清代卷》，合肥：黃山書社，2002。

82. 周文玖：《中國史學史學科的產生和發展》，北京：北京師範大學出版社，2002。

83. 徐雁平：《胡適與整理國故考論——以中國文學史研究爲中心》，合肥：安徽教育出版社，2003。

84. 余英時：《中國傳統思想觀的現代詮釋》，南京：江蘇人民出版社，2003。

85. 楊燕起、高國抗主編：《中國歷史文獻學》，北京：北京圖書館出版社，2003。

86. 姜義華、瞿林東、趙吉惠：《史學導論》，上海：復旦大學出版社，2003。

87. 許冠三：《新史學九十年》，長沙：嶽麓書社，2003。

88. 張舜徽：《中國古代史籍舉要》，昆明：雲南人民出版社，2004。

89. 顧頡剛：《秦漢的方士與儒生》，上海：上海古籍出版社，2004。

90. 王元化：《思辨錄》，上海：上海古籍出版社，2004。

91. 〔日〕內藤湖南著、錢婉約譯：《中國史通論——內藤湖南博士中國史學著作選譯》，北京：社會科學文獻出版社，2004。

92. 余英時：《論戴震與章學誠》，北京：三聯書店，2005。

93. 姚名達：《中國目錄學史》，上海：上海古籍出版社，2005。

94. 楊國榮主編：《思想與文化（第 5 輯）》，上海：華東師範大學出版社，2005。

95. 陳祖武、朱彤窗：《乾嘉學派研究》，石家莊：河北人民出版社，2005。

96. 江林昌：《中國上古文明考論》，上海：上海教育出版社，2005。

97. 白壽彝主編：《中國史學史》，上海：上海人民出版社，2006。

98. 瞿林東編：《中國史學史研究》，武漢：湖北教育出版社，2006。

99. 尹繼佐、周山主編，李海生著：《中國學術思潮史・卷七：樸學思潮》，上海：上海社會科學院出版社，2006。

100. 蒙文通：《中國史學史》，上海：上海人民出版社，2006。

101. 杜維運：《史學方法論》，北京：北京大學出版社，2006。

102. 孫衛國：《王世貞史學研究》，北京：人民文學出版社，2006。

103. 周文玖：《史學史導論》，北京：學苑出版社，2006。

104. 王煦華：《顧頡剛先生學行錄》，北京：中華書局，2006。

105. 楊緒敏：《中國辨僞學史》，天津：天津人民出版社，2007。

106. 姚薇元：《中國史學史概要》，武漢：武漢大學出版社，2007。

107. 顧頡剛：《顧頡剛日記》，臺北：聯經出版事業公司，2007。

108. 羅炳良：《清代乾嘉歷史考證學研究》，北京：北京圖書館出版社，2007。

109. 喬治忠：《中國官方史學與私家史學》，北京：北京圖書館出版社，2008。

110. 章太炎、劉師培等撰：《中國近三百年學術史論》，上海：上海古籍出版社，2008。

111. 〔日〕內藤湖南著、馬彪譯：《中國史學史》，上海：上海古籍出版社，2008。

112. 謝保成：《中國史學史》，北京：中國社會科學出版社，2008。

113. 梁啓超：《中國歷史研究法》，北京：中華書局，2009。

114. 倉修良：《中國古代史學史》，北京：人民出版社，2009。

115. 瞿林東：《20世紀中國史學發展分析》，北京：北京師範大學出版社，2009。

116. 劉墨：《現代國學思潮與人物》，北京：團結出版社，2009。

117. 余嘉錫：《目錄學發微》，長沙：嶽麓書院，2010。

118. 喬治忠：《中國史學史》，北京：中國人民大學出版社，2011。

三、論文類

（一）顧頡剛《崔東壁遺書》收錄的《關於本書的評論》

1. 戚學標：《覆崔東壁論三正及經界書》，《國粹學報》1911年第82期《撰錄》欄。

2. 戚學標：《再與崔東壁論經界書》，《國粹學報》1911年第82期《撰錄》欄。

3. 王崧：《舜家門之難》，《說緯》卷二，《雲南叢書》本。

4. 王崧：《子見南子》，《說緯》卷四，《雲南叢書》本。

5. 王崧：《孔子刪詩》，《說緯》卷三，《雲南叢書》本。

6. 王崧：《覽古》，《樂山集》卷上，《雲南叢書》本。

7. 王崧：《春王正月解》，《樂山集》卷上，《雲南叢書》本。

8. 唐鑒：《大名崔先生學案》，《學案小識》卷十四經學學案。

9. 劉鴻翔：《帝王考信錄辨》，《綠野齋前後合集》卷一。

10. 劉鴻翔：《洙泗考信錄辨》，《綠野齋前後合集》卷一。

11. 張維屏：《崔述》，《國朝詩人徵略二編》卷三十五。

12. 張澍：《闢崔氏說》，《養素堂文集》卷二十九。

13. 郭夢星：《論孟別解》，《千窗隨筆》卷一。

14. 陳澧：《尚書中之治法》，《東塾讀書記》卷五。

15. 喬松年：《〈古公亶夫〉》，《蘿藦亭札記》卷五。

16. 劉老恭：《崔氏詩人》，《野紀便覽拾遺》第二。

17. 謝庭蘭：《書崔東壁〈考信錄〉後》，《湘谷初稿》卷三。

18. 張之洞：《〈考信錄〉》，《書目答問》。

19. 胡適：《〈崔東壁遺書〉》，《一個最低限度的國學書目》。

20. 楊鍾義：《知非集》，《雪橋詩話續集》卷五。

21. 康有爲：《〈上古茫昧無稽考〉引言》，《孔子改制考》卷一。

22. 裴景福：《思與學》，《河海崑崙錄》卷三。

23. 〔日〕三宅米吉述、黃子獻譯：《那珂通世校訂〈東壁遺書〉》，《日本書學博士那珂通世傳》之一節，北平師範大學《史學叢刊》第二期。

24. 蛤笑：《史學兩蔽與〈考信錄〉》，《史學芻論》，光緒戊申《東方雜誌》第六期。

25. 〔日〕岡崎文夫著、周一良譯：《崔述對於禪讓之見解》，1927 年《支那學》第四卷第三號。

26. 梁啓超：《上古史之研究》，《清代學者整理舊學之總成績》第六章《史學》之乙，《東方雜誌》第二十一卷第十七號。

27. 梁啓超：《辨僞書》，《清代學者整理舊學之總成績》第四章，《東方雜誌》第二十一卷第十六號。

28. 梁啓超：《〈論語〉之注釋書及關係書》，《要籍解題及其讀法》。

29. 梁啓超：《〈孟子〉之注釋書及關係書》，《要籍解題及其讀法》。

30. 梁啓超：《〈詩序〉之僞妄》，《要籍解題及其讀法》。

31. 梁啓超：《〈史記〉讀法》，《要籍解題及其讀法》。

32. 梁啓超：《考信錄》，《國學入門書目》。

33. 梁啓超講、姚名達等記：《辨僞學的發達》，《古書眞僞及其年代總論》第三章。

34. 梁啓超講、姚名達等記：《由事實影響於道德及政治》，《古書眞僞及其年代總論》第一章。

35. 梁啓超講、姚名達等記：《〈中庸〉》，《古書眞僞及其年代總論》第四章。

36. 錢穆：《漢以前之經》，《國學概論》第一章。

37. 唐鉞：《楊朱的學派》，《現代評論》第一年週年紀念增刊《楊朱考再補》。

（二）報刊論文

1. 劉師培：《崔述傳》，《國粹學報》第 34 期，1907 年 10 月 26 日。

2. 戚學標：《撰錄：戚鶴泉覆崔東壁書》，《國粹學報》1911 年第 82 期（第

7 年第 8 至 13 號）。

3. 戚學標：《撰錄：戚鶴泉再與崔東壁書》，《國粹學報》1911 年第 82 期（第7 年第 8 至 13 號）。

4. 顧頡剛：《崔述碩人詩解（讀書雜記）》，《小說月報（上海 1910）》1923年第 14 卷第 12 期。

5. 鄭鶴聲：《清儒之史學說與其事業》，《史地學報》1924 年第 2 卷第 8 期。

6. 《河北省歷代鄉賢事略：崔述〔清〕》，《河北月刊》1934 年第 2 卷第 11期。

7. 陳澤雲：《讀崔述考信錄提要書後》，《師大月刊》第 18 期，1935 年 4 月。

8. 嚴秋塵：《思想：崔東壁的治學方法及其思想》，《人間世》1935 年第 31期。

9. 王伊同：《陳履和傳》，《大公報史地周刊》第 108 期，1936 年 10 月 23日。

10. 胡適：《崔東壁遺書序》，《大公報‧副刊》第 128 期，1936 年 4 月 30 日。

11. 楊守：《讀顧輯崔東壁遺書感言》，《大公報‧史地周刊》第 92 期，1936年 7 月 3 日。

12. 毛子水：《評顧頡剛標點本崔東壁遺書》，《益世報‧讀書周刊》第 59 期，1936 年 7 月 30 日。

13. 吳素：《傳記：崔東壁（一七四〇至一八一六）》，《大眾知識（北平）》1937年第 1 卷第 7 期。

14. 孫海波：《崔東壁學記》，《中和月刊》1940 年第 1 卷第 4 期。

15. 尚鉞：《清代前期中國社會之停滯、變化和發展》，《教學與研究》1955年第 6 期。

16. 關鋒、林聿時：《駁崔述〈洙泗考信錄〉的兩個考證——關於孔子欲應公山弗擾、佛肸召》，《文匯報》1961 年 9 月 7 日。

17. 鈞：《崔述及其考信錄簡介》，《文匯報》1961 年 9 月 7 日。

18. 狩野直禎：《狩野直喜博士年譜》，《東方學》1971 年 8 月第 42 輯。

19. 李培棟：《〈洙泗考信錄〉的貢獻和價值》，《上海師範學院學報》1981 年第 1 期。

20. 辛安亭：《崔述及其〈無聞集〉》，《西北師大學報（社會科學版）》1983年第 2 期。

21. 陶懋炳：《崔述〈考信錄〉初探》，《史學史研究》1984 年第 1 期。

22. 李劍雄：《古史考辨學家崔東壁》，《文史知識》1984 年第 8 期。

23. 傅卓犖：《梁啟超如何評價崔述》，《讀書》1985 年第 11 期。

24. 洪波：《論崔述及其〈遺書〉》，《杭州大學學報》1987 年第 1 期。

25. 路新生：《論崔述的超家派治學解經法》，《江淮論壇》1987 年第 4 期。

26. 陳其泰：《論崔述的古史新說及其價值觀》，《河北學刊》1987 年第 6 期。

27. 牛潤珍：《清代考信學家崔述簡論》，《史林》1988 年第 4 期。

28. 喬治忠：《章學誠的史學創見與修志實踐的關係》，《南開學報》1988 年第 4 期。

29. 洪波：《從〈崔東壁遺書〉談史料學研究》，《上海師範大學學報（哲學社會科學版）》1989 年第 2 期。

30. 陳其泰：《考信錄——探索科學古史體系的先導名著》，《文史知識》1989 年第 9 期。

31. 喬治忠：《清代歷史文獻學的發展》，《清史研究通訊》1989 年第 1 期。

32. 郝潤華：《顧炎武與清代考據學》，《西北師範大學學報》1989 年第 2 期。

33. 路新生：《崔述思想體系初探》，《社會科學戰線》1991 年第 1 期。

34. 趙光賢：《崔述在古史辨偽上的貢獻和局限》，《史學史研究》1991 年第 2 期。

35. 魏文：《〈考信錄〉的編纂體例、刊刻及版本》，《歷史教學問題》1991 年第 5 期。

36. 暴鴻昌：《清代史學經世致用思潮的演變》，《中國社會科學院研究生院學報》1991 年第 1 期。

37. 姜勝利：《清初的經世致用史學思想》，《天津社會科學》1991 年第 3 期。

38. 趙光賢：《崔述在中國史學史上的地位》，《北京師範大學學報（社會科學版）》1992 年第 5 期。

39. 邵東方：《崔述的疑古考信與史學研究——與王元化先生論學》，《學術月刊》1992 年第 10 期。

40. 毛曦：《乾嘉考據史學與中國考據史學》，《江西大學學報》1992 年第 1 期。

41. 王冬芳：《關於乾嘉學派歷史貢獻之我見》，《安徽史學》1992 年第 3 期。

42. 路新生：《崔述與顧頡剛》，《歷史研究》1993 年第 4 期。

43. 邵東方：《崔述學術中的幾個問題》，《中國文化》1994 年第 1 期。

44. 暴鴻昌：《章學誠與乾嘉考據學派》，《北方論叢》1994 年第 4 期。

45. 馬積高：《略論清初學術思想的變遷》，《船山學刊》1995 年第 1 期。

46. 邵東方：《論崔述與朱熹學術之關係》，《中國哲學史》1997 年第 3 期。

47. 楊恩翰：《重釋「貪人敗類」——評崔述關於防治貪污賄賂犯罪的思想》，《法學研究》1997 年第 3 期。

48. 邵東方：《論崔述的考據學與清代漢學之關係》，《清史研究》1998 年第 1

期。

49. 邵東方:《經義求眞與古史考信——崔述經史考辨之詮釋學分析》,《史學理論研究》1998 年第 1 期。

50. 邵東方:《經義求眞與古史考信——崔述經史考辨之詮釋學分析(續)》,《史學理論研究》1998 年第 2 期。

51. 陳其泰:《論嘉道時期學術風氣的新舊推移》,《中國史研究》1998 年第 4 期。

52. 宗明華:《從〈讀風偶識〉看崔述的「因疑而求是」》,《煙臺大學學報(哲學社會科學版)》1999 年第 2 期。

53. 楊開達:《中國史學史上一段塵封的歷史——崔述與他的雲南老師朱煐和學生陳履和》,《雲南師範大學學報(哲學社會科學版)》1999 年第 6 期。

54. 盧仙文、江曉原:《略論清代學者對古代曆法的整理研究》,《中國科技史料》1999 年第 1 期。

55. 羅炳良:《18 世紀中國史家的史學批評方法論》,《史學理論研究》1999 年第 3 期。

56. 張晶萍:《論乾嘉考據學的經史關係》,《湖南教育學院學報》1999 年第 3 期。

57. 羅炳良:《清代乾嘉史家史學批評方法論的幾個問題》,《河北學刊》1999 年第 2 期。

58. 王瓊:《乾嘉學派的成因及其評價》,《圖書館學研究》1999 年第 4 期。

59. 陳景良:《崔述反「息訟」思想論略》,《法史研究》2000 年第 5 期。

60. 馬格俠:《試論清代史學的經世思想》,《天水行政學院學報》2000 年第 4 期。

61. 〔日〕中山久四郎著、連清吉譯:《清朝考證學風與近世日本》,(臺北)《中國文哲研究通訊》2000 年第 10 卷第 2 期。

62. 張利:《顧頡剛對崔述古史辨偽學說的繼承和超越》,《浙江學刊》2001 年第 2 期。

63. 郭康松:《清代考據學的啓蒙》,《湖北大學學報(哲社版)》2001 年第 2 期。

64. 劉仲華:《試析清代考據學中以子證經、史的方法》,《清史研究》2001 年第 1 期。

65. 王記錄:《崔述的歷史盛衰論》,《史學史研究》2001 年第 2 期。

66. 張利:《崔述古史辨偽學說的現代審視》,《許昌師專學報》2001 年第 3 期。

67. 趙文紅、王清泉:《試論清代學者崔述的學術命運》,《楚雄師專學報》2001

年第 2 期。

68. 韋勇強:《崔述古史考辨理論及方法淺談》,《廣西右江民族師專學報》2001
年第 4 期。

69. 吳少瑉、張京華:《論顧頡剛與崔述的學術關聯》,《洛陽大學學報》2002
年第 3 期。

70. 羅炳良:《關於清代考史學家理性意識的考察》,《求是學刊》2002 年第 6
期。

71. 郭康松:《論清代考據學的學術宗旨》,《三峽大學學報》2002 年 5 期。

72. 翁連溪:《海內孤本崔東壁遺稿——〈葀田賸筆〉殘帙》,《收藏家》2003
年第 10 期。

73. 史革新:《略論晚清漢學的興衰與變化》,《史學月刊》2003 年第 3 期。

74. 曾傑麗:《崔述與羅爾綱辨偽思想比較研究》,《南寧師範高等專科學校學
報》2004 年第 3 期。

75. 曹勝高:《略論清代考據學家對於考古資料的利用》,《咸陽師範學院學報》
2004 年第 5 期。

76. 王記錄:《談清代漢學對史學思想的影響》,《河南社會科學》2004 年第 6
期。

77. 聶付生:《清初學術的傳承與創新》,《雲夢學刊》2004 年第 5 期。

78. 羅檢秋:《從清代漢宋關係看今文經學的興起》,《近代史研究》2004 年
第 1 期。

79. 盛邦和:《上世紀初葉日本疑古史學敍論》,(香港)《二十一世紀》2005
年 3 月第 36 期。

80. 龔書鐸:《清代理學的特點》,《史學集刊》2005 年第 3 期。

81. 武道房:《論清中葉學術發展的三個轉向》,《學術月刊》2005 年第 11 期。

82. 羅炳良:《崔述歷史考證方法論的局限性——以考證司馬遷〈史記〉「中
侯與弑幽王」之說為例》,《廊坊師範學院學報》2006 年第 2 期。

83. 羅炳良:《崔述的史考與史識》,《史學史研究》2006 年第 3 期。

84. 羅炳良:《崔述「理可思得,事待學知」的理念與方法》,《光明日報》2006
年 7 月 10 日。

85. 李帆:《論清代嘉道之際的漢宋之爭與漢宋兼採》,《求是學刊》2006 年
第 5 期。

86. 丁偉國:《崔述與辨偽》,《貴圖學刊》2008 年第 1 期。

87. 韋勇強:《崔述〈考信錄〉衛道、尊經原則解析》,《廣西師範大學學報(哲
學社會科學版)》2008 年第 4 期。

88. 李賀軍:《論崔述〈讀風偶識〉的史學色彩》,《三門峽職業技術學院學報》

2008 年第 4 期。

89. 黃愛平：《清代漢學流派研究的歷史考察及其評析》，《中國文化研究》2008
年第 3 期。

90. 王希平：《談清代考據學研究方法》，《重慶交通大學學報（社科版）》2008
年第 4 期。

91. 王菊芹：《崔述〈讀風偶識〉對〈詩經〉研究的貢獻》，《河南機電高等專
科學校學報》2009 年第 1 期。

92. 韋勇強：《崔述的歷史考證方法平議》，《船山學刊》2009 年第 2 期。

93. 魏玉龍：《崔述在清代〈詩經〉研究史上的地位及影響》，《文學教育》（上）
2009 年第 2 期。

94. 韋勇強：《崔述〈考信錄〉堅守的「求真」「致用」原則》，《廣西師範大
學學報（哲學社會科學版）》2009 第 5 期。

95. 魏玉龍：《論崔述〈讀風偶識〉的學術成就》，《時代文學》2009 年第 8
期。

96. 劉文英：《崔述治學的文化環境》，《清史研究》2010 年第 1 期。

97. 黃宣民、陳寒鳴：《古史學家崔述的疑古儒學思想》，《燕山大學學報（哲
學社會科學版）》2010 年第 1 期。

98. 喬治忠、時培磊：《中日兩國歷史學疑古思潮的比較》，《齊魯學刊》2011
年第 4 期。

（三）論文集與著述中論文

1. 三宅米吉：《文學博士那珂通世君傳》，見《文學博士三宅米吉著述集》
上卷，東京：目黑書店，1929。

2. 洪業：《崔東壁書版本表》，見《洪業論學集》，北京：中華書局，1981。

3. 洪業：《跋崔東壁知非集》，見《洪業論學集》，北京：中華書局，1981。

4. 洪業：《崔東壁莬田賸筆之殘稿》，見《洪業論學集》，北京：中華書局，
1981。

5. 顧頡剛編著：《告得〈東壁遺書〉書》，見《古史辨》第 1 冊，上海：上
海古籍出版社，1982。

6. 顧頡剛編著：《從呂氏春秋推測老子之成書年代》，見《古史辨》第 4 冊，
上海：上海古籍出版社，1982。

7. 余英時：《顧頡剛的史學與思想補論》，見《史學與傳統》，臺北：時報出
版公司，1982。

8. 任恒俊：《考據學家崔述》，見《河北風物志》，石家莊：河北人民出版社，
1985。

9. 〔臺〕謝金美：《崔東壁及其考信錄》，見《慶祝無錫施之勉先生九秩晉五誕辰論文集》，臺北：文史哲出版社，1986。

10. 呂思勉：《讀〈崔東壁遺書〉》，見《論學集林》，上海：上海教育出版社，1987。

11. 辛立：《崔述——大膽疑古 嚴謹考證》，見瞿林東、楊牧之編：《中華人物志（史學家小傳）》，北京：中華書局，1988。

12. 王茂等：《崔述的歷史懷疑論》，見《清代哲學》，合肥：安徽人民出版社，1992。

13. 〔日〕白鳥庫吉撰、黃約瑟譯：《支那（中國）古傳說之研究》，見劉俊文主編：《日本學者研究中國史論著選譯》（1），北京：中華書局，1992。

14. 〔港〕左松超：《崔述〈詩經〉研究簡論》，見高雄國立中山大學中國文學系、所編：《第一屆國際清代學術研討會論文集（初印本）》，1993。

15. 張榮華：《考信錄》，見周谷城、姜義華主編：《中國學術名著提要（歷史卷）》，上海：復旦大學出版社，1994。

16. 楊向奎：《崔述〈東壁學案〉》，見《清儒學案新編（第7卷）》，濟南：齊魯書社，1994。

17. 陳曼平、陳公望：《考信錄——清代又一部考據傑作》，見《清代學術名著述評》，濟南：山東友誼出版社，1995。

18. 耿雲志：《胡適與青木正兒來往書信二十七通》，見《胡適研究叢刊》第1輯，北京：北京大學出版社，1995。

19. 韋勇強、谷壯海：《崔述》，見張家璠、閻崇東主編：《中國古代文獻學家研究》，南寧：廣西師範大學出版社，1996。

20. 喬治忠：《清代前期諸帝維護絕對君權的政治思想》，見劉澤華主編《中國政治思想史》，浙江人民出版社，1996。

21. 〔法〕桀溺著、施康強譯：《崔述的立志歲月》，見（法）龍巴爾、李學勤主編：《法國漢學》第一輯，北京：清華大學出版社，1996。

22. 魏建震：《古史考辨學家崔述》，見河北省政協文史資料委員會編：《河北歷史名人傳·古代卷》（下），石家莊：河北人民出版社，1997。

23. 廖名春：《試論古史辨運動興起的思想來源》，見《原道——文化建設論集》，上海：學林出版社，1998。

24. 錢婉約：《「層累地造成說」與「加上原則」——中日近代史學上之古史辨偽理論》，見《人文論叢》（1999年卷），武漢：武漢大學出版社，1999。

25. 羅振玉：《海寧王忠愨公傳》，見羅繼祖主編《王國維之死》，廣州：廣東教育出版社，1999。

26. 李慶編注：《曾廣鈞和諸橋轍次的筆談（1920年）》，見《東瀛遺墨：近代中日文化交流稀見史料輯注》，上海：上海人民出版社，1999。

27. 傅傑：《梁啓超如何評價崔述》，見《聆嘉聲而響和》，上海：華東師範大學出版社，2001。

28. 李慶：《〈崔東壁遺書〉和 20 世紀初中日兩國的「疑古」思潮》，見劉柏林、胡令遠編：《中日學者中國學論文集》，上海：復旦大學出版社，2006。

29. 張越：《獨行於世的疑古先驅崔述》，見王新全主編：《中華英傑譜·史學巨擘》，延吉：延邊大學出版社，2006。

30. 田旭東：《白鳥庫吉與林泰輔——日本的疑古派及反對派代表》，見江林昌等主編：《中國古代文明研究與學術史：李學勤教授伉儷七十壽慶紀念文集》，保定：河北大學出版社，2006。

31. 黃現璠：《回憶中國歷史學會及越裳、象郡位置的討論——悼念中外景仰的史地權威顧頡剛先生》，見《顧頡剛先生學行錄》，北京：中華書局，2006。

（四）學位論文

1. 陳景聚：《姚際恒、崔述與方玉潤的〈詩經〉學「簡論」》，西北大學專門史專業碩士論文，2004。

2. 李振奇：《崔學淺論》，河北大學中國哲學專業碩士論文，2006。

後　記

　　本書是根據本人南開大學的博士論文修訂而成的。2008 年 9 月，我考上南開大學歷史學院的博士生，跟隨喬治忠先生攻讀史學理論及史學史專業博士學位。能夠進入南開大學歷史學院攻讀博士學位，對於我來說是件十分幸運的事情，而能夠列名業師喬治忠先生門下，實乃幸運中之極爲幸運之事。隨後的博士生活，先生亦師亦父地在學術和生活上給予我提攜和幫助，令我感動至極。

　　剛入校時，喬先生就爲我開列了《中國史學史專業入門閱讀書目》，這已成爲南開大學史學史專業碩士、博士生的必讀書目。在第一學年內主要是閱讀書目中所列的書籍並修完相關課程，當時，喬先生親自給我們講授了中國史學史、歷史考據學通論等課程。在讀書的過程中，我發掘自己感興趣的方向和題目，並最終選定的論文題目是研究清代史學家崔述的史學。

　　崔述的史學仍是一個有待深入研究的領域。崔述作爲清代乾嘉時期的史學家，其史學研究以疑古、考據爲學術特色，對先秦歷史事蹟與歷史載籍予以考辨，將上古的史事記載給予一個全面的辨僞清理，表現出理性的疑古學風，啓發了近代日本和中國的許多史學家。崔述的史學成就，在當時並未彰顯於世，但對後世的日本史學和中國史學則產生了巨大的影響，促發新時代疑古史學的興起，成爲推動思想解放的重要因素之一。崔述所懷疑的先秦史記載，至今仍是史學界爭議最多的領域，是一道引人注目的學術風景線。清理和研討崔述的先秦史研究，是一個從具體問題入手而探究大學術事業的課題，極具現實意義。

　　至目前爲止，學術界已有對崔述史學成就的研究，但還缺少把崔述放在

整個清代史學史發展過程和框架中予以系統論述的專著。對崔述的史學既要結合清朝特定的文化環境去定位，又要放到整個史學史發展過程中去審視。關於崔述研究的許多具體問題，也有必要在史學史的框架下重新認識與探討。從史學史角度研究崔述的史學，在方法論上進行總結，是本書做出的新探討。

2011 年 6 月間，我順利完成了論文的寫作。在論文的選題和寫作過程中，喬先生傾注了大量的心血，大到論文結構、行文思路，小到遣詞造句，都給予了嚴謹的指導和批改，使我獲益良多。此種認真細緻、盡心盡力，令我感激不盡，先生傳授給我的治學方法，將使我終身受益。我在學術上的一點一滴進步，都來源于喬先生的點撥和幫助，今後惟有加倍努力，做出成績，才是對喬先生最好的回報。

2011 年 11 月 23 日，在喬先生、吳懷琪先生、張秋生先生、姜勝利先生和孫衛國先生組成的答辯會上，諸位先生對我指教良多，同時也對我的論文給以很大的讚譽和鼓勵。吳懷琪先生不辭辛勞從北京趕來天津，指導答辯，令我感激不盡。河北師範大學碩士三年期間，導師董文武先生給了我悉心指導，使我明白了許多為人處世的道理；南開三年有餘，教研室諸位老師與學友對我頗多關愛和幫助。謹此一併表示衷心的感謝！

最後，對我的家人多年來的體諒、理解與支持，予以衷心的謝意。家父、家母多年來一直為我默默付出，使我能全身心地投入學習與研究。尤其是我的父親，從各個方面都給予了我莫大的支持和鼓勵，父親的教誨將永遠引領我前進的步伐。而愛人張文濤對我的包容與理解，更是我強有力的後盾。親人的支援給予了我極大的精神支援，是我前行的動力，我會永遠銘記于心。承蒙台灣花木蘭出版社諸位先生不棄，鼎力支持本書面世，謹致以由衷的敬謝！

劉文英
2014 年 4 月 28 日於精武寓所